밥값 못한
날들에 대한
시말서

밥값 못한 날들에 대한 시말서

초판 1쇄 인쇄 2011년 3월 20일
초판 1쇄 발행 2011년 3월 25일

지은이 | 하경수
펴낸이 | 金泰奉
펴낸곳 | 한솜미디어
등 록 | 제5-213호

편 집 | 박창서, 김주영, 김미란, 이혜정
마케팅 | 김영길, 김명준
홍 보 | 장승윤

주 소 | (우143-200) 서울시 광진구 구의동 243-22
전 화 | (02)454-0492(代)
팩 스 | (02)454-0493
이메일 hansom@hansom.co.kr
홈페이지 www.hansom.co.kr

값 12,000원
ISBN 978-89-5959-262-3 (03810)

밥값 못한
날들에 대한

시말서

하경수 지음

| 책머리에 |

우리나라에서 월드컵이 열리던 당시, 한국 팀의 경기를 마음 편히 시청하지 못했던 딱한 국민 중에 제가 포함되어 있었습니다. 그해에는 다니던 회사가 쓰러졌습니다. 아버지는 중증 천식을 앓고 계셨고 어머니마저 큰 교통사고로 의식을 놓고 계셨습니다. 설상가상, 저도 뜻하지 않은 송사에 휘말려 알량한 가산마저 탕진한 해였습니다. 저는 장남이지만 가족 일에 제대로 밥값을 해보지 못했습니다. 집안에 궂은 일이 생길 때마다 정신적, 육체적 수고는 고스란히 출가한 누나들의 몫이었습니다.

밥벌이도 마찬가지였습니다. 하는 일마다 결과는 신통치 않았습니다. 다단계, 건강보조식품, 홍등가 여성용 의상이나 소품 판매… 늘 그런 식이었습니다. 그것조차 부도와 폐업의 연속으로 거리생활을 하던 때도 있었습니다. 여러 직업을 전전하다가 그나마 모양새를 갖춘 직업이 기계경비였습니다. 하지만 그것도 2~3년이 멀다 하고 이직과 실직을 반복했습니다. 이 책이 출판될 즈음이면 또 실직상태에 있을지도 모릅니다. 가족과 밥벌이는 언제나 숨 막히는 압박이었습니다. 하지만 마음을 달래는 방편은 어리석게도 술뿐이었습니다.

인간관계가 그리 성실한 편이 못 되어 친구도 없었습니다. 밤마다 혼자 술을 마시며 음악을 듣는 일로 세월을 보냈습니다. 음악은 만토바니Mantovani Orchestra나 프랑크 푸르셀Franck Pourcel 같은 70년대 연주

악단들을 좋아했습니다.

어느 날 인터넷을 검색하다가 실용오디오www.enjoyaudio.com를 알게 되었는데 이곳은 오디오나 음악에 대한 정보도 풍성했지만 게시판이 격조 높게 운영되고 있었습니다. 오디오가 여성이나 어린아이에겐 그리 흥미로운 물건이 아니기에 게시판의 활동도 중년의 남성들이 주를 이루었고, 여러 영감님들도 노익장을 과시하고 있었습니다. 처음에는 그저 구경만 하다가 시간이 흐를수록 그분들과 어울리고 싶어졌습니다. 그래서 게시판에 글쓰기를 시작하게 된 것입니다. 이 책에 수록된 글은 대부분 실용오디오의 사랑방이라는 게시판에 올렸던 것들입니다.

실용오디오를 통해 즐거운 교류를 나누던 중에 놀라운 일이 있어났습니다. 여성과 어린아이는 없으리라 생각했었는데 한 여성이 오랫동안 모니터링을 하고 있었습니다. 그 여성은 현재 저의 아내입니다.

인터넷 동호회 게시판의 글은 태생적인 한계를 안고 있습니다. 친목 위주의 게시판이라 지엽적인 신변잡기로 채워져 있습니다. 그리고 최소한의 자기검열도 없이 씌어졌습니다. 물론 정색을 하고 쓴들 결과는 마찬가지였을 겁니다. 에세이는 한 분야에 일가를 이룬 사람이나 문장력이 출중한 사람이 출판하는 것이 어울리지만 저는 어디에도 해당하지 않습니다.

밥값도 못하는 남편을 여전히 지지해 주고 있는 아내 배순남과 실용오디오의 운영자와 회원분들께, 그리고 이 책의 출판을 적극 권유해 주시고 도움을 주신 번역가 황보석 선생님께 깊은 감사를 드립니다.

하경수

C·O·N·T·E·N·T·S

책머리에 _ 4

Part 01. 찬새미 마을

으름 _ 10
비료포대 레인코트 _ 15
아버지 감옥에 보내기 _ 19
하씨와 허가 놈 _ 24
도꾸의 최후 _ 34
배꼽검사 _ 36
일목삼수 _ 40
애무왕과 달빛소녀 _ 47
탄호이저 _ 52
마지막 겨울 _ 58
바바리맨 _ 66
어느 날의 통화 _ 72
아버지의 대패 _ 74
아가! _ 78
찬새미 _ 85

Part 02. 밥값 못한 날들

공수부대 _ 92
나의 피라미드 답사기 _ 97
헤레나 _ 110

서초동 김 여사 _ 115
음식점에서 _ 120
밥값 못한 날들 _ 124
봄날 _ 132
남자에서 남편으로 _ 138
적성검사 _ 144
모델하우스 _ 147
아우디 도난사건 _ 151
음란수기 _ 155
한 따까리 _ 161
마누라 규탄대회 _ 167

Part 03. 경비원 이야기
경비원 이야기 _ 180
정전 _ 186
빤찌 _ 193
숭례문 화재 _ 200
김덕생과 부엉이 바위 _ 204
문상을 다녀와서 _ 208
고객님과 고객놈 _ 214
회선장애 _ 219
말뚝 박느니 자살한다 _ 224
계약과 해약 _ 232
경찰과 면죄부 _ 238

C·O·N·T·E·N·T·S

Part 04. 도롱이 보내신 뜻은

지하철에서 _ 244
새우젓은 내가 쏜다 _ 248
왜곡 _ 253
도롱이 보내신 뜻은 _ 259
퀵서비스 _ 263
병원 _ 265
의관을 정제하고 _ 270
뽕짝 _ 273
버스와 기차 _ 280
My boy _ 289
일기일회 _ 295

Part 01

찬새미 마을

이제 아버지의 대패들은 모두 녹슬어 가고 있다.
그리고 대패의 주인도 생명의 불꽃이 점차 스러져 가고 있다.
지금까지 태워 온 담배연기는
다시 불꽃이 힘차게 일어나리라는 기대마저 앗아갔다.
하지만 이번 추석에도 나는 아버지께 드릴 한라산 한 보루는 챙겨갈 것이다.

으름

아이들이 사라졌다

평소 오후 2시가 되기 전에 아이들은 학교를 파하고 집으로 돌아왔었다.

엄마가 양송이버섯 통조림 공장에서 퇴근한 시간은 6시가 지날 무렵이었다. 그 시각이면 늘 나와 동생이 티격태격 싸우고 있다가 엄마를 향해 합창하듯 밥을 재촉하던 때인데 그날은 동생 혼자서 울면서 집을 지키고 있었다. 뒤이어 퇴근한 아버지는 내가 들어오기만 하면 다리몽뎅이를 분질러 놓겠다고 호언했다. 어린 동생을 팽개치고 또 친구네로 놀러갔을 거라며 괘씸히 여기고 있었다. 그런데 날이 저물도록 아들은 돌아오지 않았다. 다소 걱정이야 되었겠지만 그래도 제깟 놈이 배고프면 기어들어오겠지 하고 생각했던 모양이다. 밤이 깊어 가고 있었다.

교환 274번.

당시 우리 집 전화번호였다. 그때의 전화기는 검은색뿐이었고 우측에 붙은 손잡이를 돌리면 우체국에서 교환원 아가씨가 원하는 곳으로 연결시켜 주는 방식이었다. 시외전화를 걸 경우에는 우체국 교환원에게 상대방 번호를 알려 주고 30분쯤 전화기 앞에서 기다려야 통화할 수 있었다.

"찌르르르릉!"

전화벨이 울렸다. 우리 집 전화벨 소리는 분명 따르릉이 아닌 '찌르릉'에 가까운 소리였다.

"여보시요! 누군교? 아, 양산댁이가? 우짠 일이고?"

양산댁은 욱이 엄마의 호칭이었다.

"머라카노! 욱이? 우리 집에 안 왔는데! 그라마 야들이 어데 갔노? 우리 수야도 안즉 안 들어와서 그 집에 전화할라던 참이었는데?"

비로소 엄마와 아버지는 불길한 느낌을 한 얼굴로 마주보았다. 그때 뒷동네 우혁이 엄마가 오더니 아들이 혹시 이 집에 놀러오지 않았냐고 묻는 게 아닌가?

다시 전화가 '찌르르릉' 울렸고 이번에는 초등학교 담임선생이 나의 귀가 여부를 물어왔다. 담임선생은 열댓 명의 아이가 아직 집에 돌아오지 않았다고 했다.

그날 밤 동네와 학교가 발칵 뒤집혔다. 퇴근했던 선생님들이 다시 학교로 모였고, 각 동네의 이장님들은 일제히 마이크를 켜고 사라진 아이들의 이름을 부르기 시작했다.

"찡~ 아! 아! 마이크 시험 중! 에~ 냉천동 하성룡 씨 댁 하경수 학생은 얼른 집에 들어가기 바랍니다!"

사라진 아이들의 부모들도 모두 학교에 집결했다. 그리고 삼삼오오 짝을 지어 아이들을 찾아 나섰다. 우리 아버지는 학교 뒤로 흐르던 냇가의 구석구석을 랜턴으로 비추며 내 이름을 부르고 있었고, 어떤 아버지는 학교의 재래식 화장실의 똥통을 작대기로 휘저으며 아이 이름을 부르기도 했다.

'이그, 설마 그 많은 아이들이 다 거기에 빠졌을까봐….'

필시 멱 감다 물에 빠졌을 것이라 확신하던 우혁이 아버지는 개천과 저수지들을 수색했다.

누군가의 엄마가 먼저 울음을 터뜨리자 기다렸다는 듯 아이를 잃은 엄마들이 일제히 울기 시작했다. 아이가 귀가한 동네 아줌마들도 따라 울었다. 용한 목사의 부흥회도 아닌데 온 동네는 울음바다를 이루었다.

어럼?

내가 살던 동네는 농촌과 산촌의 중간쯤의 환경이었다. 대부분 논농사나 정구지밭으로 연명하는 시골 깡촌이었다. 깡촌에서도 산의 꼭대기에 위치한 부락이 있었는데, 그곳의 사람들은 산 중턱이나 평지의 사람들보다 살림살이가 더 궁한 편이었다.

해마다 초가을이면 산꼭대기 부락의 아이들이 가방 속에 희한한 열매를 넣어 왔다. 결코 식욕을 자극할 만한 모양이나 빛깔은 아니었지만 한입 얻어먹고 나서 그만 그 열매에 매료되어 버렸다. 지천으로 널린 사과, 배, 자두 따위와는 한참 다른, 뭐랄까? 이국적인 맛이랄까? 망고나 구아바를 처음 맛보았던 때와 같은 새로운 맛이었다.

산꼭대기 아이들은 그 열매를 '어럼'이라고 불렀다. 그리고 어럼은 과수원에서 키우는 것이 아니고 산에 가면 누구나 따 먹을 수 있는 열매라고 했다. 다시 말해서 먼저 따 먹는 놈이 임자라는 뜻이었다. 산꼭대기 아이들이 제공한 솔깃한 정보에 그날 산 아래의 아이들은 비밀결사대를 조직하는데 열댓 녀석이 의기투합했다. 우리도 산꼭대기 동네로 가서 어럼을 실컷 따 먹어 보자고.

학교를 파하고 우리는 곧장 산꼭대기에 사는 녀석 하나를 길잡이로 세우고 그 동네로 찾아갔다. 산길을 2시간 동안 꼬박 걸어야 닿을 수 있는 동네였다. 학교 근처에 살았던 나는 그제야 산꼭대기 아이들의 고단함을 짐작할 수 있었다.

해거름이 되어서야 우리들은 첫 번째 어럼나무를 발견할 수 있었다. 그런데 생각보다 열매는 높이 달려 있어서 따기가 만만치 않았다. 어렵사리 몇 개를 땄지만 열댓 명의 아이들은 또 분배에 난항을 겪어야 했다. 그래서 마음 맞는 아이들끼리 무리를 지어 각자 알아서 따 먹기로 하고 무리별로 흩어져서 어럼나무를 찾아 산속을 헤집기 시작했다.

산에만 가면 어럼나무가 수두룩 빽빽하다던 산꼭대기 녀석들의 말은 순 뻥이었다. 나는 길잡이 녀석을 패줄 생각이었는데 그 녀석은 이미 도망가 버리고 없었다. 우리는 분한 마음을 억누르고 몇 개의 어럼이라도 따갈 요량으로 산속으로 전진했다. 두어 그루의 어럼나무를 더 찾았지만 먹을 만한 열매는 많지 않았다.

시간이 얼마나 흘렀을까? 산꼭대기 마을의 해는 평지보다 훨씬 일찍 저물었다. 사방은 빠른 속도로 어두워지고 있었다.

으름!

민관군 합동작전이었다. 밤 아홉 시쯤 되어서야 두 아이가 먼저 발견되었다. 다른 아이들도 산속에서 길을 잃기는 마찬가지였던 모양이다. 두 아이를 통해 사람들은 산꼭대기 마을('미사일 부대'라고 불렀다. 산꼭대기 근처 군부대에 미사일이 있다는 소문 때문이다)에 아이들이 어럼을 따러 갔다가 길을 잃은 것을 알게 되었다.

아이를 잃은 동네 아버지들과 학교 선생님들, 그리고 누가 요청했는지 모르겠지만 미사일 부대의 군인들도 수색에 지원되었다. 아이들이 사라진 목적과 위치가 확인되자 수색은 싱겁게 끝이 났다.

다행히 한 명도 다친 아이 없이 모두 무사히 어른들의 손에 끌려 나왔다. 나는 이제 집에 갈 수 있다는 안도감보다는 아버지한테 맞을 생각을 하니 현기증이 났다.

영화에서처럼 잃어버린 아이를 다시 만난 부모가 아이를 꼭 껴안고 울먹이는 그림을 상상했으나 현실은 달랐다. 어느 집이 먼저랄 것도 없이 아이들은 부모들에게 죽도록 얻어맞고 있었다. 나 역시 아버지 손에 넘겨지자 방어할 틈도 없이 맞아야 했다. 이번에는 아이들의 곡소리가 천지를 울리고 있었다.

어럼의 표준어는 '으름'이었다. 하지만 경상도 보리문디들의 구강구조로는 결코 발음할 수 없는 단어 중에 하나다.

그 후론 으름을 맛볼 수가 없었다.

비료포대 레인코트

비가 오면 학교 가기를 몹시 싫어했다.

그리 멀지 않은 거리에 있는 초등학교였지만 비를 맞으며 걷는 일도 싫었고, 비 오는 날의 그 눅눅함을 끔찍하게 싫어했다.

비 오는 날 등교하는 아이들의 행색은 골품이나 카스트처럼 계층이 뚜렷하게 나뉘었다. 과수원이나 방앗간 집 등의 부유층 아이들은 노란 색깔의 비옷에 장화까지 갖추고 등교했다. 그 아이들은 우산을 사용하지 않고도 성골이나 브라만과 같은 위세를 부리고 있었다.

진골이나 바이샤에 해당하는 일부 부농富農의 아이들은 비옷이나 장화 대신 우산을 들었다. 그들의 우산은 어린이용으로 제작된 작은 크기에 비닐을 덧씌운 아주 예쁜 우산이었다. 그리고 평민에 해당하는 대부분의 아이들은 각기 다른 방향으로 찢어진 어른용 우산을 써야 했다. 찢어진 우산으로는 아무리 방향 조절을 잘 해도 내리는 빗줄기를 막아낼 수가 없었다. 우산을 쓰고 있어도 흠뻑 젖어들기는 빈손이나 마찬가지여서 우산으로서의 기능을 하지 못하는 물건이었다. 하지만 색도 바래고 우산살과 천이 따로 노는 그 낡은 물건조차도 하교 때는 행여 잃어버릴까 신주단지 모시듯 가슴에 품고 돌아와야 했다.

비 오는 날의 행색으로 친다면 나는 망이, 망소이나 수드라와 같은 하층계급에 해당했다. 가난한 집 아이들이 비를 피하는 수단은 다름 아닌 '비료포대'였다.

특수작물이 없던 동네여서 사용하는 비료는 석회와 요소 그리고 질소 비료가 전부였다. 석회 비료는 종이 포장에 담겨 있었기 때문에 비 오는 날에는 소용에 닿지 않았다. 하지만 질소와 요소 비료는 달랐다. 두툼하고 질긴 재질의 비닐이라 웬만해서는 찢어지지 않는 훌륭한 살림살이였다. 낫이나 호미뿐만 아니라 고구마나 양파 같은 농작물을 보관하기도 하고 거름도 담아 나를 수도 있는 다양한 용도의 생활도구가 되어 주었다. 게다가 겨울철이면 스키나 썰매를 대용하는 고전적인 용도도 있었다. 그리고 비 오는 날에는 럭셔리하고 엘레강스한 명품 레인코트로 둔갑하는 신통한 물건이었다.

가난한 집 아이들은 비 오는 날엔 비료포대를 뒤집어쓰고 등교했다. 굳이 말하자면 레인코트에 해당하겠지만, '요소'나 '질소'라는 글자가 큼지막하게 새겨진 비료포대를 하나씩 뒤집어쓴 애들의 꼴을 상상해 보시라.

비료포대 레인코트의 제조방법은 지극히 간단했다. 비료포대의 한쪽 측면을 칼로 가르기만 하면 끝이었다. 착용방법 또한 더없이 간단했다. 그냥 뒤집어쓰기만 하면 되었다.

비료포대 레인코트를 착용, 아니 뒤집어쓰면 책가방만은 비를 피할 수 있었다. 물론 얼굴이나 온 몸은 모두 젖게 되어 있었다. 일부 손재주가 좋은 아버지를 둔 아이는 비료포대를 몇 개 이어 붙인 해괴한 착탈식 비료포대를 걸치고 학교로 향했다.

노란 비옷과 장화를 신은 성골의 아이들은 온몸이 보송보송한 상태로 교실에 들어가지만 비료포대 군단은 거지꼴로 교실에 들어가야 했다.

교실에 도착해서도 비료포대 군단의 시련은 끝나지 않았다. 집에 갈 때 반드시 챙겨 가야 하는 비료포대를 둘 곳이 마땅치 않았기 때문이다. 또한 천편일률적으로 사내들은 파랑, 계집애들은 빨간색 운동화를 신었기에 신발부터 양말까지 모두 젖었고 발은 퉁퉁 부어 있는 상태였다.

젖은 발로 교실에 들어가려 하면 선생님의 불호령이 떨어졌다. 아이들의 노동력을 착취해서 조성한 광나는 교실바닥에 물기 머금은 발자국이 찍히는 것을 선생님들은 용인하지 않았다. 방과 후 매일 전교생이 바닥에 엎드려 양초를 문지르고 돌초를 갈아 가루를 뿌린 뒤 팔이 빠져라 마른 걸레로 문질러 광을 낸 그 마룻바닥을 흙탕 묻은 발로 더럽히는 꼴을 참기 어려웠던 모양이다(요즘 학생들도 교실바닥에 초를 칠하고 걸레로 광을 내는지 궁금하다). 그 때문인지 선생님의 사랑을 받는 아이는 비료포대의 아이들이 아니고 노란 비옷에 장화를 신은 아이들이었다.

수업이 끝나고 집에 돌아갈 무렵이면 비가 그치기 마련인데 비가 그쳐 땡볕이 내려 쬐더라도 부유층 아이들은 비옷을 벗지 않았다. 비료포대를 둘둘 말아 들고 가는 아이들 속에서 노란 비옷은 비록 쪄 죽을지언정 비료포대와는 확실한 비교 우위의 상징이기 때문이었다. 그리고 종일 보송보송한 발을 유지했던 부유층의 아이들은 집으로 돌아갈 때 역시 보송보송한 장화 속으로 발을 집어넣지만, 축축하고 팅팅 부은 발을 가진 비료포대의 아이들은 수업시간 동안 말린 발을 다시 그 축축하고 질퍽한 운동화 속으로 집어넣어야 했다. 그 절망적이고도 찝찝함이란….

고학년이 되자 나는 더 이상 비료포대는 뒤집어쓰지 않게 되었다.

가계경제의 눈부신 발전으로 비료포대에서 다음 단계인 찢어진 우산으로 신분상승을 이루었기 때문이다. 하지만 끝내 그토록 부러워하던 노란 비옷은 한 번도 가져보지 못한 채 유년시절을 마감했다.

아버지 감옥에 보내기

불장난을 하면 오줌 싼다는 말은 진리였다.

집 앞에 위치한 가창중학교는 미션스쿨이었다. 교문에 크리스마스트리가 등장했고 방학을 하기 전이었으니까 아마 12월 초순이었나 보다.

그때 나는 무소불위의 권세를 누려 마땅한 취학 전 아동이었다. 하지만 나의 권세가 미치는 대상은 없었다. 벽촌 외딴 동네라 친구는 옆집에 사는 동갑내기 경희라는 계집아이뿐이었다. 놀이터도 변변치 않았는데 가창중학교 앞 낮은 언덕에 있던 주인 모를 무덤 하나가 유일한 놀이터였다. 겨울에는 햇볕이 좋았고 여름에는 잔디의 푹신함이 좋아 우리는 그 무덤가를 아지트로 삼았다.

아버지는 목수였다.

겨울이면 우리 집 마당엔 드럼통을 잘라 만든 화로가 등장했다. 얼어붙은 목재들을 만지던 아버지가 작업 중에 손을 녹이던 난로 구실을 했다.

집에서는 매일 톱밥과 대팻밥이 생산되었기에 불을 피우기 위한 땔감이나 불쏘시개는 사방에 널려 있었다. 간혹 화로의 불이 꺼지면 불씨를 살리는 일은 내 차지였는데 불을 피우는 일은 언제나 신나는 일이었다.

그날도 경희와 함께 화로 옆에서 불장난을 하며 놀고 있었는데 아버지가 거치적거린다며 역정을 냈다.

나는 툭 튀어나온 주둥이를 한 채 우리들의 아지트인 무덤가로 자리를 옮겼다. 크리스마스를 앞둔 한겨울이었지만 볕이 잘 드는 무덤가는 따사로웠다. 잔디가 잘 말라 있어서 손을 대면 바스락거리는 소리가 들렸다.

하늘엔 한 점 구름이 지나가고 있었다. 볕이 있는 동안은 따뜻했지만 구름이 해를 가리면 금방 한기가 찾아들었다. 우린 구름이 얼른 지나가길 기다렸다. 곧 볕이 다시 드는가 싶더니 이번엔 아주 커다란 구름이 해를 가려 버렸다. 한참을 기다려도 구름은 햇볕을 보내주지 않았다. 그러자 경희는 춥다며 집으로 돌아가려 했다. 나는 경희를 돌려세웠다. 그리고 금방 따뜻하게 해 주겠노라고 큰소리를 치며 주머니 속에서 성냥을 꺼내 보였다.

불을 피울 셈이었다.

경희는 불안해하면서도 호기심을 참지 못하는 눈치였다. 봉분 한 귀퉁이에는 두더지가 파 놓았는지 움푹 들어간 자리가 있었다. 나는 주변의 낙엽을 긁어모았고 관솔도 한 움큼 주워왔다. 그리고 잘 마른 갈잎을 구덩이에 깔고 그 위에 관솔 몇 개를 올려놓은 후 성냥을 그었다.

갈잎은 쉽게 불이 붙었고, 연기와 함께 낙엽 타는 냄새가 구수하게 피어올랐다. 불을 피우자 경희는 더 이상 집으로 돌아갈 생각을 하지 않았다. 오히려 불이 꺼질세라 이리저리 뛰어다니며 땔감을 주워왔다. 땔감을 수북하게 쌓아두고 우리는 손을 내밀어 불을 쬐었다. 손과 얼굴은 이미 연기로 꺼멓게 그을렸고 옷에는 불 냄새가 잔뜩 배어 있었다.

그런데 시간이 지나자 불안한 생각이 들었다. 불을 피운 것을 아버지가 알게 되면 큰일이었다. 우리는 집으로 돌아가기로 했다. 불씨가 남으면 안 되니까 부지런히 발로 밟아 불을 끄기 시작했다. 그런데 송진이 흘러나오는 관솔은 생각보다 잘 꺼지지 않았다.

갑자기 거센 바람이 불어왔다. 그러자 꺼져 가던 불씨들이 살아나면서 사방으로 흩날렸다. 순식간에 그 불씨들은 무덤가 여기저기에 내려앉았고 바람을 타고 사방으로 번져 갔다. 당황한 나는 불꽃이 피는 곳을 뛰어다니며 정신없이 밟아 껐다. 마른 잔디에 붙은 불은 발로 밟으면 잠시 꺼졌다가 발을 떼면 금방 되살아났다. 경희도 얼굴이 하얗게 질려서 여기저기 뛰어다니며 불을 끄고 있었다. 하지만 바람은 더욱 거세졌고 삽시간에 불길은 무덤가를 뒤덮었다.

나는 불길을 바라보고 직감했다. 이 불은 둘이서는 끌 수가 없다는 것을…. 그리고 그때 우리가 취할 수 있는 방법은 하나밖에 없었다. 그저 우렁찬 목소리로 우는 수밖에.

"엄마! 엉엉! 앙앙! 꺼이꺼이!"

불길은 점점 산을 향해 번지고 있었다. 그때 운동장에서 체육수업을 하던 가창중학교 학생들이 우리를 발견했다. 그리고 학교 지붕에 달린 스피커에서 민방위 훈련 때 울리던 사이렌 소리와 함께 방송이 흘러나왔다.

"아! 아! 선생님들께서는 수업을 잠시 중단하시고 학생들을 지금 즉시 운동장으로 집합시켜 주시기 바랍니다."

불붙은 무덤가로 가창중학교의 학생들이 몰려들었고 잠시 후 가까스로 불길이 잡혔다. 나는 안도의 한숨을 쉬었다. 하지만 그것도 잠시, 언덕 아래에서 아버지가 뛰어 올라오고 있었다. 반대편에선 경희네 아버지도 보였다.

이제 죽었구나!

아버지는 자초지종을 파악하고 나서 학교 선생님들과 학생들에게 감사의 인사를 전했다. 그리고 나서 나를 집으로 끌고 갔다. 아버지는 커다란 작대기를 들고 나를 노려보았다. 그때 경희네 집에서 자지러지는 울음소리가 들려왔다.

아버지는 선제골을 빼앗긴 축구선수처럼 서둘러 나를 패기 시작했다. 아버지는 어린 아들을 다룰 때에도 나이나 신체 부위 따위는 전혀 고려하지 않았다. 사정없이 손에 잡히는 대로 쥐고 휘둘렀다. 당시 나는 여섯 살이었다.

나는 경희보다 더욱 큰 소리로 울었다.

그날 오후, 우리 집으로 면서기와 순사가 찾아왔다. 그리고 그들은 아버지를 데리고 어디론가 사라져 버렸다. 착한 아들을 때린 죄로 감옥에 잡혀간 모양이다.

풀려나면 또 맞을 테니 나는 아버지의 감옥살이가 길어지길 바랐다. 내가 초등학교에 들어갈 때까지 갇혀 있었으면 좋겠다고 생각했다. 하지만 나의 기대와는 달리 아버지는 몇 시간 지나지 않아 집으로 돌아왔다. 구렁이알같이 여기던 쌈짓돈을 벌금으로 내게 되었다고 원통해 했다. 그날 밤 매질은 다시 한 번 되풀이되었다. 그리고 나는 다짐했다.

'아버지를 감옥으로 보내고 말 테다!'

어른들의 말은 대체로 믿을 수가 없지만 불장난하면 밤에 오줌 싼다는 말은 용케도 들어맞았다. 그렇다면 그날 밤 경희도? 히히.

성냥을 빼앗긴 후로는 불장난 대신 농기구나 각종 공구를 가지고 놀았다.

이듬해 어느 여름날 나는 긴 톱을 가지고 놀다가 아스팔트 옆에 조성된 버드나무 가로수를 베고 말았다. 그날 저녁 다시 그 면서기와 순사가 우리 집을 찾아왔다. 아버지는 또 그들과 함께 집을 나서야 했다.

하씨와 허가 놈

삽을 타던 놈

스카이 콩콩이라는 괴상한 물체가 나타나 아이들의 마음을 빼앗고 있었다. 나도 그 괴상한 물체의 이름처럼 하늘을 향해 콩콩 튀어 오르는 열락을 함께 누리고 싶었다. 그러나 불우한 살림이 나의 간절한 소망을 가로막고 있었다.

꿩 대신 닭이라고 스카이 콩콩은 언감생심 바라지도 못할 일이라 나는 비참하게도 그와 유사한 모양을 한 농기구를 타면서 스카이 콩콩이라 여기고 있었다. 그 농기구란 다름 아닌 '삽'이었다.

스카이 콩콩을 타고 있는 아이들 틈에서 탄성彈性이 전혀 없는 삽을 타고 위태위태하게 뛰고 있는 행색은 결코 우아하다고는 할 수 없었다. 그런데 저편에서 나 말고도 삽을 타고 있는 놈이 발견되었다.

이산가족을 만난 듯 반가운 마음에 나는 그놈을 유심히 관찰하게 되었다. 그런데 그놈이 삽을 타는 모양새는 나와는 사뭇 달랐다. 삽을 타는 자태가 형언할 수 없이 품위가 없고 천박해 보였다. 나도 비록 삽을 타고는 있었지만 그래도 끝이 뾰족한 막삽이었는데, 그놈의 삽은 끝이 일자로 된 각삽이었다. 각삽을 탄다는 사실만으로도 나는 그놈이 범상치 않은 놈이란 것을 직감했다. 필시 천재는 아닐 테고…

그렇다면 좀 모자라는 놈?

그놈은 허許가였고, 하河씨인 나의 오래된 친구이다.

허정許正. 이름에서부터 글자 수가 좀 모자라는 놈이었다. 허가 놈은 여러모로 나와는 다른 종자였다. 그래서 '하 다르고 허 다르다'는 말이 생겨난 모양이다.

하 다르고 허 다르다

허가 놈은 심한 곱슬머리였다.

당시 국법에라도 정해져 있었는지 우리 엄마를 포함한 모든 동네 아줌마들의 머리 모양은 부시맨 스타일로 획일화되어 있었다. 하지만 그것은 아줌마들의 이야기고, 사내 녀석의 곱슬머리를 그때 처음 보게 되었다. 연탄보일러가 터진 것도 아닐 텐데 사내 녀석이 곱슬머리라니….

아무튼 그놈은 생긴 것도 특이했다. 특이하게 생겼다는 것은 유니크하고 그로테스크하게 생겼다는 뜻이지 결코 스마트하게 생겼다는 말이 아니다. 게다가 그놈은 레이스가 달린 도시락 주머니를 들고 학교에 다녔다. 코찔찔이 시절에 남학생들의 도시락이라면 별도의 주머니 없이 그냥 책가방 속에서 김칫국물이 줄줄 흘러내려야 함이 옳은 일이거늘.

종자가 다르다는 것은 학업성적에서 극명하게 드러났다.

통지표를 보면 나는 6년 내내 "양가양가우미"의 행렬이었는데, 허가 놈은 매번 "수수수수수수"로 도배되어 있었다. 처음부터 상종치 말아야 했던 놈이었다. 하지만 다행히 한 학년에 3개의 학급밖에 없었는데도 6년 동안 그놈과 같은 반이 되는 불상사는 없었다.

국민학교를 졸업할 때까지 그놈은 반장을 도맡았었고, 나는 소위 '똥걸레'라 중책만을 역임했었다. 그때 비례대표제라도 도입되었더라면 나도 줄반장이나 분단장이라도 한번 해 보았을 것을.

공부 잘하는 놈은 몸이 부실하거나 다른 재주에는 상당한 결함이 있어야 공평한 법이다. 그런데 허가 놈은 공부는 물론이고 손재주도 남달랐고, 뜀박질이며 그림이며 악기까지 다방면으로 고른 재주를 타고났었다.

운동회를 마치고 나면 항상 그놈의 팔뚝에는 달리기 1등 도장이 찍혀 있었고, 악대부에서도 남들은 피리나 불고 있을 때 그놈은 지휘를 맡거나 아코디언을 혼자 둘러메고 있었다(후일 대학시절에는 기타에 미쳐 예술의 전당에서 공연도 했고, 직접 기타를 제작하는 등 상당한 수준에 이르렀다).

사생대회나 수학경시대회 등 대회라는 대회는 모두 참가했고 언제나 우수한 성적으로 입상했었다. 그놈에게 결함이라고는 흉측한 얼굴과 턱없이 모자라는 버르장머리뿐이었다. 반면, 나에게는 어떠한 재주도 부여되지 않았다. 공부는 바닥을 기었고, 신체능력은 장애인에 다를 바 없었으며 예술적 재능은 절망적이었다.

나는 운동회가 가장 저주스러운 날이었다. 운동회 날에는 비가 내리는 일도 없었다. 비라도 퍼부었으면 망할 놈의 달리기를 피할 수도 있었을 텐데.

달리기의 결과는 한 번도 변하지 않았다. 여섯 명이 뛰면 6등, 일곱 명이 뛰면 7등이 6년 동안 변하지 않았던 나의 순위였다. 일곱이 뛰다가 셋이 넘어지는 일이 있었는데 그때도 7등을 면하지 못했다. 넘어졌다가 다시 일어나 뛰는 녀석도 기어이 나를 앞질렀기 때문이다. 우라질!

그뿐만 아니라 봉투에 기재된 물건을 찾아 달리는 식의 뭔가 경우의 수를 기대할 수 있는 경기에 있어서도 항상 같은 순위였다. 다른 아이들은 봉투를 열면 손수건, 호루라기, 아빠랑 함께 뛰기 등이었는데, 나는 땡볕에 우산이나 벙어리장갑 따위의 미션만 걸렸다. 니미랄!

나는 뛰는 모양도 그다지 우아하지 못했던 모양이다. 나의 달음질을 보고 '팔은 칼 루이스인데 다리는 이봉걸'이라고들 했다. 이렇듯 나는 허가 놈에 비하면 정신적으로나 신체적으로도 하자가 많은 물건이었다. 조물주의 업무상 과실이 분명하다.

체험학습

국민학교 시절은 허가 놈과 별 부대낌 없이 지나갔다. 하지만 중학교가 문제였다. 가창국민학교의 졸업생은 이사를 가지 않는 한 가창중학교로 진학해야 했다.

선택의 여지가 없었다. 그 지역의 유일한 중학교였기 때문이다. 중학교에 들어가서부터는 더 이상 허가 놈과 마주치지 않는 행운은 계속되지 않았다. 같은 반이 되는 불상사도 생기고 특별활동도 같이 하는 등 접촉이 빈번해졌다. 그렇게 어찌어찌 하다 보니 허가 놈과 나는 어느새 서로에게 절친한 친구 행세를 하고 있었다.

중학교 1학년 때였다.

"하가야! 우리 술 한 번 묵어 보자!"

— 머? 술? 이 자식이 돌았나?

"싫으믄 치아라! 나 혼자 묵을 끼다."

— 아, 아이다, 묵자! 묵고 죽자! 그런데 술은 어데 있노?

"으흐흐, 포도주 한 병 쌔벼 놨다!"

허가 놈은 포도주를 한 병 들고 있었다. 소주에다 포도맛 넥타를 대강 섞어 놓은 것 같은 싸구려 술을 큼지막한 병에 담아 포도주란 이름으로 팔던 술이었다.

주변에 술만 마셨다 하면 개망나니로 변하는 어른들이 흔했던 동네라 그 취함에 대한 지적 호기심이 상승하던 시기였다. 그리하여 두 까까머리 중학생은 대낮부터 음주에 대한 체험학습을 감행했다.

"니는 어뜨노? 난 아무렇지도 않다, 하나도 안 취한다!"

— 그래, 나도 말짱하다. 에이, 술이 머 이래! 술 묵으믄 비틀거리던데.

곧바로 우리는 체험학습에 대한 고증에 들어갔다. 마당에다 일직선으로 금을 긋고 음주 후 보행에 관한 고찰을 실시했다.

"잘 봐라, 내 걷는 폼이 어떤지."

— 알았다.

"어뜨노? 비틀거리나?"

— 멀쩡하다, 좀 더 묵자!

"딴 실험도 해보자!"

당시에 우리는 못으로 심을 박은 화살을 쏘고 양철을 오려 만든 표창을 가지고 놀았다. 허가 놈은 활쏘기, 표창 던지기, 칼 던지기로 음주 후 인간행동 변화에 대한 심화학습을 강행했다. 표적은 언제나 마당에 있던 감나무였다. 그런데 활도 표창도 백발백중이었다.

그날부터 우리는 막걸리와 소주를 섭렵했고, 공돈이라도 생기는 날에는 베리나인 골드와 보드카 하야비치 같은 얄궂은 술들로 중학교 시절의 여가를 선용했다. 다른 아이들이 칠성 사이다로 우애를 다질 때에 우리는 이미 헤어날 수 없는 애주가의 길로 들어섰다.

그런데 허가 놈이나 나나 같은 날 같은 술을 마셨지만 평판은 천양지차였다. 어른들은 허가 놈을 향해서는 공부도 잘하는 녀석이 술도 잘 한다며 기특하게 여기면서도, 나한테는 공부도 못하는 어린 새끼가 술까지 처먹는다며 싹수가 노랗다고 했다. 그리고 허가 놈한테는 친구를 잘못 사귀어 나쁜 길로 빠질까를 염려하였고, 나보고는 왜 착한 허가 놈을 꼬드겼느냐며 손가락질을 하기 일쑤였다. 하여튼 어른이란 새끼들은….

홀로서기

중학교 2학년쯤이었을 때 허가 놈에게 엄청난 일들이 일어났다.

허가 놈은 어머니 이야기를 꺼내는 것을 싫어했다. 그놈이 싫어하는 일이라 더 이상 묻지는 않았으나 짐작으로는 함께한 시간이 길지 않은 것 같았다. 허가 놈의 아버지는 서울에서 고속버스 운전을 하셨다. 나는 허가 놈의 할머니 외엔 다른 가족을 본 일이 없었다. 허가 놈에겐 할머니가 부모였고 가족의 전부나 마찬가지였다.

어느 날 허가 놈에게 비보가 날아들었다. 허가 놈의 아버지가 고속도로에서 사고가 나서 세상을 떠났다는 소식이었다. 아버지가 죽는다는 의미를 이해하기에는 너무 어린 나이였다. 허가 놈은 아버지의 유해를 한강에 뿌리고 돌아왔다.

그런데 얼마 지나지 않아 이번에는 허가 놈의 전부였던 할머니께서 갑자기 쓰러지시더니 기어이 맥을 놓아 버리셨다.

허가 놈은 공황상태였다. 중학교 2학년이 겪기에는 너무나 가혹한 일들이었다. 나는 위로의 방법을 알지 못했고 허가 놈에게 도움이 되지도 못했다. 그때부터 허가 놈의 고달픈 홀로서기가 시작되었다.

허가 놈은 천재소년이었다.

놀라운 학습능력 때문에 혼자서 핵폭탄도 만들어 낼 인재라고 믿었다. 친구니까 허가 놈이라 부르지만 실은 그놈은 내가 범접할 수 없는 놈이었다. 타고난 지능과 재능 때문이었다. 하지만 현재 허가 놈은 타고난 지능과 재능의 일부도 발휘하지 못하고 있어 답답할 따름이다.

허가 놈의 날개가 꺾인 데는 내 탓도 있어 늘 마음에 짐을 지고 있다.

대입 학력고사를 앞둔 즈음에 둘의 친분은 정점에 닿아 있었다. 허가 놈은 나와 같은 학교에 다니고 싶어 했다. 하지만 허가 놈은 서울대 법대라도 문제없는 실력이 검증되었지만 나의 학업능력은 바닥을 기고 있었다.

그래도 일말의 가능성이 보였기에 나는 건국대를 선택했다. 그런데 이 머저리 같은 허가 놈도 나를 따라 건국대를 지원하는 짓을 저질렀다. 당시 허가 놈이 다니던 고등학교가 발칵 뒤집혔다. 서울대에 입학하고도 남을 재원이 건국대를 지원한 것은 당시 고등학교에서는 일대 사건이었다. 그때는 서울대 진학생의 숫자가 학교의 수준을 말해 주던 시기였다.

그리고 당연히 허가 놈은 그해 수석으로 입학했다. 그런데 나는 합격을 하지 못해 허가 놈과 함께 대학생활을 할 수 없었다. 허가 놈은 극도로 실망했고 나는 고개를 들 수가 없었다. 허가 놈은 친구를 잘못 사귄 죄로 천재로서의 권세를 누리지 못하고 있다. 그때 허가 놈이 서울대에 갔더라면 지금은 못해도 50평 아파트에 미스코리아를 마누라로 삼고 있었을 텐데.

홀로서기의 고달픔 때문이었는지, 마음 통하는 벗, 아니 내가 옆에 있어 주지 못해서인지 허가 놈은 대학 진학 후로는 더 이상 천재로서의 영광이 빛나지 않았다.

후원도 지원도 없었기에 학업과 생계를 병행하는 일은 허가 놈에게도 버거운 일이었다. 홀로서기와 가족의 부재는 허가 놈을 생존의 늪으로 빠져들게 했다.

나는 너를 지지한다

마흔을 넘어선 지금도 허가 놈과는 가까운 거리에 살면서 만남을 유지하고 있다. 그동안 허가 놈은 낚시에 취미를 두어 그 바닥에선 제법 대가를 이룬 모양이었다. 자산어보茲山魚譜를 집필하고도 남을 만한 해박함도 갖추고 있었다.

허가 놈은 붕어 잡기에 특히 소질이 있었다. 낚싯대만 걸치고 나갔다 하면 팔뚝만한 붕어들을 낚아 올렸다. 하지만 그놈은 한 번도 나에게 붕어를 상납한 적이 없었다. 옥체 미령靡寧하여 붕어崩御하신 붕어라도 한 마리 얻어먹었더라면 나의 자손이 번성했을지도 모를 일이다.

에라, 이 붕어알 같은 놈!

허가 놈이 결혼 전 구의동에 살 때 우리는 잦은 음주 회동을 가졌다. 그때 허가 놈의 집은 옥탑이었다. 너른 옥탑은 방해를 받지 않고 술과 음악을 즐길 수 있는 환경이었다. 또 그놈은 어울리지 않게 강아지를 키우고 있었다.

낚시꾼들은 고기가 많이 잡히는 자리를 두고 '물 반, 고기 반'이라 한다. 허가 놈의 옥탑에는 언제나 '개 반, 개만도 못한 놈 반'이 있었다. 팔자가 몹시 좋아 보이는 자태로 뻗어 자는 슈나우저라는 종의 새끼였다. 똥개와는 차이가 나는 데다 쫑이나 도꾸가 아닌 무슨 서양이름으로 불러야 꼬리를 쳤다. 내가 보기엔 별 맛도 없어 보이는 개였다.

하루는 허가 놈이 삼겹살을 준비해 두고 나를 기다리고 있었다. 상추, 깻잎, 청양고추, 마늘 등 제법 구색을 갖추고 있었다. 기특한 놈!

그런데 그 개가 옆에서 성가시게 굴어서 흘린 고기 한 점을 던져 주었다. 그리고 먹다 남은 상추도 강아지 입에 물려 보았다. 그때 나는 분명히 들었다. 개 풀 뜯어 먹는 소리를!

개도 풀 뜯어 먹는 소리를 내었고, 순배가 돌수록 허가 놈도 나도 개 풀 뜯어 먹는 소리를 하고 있었다. 우리의 개 풀 뜯어 먹는 소리는 언제나 비슷한 주제였다. 현재의 처지에 대한 한숨과 과거 잘못 보낸 세월에 대한 탄식이었다.

허가 놈은 나의 무탈한 성장을 부러워했다. 반면 나는 허가 놈에게 청소년기부터 주어진 자유를 부러워했다. 물론 허가 놈이 구속을 당하지 않은 이면에는 허기와 외로움의 시간이 있었다는 것을 모르는 바는 아니었다.

아버지에 대한 이야기도 자주 입에 오르내렸다. 나는 허가 놈에게 말했다. 자식을 늘 구속만 하고 가슴에 못질하는 아버지보다는 너처럼 차라리 아버지의 부재가 나을지도 모른다고. 허가 놈의 귀에 곧이곧대로 들릴 리는 만무했지만 나 역시 부러 한 말은 아니었다. 허가 놈에게는 아버지의 부재가 인생의 걸림돌이었고 나에게는 아버지의 존재가 언제나 심장을 조여 왔었다.

허가 놈도 드디어 자유가 강물처럼 흐르던 생활을 청산하고 신앙심 깊은 아내를 맞아 제도권으로 편입했다. 이제 불혹을 넘겼으니 지금이 우리 인생의 꼭짓점이 되어야 마땅하지만 아직은 서로의 사는 꼴이 구차하기 짝이 없다. 우리의 처지가 쉬이 나아질 것 같지는 않지만, 과거 허비한 시간에 대한 후회를 면하기 위해서는 절박하게 살아갈 밖에.

주저앉기에는 이제 너무 멀리 와 버렸다. 나는 허가 놈이 품속에 잘 드는 칼 하나를 품어 두길 바라고 있다. 훗날 세상을 내려다보며 그 칼을 원 없이 휘두르는 날이 오기를 기대하고 있다. 그때까지 나는 허가 놈이 어떤 선택을 하더라도 그놈의 선택을 지지할 것이다.

도꾸의 최후

왠지 몸이 무겁다. 어지럽고 밥맛도 없다. 메리는 혼자서 게걸스럽게 밥그릇을 핥고 있었다.

'망할 여편네 같으니….'

사흘을 굶었다. 그제야 메리가 걱정이 되는 모양이다. 기운을 차리려면 뭐든 먹어야 한다면서 아끼던 뼈다귀 하나를 내밀었다.

이제 기력도 없고 눈알이 핑핑 돌 지경이다. 주인집 처녀가 사뭇 걱정하는 체를 한다. 꽁치 대가리를 곁들인 호화로운 밥상을 차려 주었지만 도무지 입맛이 나질 않는다.

피골이 상접한다는 말, 나를 두고 한 말이로구나. 주인집 처녀가 밥인지 사약인지를 억지로 퍼 넣는다. 삼키는 체하다가 뱉어 내고 말았다. 목구멍으로 넘길 수가 없었다.

주인아저씨가 나를 풀어 주었다. 평소라면 온 동네를 헤집고 다녔을 텐데, 오늘은 볕이 잘 드는 밭고랑에 자리를 잡고 누웠다. 그런데 파리가 극성이다. 이놈의 파리들, 어디 낫기만 해 봐라.

파리가 붙어 있다. 하필이면 똥꼬에. 거기가 제일 따뜻한 모양이다. 열 마리, 스무 마리… 아니 백 마리는 넘겠다.

주인집 처녀가 보더니 소스라쳤다. 그리고 똥꼬에다 에프킬라를 마구 뿌려 댔다. 죽일 셈인가?

자고 나니 콧구멍에도 파리가 붙어 있었다. 주인집 처녀가 기겁을 한다. 이젠 에프킬라도 쳐 주지 않는다. 갑자기 메리가 보고 싶어졌다. 메리가 옆에 누웠다. 나를 쳐다보고 눈물을 짜댄다. 참 어지간히도 싸웠었지. 온기가 점점 몸을 빠져나간다. 조용히 눈을 감는다.

♫ 한~ 많은 이 세상 야속한 님아~
정을 두고 몸만 가니 눈물이 나네~♬

주인아저씨는 나를 화장시켜 줄 모양이었다. 비록 관은 없었지만 그래도 잘 마른 참나무 장작이 쌓여 있었다. 곧 메리와 뛰어놀던 뒷동산에 내 골분이 뿌려지겠지.

주인아저씨가 불을 붙였다. 털이 타들어 갔다. 그런데 갑자기 주인아저씨가 불 속에서 나를 꺼냈다. 그래, 그간의 정이 있어 차마 불속으로 나를 보내기엔 너무 가슴 아팠던 모양이다.

주인아저씨, 너무 슬퍼 마세요. 주인아저씨는 화장 대신 수장을 결심하신 모양이다. 내가 뭐 문무대왕도 아닌데 이러실 것까지야….

맑디맑은 수돗물을 또다시 한 번 끓여 더욱 정화된 물속으로 나를 안치시킨나. 그리곤 관 뚜껑인 양 가마솥 뚜껑이 덮인다. 그리고 불을 지폈다.

어, 이건 아닌데? 뭐지? 주인아저씨의 저 미소와 처녀의 손에 쥐어진 저 양념통은?

♫ 한~ 많은 이 세상 야속한 님아~
정을 두고 몸만 가니 눈물이 나네~♬

목욕탕? 촌 동네에는 그런 문화시설이 있을 리 만무했고, 인근에 가장 가까운 목욕탕도 버스를 타고 30분은 나가야 있었다. 사실 거리는 문제가 아니었다. 그때는 몸을 씻는 데 돈을 지불해야 한다는 개념이 형성되어 있지 않았다.

위생관념이 다소 희박한 위인들이 허풍 삼아 연간 2회, 주로 명절에 목욕을 한다지만, 나는 그 연간 2회의 행사조차도 고무대야 농약통에서 해결했다. 아들의 등을 씻기기 위해 초록색 때수건을 손에 낀 엄마는 늘 같은 말을 했었다.

"하이고! 까마귀가 보믄 할배요! 카겠다 자식아! 이기 머꼬? 이 때 바라 때!"

— …….

엄마가 때수건을 들고 가공할 만한 팔 힘으로 등을 문지르자 등껍질이 벗겨지는 고통이 동반되었지만 나는 아무런 반항도 할 수 없었다. 등껍질이 벗겨지는 고통보다도 당장 거뭇한 풀이 돋기 시작하고 표피가 제거되지 않은 소시지 하나와 엉성하게 붙어 있는 마늘 두 쪽을 은폐, 엄폐하기에 급급했다.

고통 속에서 농도 짙은 먹물과 다량의 부유물을 생산해 낸 덕에 나는 이튿날 여학생들이 보는 앞에서 개망신을 당하는 일만은 면할 수 있었다.

그러나 겨울철에 기습적으로 실시되던 게릴라성 배꼽검사에는 속수무책으로 당하는 녀석들이 많았다. 담임선생은 배꼽을 집중적으로 검사했고, 급하게 샤프로 배꼽을 후벼 파는 놈들 때문에 배꼽검사 때마다 선혈이 낭자한 남학생들의 배꼽이 도처에서 발견되곤 했다.

배꼽검사는 연중, 그리고 비정기적으로 실시되었다. 남녀공학에서의 배꼽검사가 얼마나 두려웠던지 실제로 한번은 송장을 친 적도 있었다.

어느 봄날, 준업이라는 녀석이 나타났다. 대구시내에서 전학 온 녀석이었다. 그때는 도시에서 시골학교로 전학을 왔다고 하면 대부분 상당한 수준의 문제 학생이었다. 그 녀석도 전학 온 지 얼마 되지 않아 곧 배꼽검사의 통과의례를 거쳐야 했다.

공포의 배꼽검사는 점심시간 후 5교시로 예고되어 있었다. 그날은 햇볕이 유난히 따사로웠던 5월이었다. 점심시간이 되자 여학생들 앞에서 개망신이 확실시되는 몇 명의 불량 배꼽들과 함께 그 녀석은 학교 담을 넘어 인근의 여천 못으로 향했고 그 녀석은 끝내 돌아오지 못했다.

5월의 차가운 저수지에서 그 녀석이 호기를 부렸다. 대충 배꼽 주변만 씻고 오면 될 일인데 그 녀석은 수영을 감행했다. 심장마비가 왔고 그대로 가라앉아 버렸다.

함께 간 불량 배꼽들은 한동안 학교에서 말이 없었다. 죽음을 직감한 그 녀석의 눈빛을 본 불량 배꼽들은 두려움이 앞서 그 녀석을 구해내지 못했다. 그 중 하나가 용기를 내어 뛰어들었지만 사력을 다해 잡아채는 손목 힘에 놀라 그만 뿌리치고 나왔다는 이야기를 나중에 듣게 되었다.

학교에선 수업 중에 이 기막힌 소식을 전해 듣고 선생들도 학생들도 망연자실했다. 여학생들은 일제히 울음을 터뜨렸고 선생들은 그 녀석의 홀어머니에게 전할 말을 찾지 못해 전전긍긍하고 있었다.

그 후론 내가 졸업할 때까지 배꼽검사는 없었다.

일목삼수

빼빼이

대구광역시 달성군 가창면 냉천리.

시市 다음의 행정구역 단위는 마땅히 구區가 되어야 한다는 고정관념이 무너졌다. 경상북도 달성군이 대구광역시에 포함되자 행정구역 구분이 대구광역시 달성군으로 변경되었다. 지금이야 인천광역시에 강화군이 있고 부산광역시에도 기장군이 있지만 처음 대구광역시 달성군으로 바뀌었을 때에는 집주소를 쓰는 일이 한동안 어색했었다.

나는 달성군에 있는 가창면 냉천리에서 나고 자랐다. 군, 면, 리라는 행정구역 명칭에서 느낄 수 있듯이 냉천리는 물론이고 가창면의 전역이 시골 벽촌이었다. 행정구역은 하루아침에 시골 벽촌에서 광역시라는 대도시로 승격되었지만 달라진 것은 아무것도 없었다. 단지 대구에서 버스를 타고 가창으로 갈 때, 버스에 탈 때뿐만 아니라 내릴 때에도 별도로 지불해야 했던 추가요금이 없어졌다는 혜택뿐이었다.

가창면에는 중학교가 가창중학교밖에 없었고 고등학교는 하나도 없었다. 그래서 가창중학교의 학생들은 고등학교에 진학하면 모두가 대구시내로 유학을 떠나야 했다.

고입 연합고사를 치른 가창중학교의 3학년 아이들은 인생의 갈림길을 맞이한 것처럼 마음 졸이는 시간을 보내야 했다. 합격 여부보다 과연 어느 고등학교에 배정될 것인가에 대한 불안감 때문이었다.

가창중학교는 고등학교에 대한 학군이 형성되어 있지 않았다. 가창면이 지리적으로는 대구의 남쪽에 위치하였기에 수성구에 가장 가까웠으나 모두가 수성구의 학교로 갈 수는 없었다. 그리고 수성구는 서울의 강남 8학군에 비견되는 명문 학군이었다.

가창중학교의 학생들은 대구 전역의 고등학교 중에 배정받는 대로 갈 수밖에 없는 운명이었다. 재수 없는 녀석은 북구에 위치한 학교에 배정되는 수도 있었다.

무슨 소린가 하면, 서울로 치면 강동구에 사는 학생이 김포공항 근처의 고등학교를 배정받는 격이며, 부산으로 치면 밀양이나 양산에 사는 학생이 태종대 부근의 학교에 배정받는 격이었다. 이렇듯 당시 특정 학군에 속하지 못한 중학교에서 고등학교를 배정하는 방법을 전문적이고도 학술적인 용어로 '뺑뺑이'라 불렀다.

내가 뺑뺑이로 배정받은 학교는 중구에 위치한 Y고등학교였다. 입학하기 전에는 들어보지도 못한 학교였다. 중구에 위치했기 때문에 교통편으로는 최악은 면했지만 수성구가 아니어서 상심이 컸었다. 혹 동문 선배가 있더라도 목에 너무 힘주지는 마시라. 나는 위로 10년까지는 맞먹고 아래로는 석 달 단위로 끊어 구분함을 밝혀 두는 바이다. 고로, 내가 선배로 생각하는 동문은 국회의원 홍준표와 만화가 이두호뿐이다. 물론 그 선배들은 나를 알지 못한다.

개포와 뺑뺑이

입학식 날이었다. 처음 학교에 들어서자 사하라 사막처럼 드넓은 운동장이 먼저 눈에 들어왔다. 운동장을 보는 순간 뭐랄까, 뭔가 일이 잘못되어 가고 있다는 느낌이 들었다.

대구광역시의 중구라면 땅값이 제법 나갈 텐데 운동장은 400미터 트랙을 두 개나 만들고도 공간이 남았다. 테니스 코트도 여러 개 있었고 농구장도 별도로 마련되어 있었다. 저주받은 나의 육체로 이 넓은 운동장에서 뺑뺑이를 돌 생각을 하니 정신이 아득해졌다. 시골 촌놈에게는 넓은 운동장조차 공포의 대상이었다.

그리고 나는 보고야 말았다. 커다란 돌덩어리에 큼지막하게 음각된 Y고등학교의 교훈을! 그 교훈을 보는 순간 순탄치 않을 학교생활을 직감했다. 그리고 나는 할 수만 있다면 Y고등학교가 아닌 다른 학교로 옮기고 싶었다. 교훈은 단 3음절로 몹시 간결하고도 명료했다.

"잘. 살. 자."

나는 교복과 두발의 자율화 세대에 중고등학교를 다녔다. 교복은 입지 않았지만 Y고등학교는 두발 규제로 악명이 높았다. 그리고 당시 대부분의 남자 고등학교들이 그랬던 것처럼 Y고등학교도 제법 학생들을 패는 편이었다. 제법이라는 의미는 강력한 파괴력과 잦은 횟수 모두를 의미한다.

Y고등학교에는 유명한 선생들이 있었다. 유명한 선생인 것은 사실이었지만 그들이 훌륭한 선생들이었는지에 대한 판단은 유보한다.

개포라는 선생이 있었다. 원래 별명은 게슈타포였으나 줄여서 개포라 불렀다. 개포는 시도 때도 없이 아이들을 향해 세련된 몽둥이질을 구사하고 있었지만 그것에 대한 반감은 없었다. 개포의 몽둥이질에는 제법 설득력이 있었다. 주로 수업태도가 불량하다는 등 맞을 만한 짓을 한 놈이 몽둥이질의 대상이 되었기 때문이다. 개포를 제외하고는 모두 폭력을 심히 즐기는 선생들이었다. 그리고 그 선생들은 하나같이 신나는 몽둥이질 뒤엔 사랑의 매라는 개소리를 했다.

그리고 똥방맹이란 별명의 세계사 선생을 잊을 수 없다. 절정의 인기를 구가하고 있었고 나의 기준으로는 매우 훌륭한 선생이었다. 당시 세계사는 대입 학력고사의 시험과목이 아니었기에 수업시간에는 선생이나 학생이나 교과서를 펼치는 일이 없었다. 수업은 시종 음담패설로 이루어졌으며 똥방맹이는 코미디언을 능가하는 입담으로 우리를 즐겁게 해주었다.

시험은 시험일 직전에 예상문제 20개를 공개하고 그 중에서 19개를 출제하는 식이었다. 나는 똥방맹이를 인생의 등불로 삼고자 했으나 그는 곧 학교를 떠나고 말았다. 하지만 서러움도 잠깐, 나는 똥방맹이를 한동안 더 알현할 수 있었다.

교단을 떠난 똥방맹이는 학교 근처에다 '꽃사슴—맥주 · 양주'란 간판의 술집을 개업했다. 야간 타율학습을 마치고 나는 수시로 꽃사슴으로 향했다. 가게 안은 언제나 동창들로 차 있었다.

전설

그의 이름은 이○목이었다. 이름에서부터 강한 에너지를 느낄 수 있었다. 제2 외국어 중 일본어를 담당하고 있었지만 그는 나에게 있어서는 예술가이자 인간문화재였다. 폭력, 그것도 싸대기를 예술로 승화시킨 인간문화재. 기골은 장대했고 힘이 장사였다. 몽둥이 같은 도구 따위는 일체 사용하지 않았고 오로지 맨손, 그것도 손바닥을 이용한 싸대기 하나로 학생들을 제압했다. 성적이 좋지 않거나 수업자세가 불량하면 그는 어김없이 아이들에게 싸대기를 날렸다. 그의 싸대기를 맞으면 누구나 서너 걸음 밀려나면서 쓰러졌다.

어느 날은 교내 주먹서열 1위의 거물급 학생이 그에게 걸렸다. 그 자식은 거물답게 선생 앞에 불려 나가서도 제법 거들먹거리는 여유를 보였다. 모두가 마른침을 삼키며 지켜보고 있었다. 용호상박, 긴장된 순간이었다.

드디어 선생의 예술 싸대기가 작렬했다. 단 한 번의 싸대기로 그 자식은 고목나무 쓰러지듯 그 자리에서 혼절해 버렸다. 아름다운 광경이었다. 그것은 폭력이 아니었으며 진실로 예술이었다. 예술 싸대기로 인해 나는 그를 더욱 흠모하게 되었다.

한 번의 싸대기로 혼절했던 그 자식은 자존심에 큰 상처를 받게 되었다. 다음날 다시 일본어 수업을 앞둔 시간이었다. 일격에 쓰러진 순간을 기억하자니 그 자식은 울화가 치밀었던 모양이었다. 그리고 분을 이기지 못해 그 자식은 앞에서 깐죽거리던 어떤 녀석의 뒤통수를 후려치며 화풀이를 하고 있었다.

졸지에 뒤통수를 맞은 녀석은 간이 부었는지 때린 놈이 주먹서열 1위라는 사실을 잊고 그 자식에게 대들었다. 그런데 그 자식은 그냥 주먹으로 해도 끝날 일을 의자를 들어 깐죽거리던 녀석의 머리를 향해 내려찍었다. 맞은 녀석은 머리가 터졌고 교실은 일순 피바다로 변했다.

피를 보자 예기치 못한 일이 벌어졌다. 평소 그 자식의 불의를 보고도 매우 잘 참던 내가 그 자식을 덮쳐 밟고 있었다. 그 자식을 밟는 아이의 수는 순식간에 십수 명으로 불어났다. 아무리 주먹이 세다 해도 함께 밟아대는 아이들 앞에서는 힘을 쓸 수가 없었다. 잠시 후 그 자식도 피떡이 되었다. 머리가 터진 녀석을 급히 병원으로 실어 보내고 주번은 부지런히 바닥에 고인 피를 닦아냈다.

수업 종이 울리고 선생이 들어왔다. 우리는 일제히 그의 싸대기에 맞아 죽을 각오를 하고 있었다. 비릿한 피 냄새가 진동했다. 인사를 마친 선생은 곧장 주번을 불렀다. 그런데 그는 주번에게 교탁에 묻은 피를 닦으라고 지시를 하곤 곧장 수업을 시작했다. 비어 있는 자리에 대해서 묻지 않았으며, 피떡이 된 그 자식에게도 사유를 묻지 않았고, 교실에 남아 있는 혈흔과 피비린내에 대해서도 일체 묻지 않았다. 교실에서 선혈이 낭자한 일쯤은 대수롭지 않다는 표정이었다.

선생의 무덤덤함에 나의 사모의 정은 더욱 커져 갔다. 그대로 수업은 마쳤고 다음 시간은 영어시간이었다. 영어선생은 사건의 전모를 파헤쳤고 잘잘못을 따졌다. 우리는 그날 예술 싸대기는 피해 갔으나 결국 영어선생한테 단죄를 받아야 했다. 물론 나중에 나는 주먹서열 1위에게 죽을 만큼 얻어터졌다.

그 후 나는 그 선생을 닮을 수 있을까 하는 마음에 대학 전공으로 일본어를 선택했다.

일목삼수

선생이 예술 싸대기로 명성이 높아지자 그를 흉내 내는 아류들이 생겨났다. 이름하여 '삼수', 이름 끝에 '수'자字가 붙은 3인의 선생들이었다. 그들의 폭력은 아름답지 않았고 결코 예술이 될 수도 없었으며 마냥 잔혹하기만 했다. 물론 사랑의 매라는 개소리는 잊지 않았다.

삼수의 폭력행각은 주로 두발검사에서 비롯되었다. 요즘은 교복은 입히더라도 두발은 다소 여유를 두는 편이지만 Y고등학교는 학생들의 두발 성장을 용인하지 않았다. 학생들의 두발은 해병대 병사들의 형태를 벗어날 수 없었다.

어느 날 후배들이 두발자유화를 쟁취하기 위한 거사를 감행했다. 당초 계획은 후배들이 떼를 지어 학교 밖으로 나가 두발 단속에 대한 폭압적인 학교의 방침을 시민들에게 알릴 계획이었다. 참고로 Y고등학교는 한 학년에 15학급씩의 제법 큰 학교였다. 그 중 일부만 가담했다 하더라도 그 규모는 대단한 것이었다. 하지만 후배 무리들은 단 네 명, 즉 일목삼수에 의해 완전히 제압당했다. 일목의 예술 싸대기와 삼수의 폭력 싸대기에 후배들의 거사는 수포로 돌아갔다. 그 후 일목삼수의 명성은 계속되어 Y고등학교의 전설로 남게 되었다.

애무왕과 달빛소녀

고등학교 때부터 나는 물레방앗간의 필요성을 절실하게 느끼게 되었다. 그러나 동네를 아무리 뒤져봐도 절구나 디딜방아만 보일 뿐 물레방아는 찾을 수 없었다. 영화에서 본 물레방아는 곡식을 찧는 기능 외에도 삼돌이와 점순이가 몰래 만나 떡방아를 찧는 등 지역 주민들의 복합 문화시설의 기능을 겸하고 있었다.

우리 동네에서는 청년들이 고생이었다. 그들은 남녀상열지사를 위한 공간적인 제약에 시달리고 있었다. 물레방앗간이 없었던 까닭에 청년들은 마을 사람들의 시선을 피해 산으로 잠입해야 했고, 숲 속 으슥한 곳이나 무덤가에선 남녀가 뒤엉켜 그들만의 레크리에이션에 열중하는 장면이 목격되기도 했었다.

그럼에도 불구하고 역내 이장들은 물레방앗간의 신축을 추진하지 못했다. 주민들의 작은 숙원사업조차 해결하지 못하는 마을은 해방 이래 국회의원 하나 배출하지 못했다.

교련복을 입고 등교하는 날은 늘 마음이 무거웠다. 손재주가 메주였던 까닭에 교련시간의 필수과제였던 소총의 분해와 조립에 대한 시험 걱정 때문이었다.

분해와 조립에 사용된 소총은 낡은 M1 기종이었다. 그런데 교련선생은 이 소총을 '애무왕'이라 불렀다. '엠-원M1'의 일본식 발음 '에무-완'을 한 번 더 변형시킨 발음이었다. 인명 살상용 무기 치고는 꽤 에로틱한 이름이었다.

그 당시 나에게 필요한 과목은 교련이 아니었다. 사랑의 기술이나 생명탄생의 신비 같은, 다시 말해서 짝짓기에 대한 정보만을 탐하고 있었다. 개념적 정의보다 실체적 진실에 목말라했다.

초등학교와 중학교가 각각 하나씩밖에 없는 시골이었기 때문에 만날 수 있는 여자도 동창들이 고작이었다. 고등학교에 들어가고부터 나의 관심은 온통 짝짓기에 쏠려 있었지만 열망을 채워줄 구원의 천사는 보이지 않았다.

낙담의 시간을 보내다가 교회에 나가기 시작했다. 현세구복을 위해서였고 교회에서는 계집애들을 볼 수 있었기 때문이다. 하지만 나는 금방 싫증을 느꼈다. 언제나 똑같은 하나님의 이야기를 언제나 똑같은 계집애들과 들어야 했기 때문이다.

낯선 아이가 마을에 출몰했다. 달빛 같은 눈동자를 가진 소녀였다. 그녀는 시내에서 이사 온 동갑내기였다. 눈부시게 하얀 목덜미와 이효리를 닮은 반달 같은 눈웃음을 짓고 있었다. 그리고 자꾸만 눈길이 가는 그녀의 봉긋한 상반신 실루엣은 나를 발정난 종돈으로 만들기에 충분했다. 주변에서 보아 오던 시골 계집애들과는 사뭇 다른 분위기였다.

아침마다 통학버스에서 달빛소녀를 만날 수 있었다. 그녀의 하얀 목덜미라도 힐끗 보게 된 날은 하루 종일 수업에 열중할 수가 없었다. 교련시간에도 단시간에 분해했다가 다시 조립해야 하는 애무왕을 조립은커녕 분해도 하지 못해 고초를 겪어야 했다.

그리고 그녀의 하얀 목덜미에 대한 환영만으로도 밤마다 두루마리가 남아나지 않았다. 날이 밝으면 다시 교회로 나갔다. 두루마리로 행한 간음을 회개하기 위해서였다.

회개만으로는 죗값을 다할 수 없다고 여겼는지 교회에서는 봉사를 요구했다. 나의 의사와는 상관없이 주일학교 교사와 성가대 그리고 학생회 임원 등의 막중한 책무가 주어졌다. 시골교회에서는 젊은 사람이 눈에 띄면 여러 역할을 강제로 떠맡기는 일이 다반사였다. 주일은 나에게는 번뇌의 날이었다.

그런데 번뇌의 날이 환희의 날로 바뀌기 시작했다. 달빛소녀가 교회에 나오기 시작했기 때문이었다. 워낙 청년이 귀했던 터라 교회에서는 달빛소녀에게도 주일학교 교사와 성가대의 짐을 맡겼다. 버스 안에서 몰래 훔쳐만 보던 그녀를 이제 일주일에 한 번은 공식적으로 만날 수 있게 되었다.

달빛소녀의 집은 깊은 산속에 있었다. 유명한 기도원이 있는 산이었고 그 산동네에서도 가장 꼭대기에 위치한 집이었다. 그러나 교회에서 행사 준비로 밤이 깊었을 때나 늦은 밤 막차를 함께 탔을 때에도 달빛소녀는 한사코 집까지 바래다주려는 것만은 사양했다.

달빛소녀를 겨냥한 나의 껄떡 프로젝트가 가시적인 성과를 보일 무렵이었다. 교회 행사가 늦은 밤에 끝난 날이었다. 그날은 그녀가 먼저 집까지 바래다주기를 청했다. 나는 기쁜 마음으로 그녀의 집으로 향하는 산길을 걸었다. 인적도 없고 불빛이라곤 찾아볼 수 없는 산속의 오솔길이었다.

한참을 걷다 보니 사방은 온통 무덤천지였다. 공동묘지였다. 공동묘지를 지나 20여 분을 더 걷고 나서야 그녀의 집에 닿을 수 있었다. 그녀의 집은 상당히 낡아 보였다. 달빛소녀에게도 말 못할 사연이 있는 듯했다.

집 앞에서 둘은 말없이 서 있었다. 이윽고 그녀가 바래다줘서 고맙다며 조심해서 내려가라고 했다.

'드라마에서는 이 장면에서 꼭 키스를 하던데….'

하지만 나는 입술에 침만 잔뜩 바른 채 산길을 다시 내려와야 했다.

칠흑 같은 어둠이란 이런 것이었다. 산길을 내려가다 보니 다시 그 공동묘지를 지나고 있었다. 아무리 담대하고자 해도 자꾸만 식은땀이 흘렀다. 칠흑 같은 어둠 속에서도 무덤의 윤곽은 희미하게 보였다. 금방이라도 귀신들이 쏟아져 나올 것만 같았다. 후들거리는 다리를 애써 감당하며 겨우 산을 내려왔다.

'아니, 달빛소녀는 매일 밤 이 길을 혼자 걸었단 말인가?'

나는 달빛소녀에게 측은한 생각이 들었다.

며칠 후, 이번에는 낮에 달빛소녀의 집으로 갈 일이 있었다. 햇볕 아래에서 걷는 산속의 오솔길은 정겹기만 했다. 공동묘지를 지날 때도 무서운 생각은 들지 않았다.

이후 공동묘지는 우리들의 밀회 장소가 되었다. 밤마다 그녀와 같은 버스에서 내렸고 무덤가에서 한참을 머물다 귀가했다. 누구의 방해도 없었고 아무도 그 무덤가를 지나가지 않았다. 휴일이나 방학에는 종일 무덤가를 떠나지 않았다. 서로 어깨를 기대며 이야기도 하고 노래도 흥얼거렸다. 그녀는 산울림의 '회상'을 좋아했다.

나는 지나치게 건전한 교제에 또 싫증이 났다.

학력고사를 며칠 앞둔 겨울날, 남의 묘지에서 시묘살이 1년 만에 드디어 첫 키스의 위업을 달성했다. 그 방면엔 지독한 숙맥이었던 우리는 그날 이후 무서운 속도로 진화했다. 학력고사 전날에는 교련선생에게 곡괭이자루로 맞아가며 숙달시킨 애무왕의 분해 실력을 발휘했다. 그녀의 비장의 카드였던 흉부압박장치(?)를 분해하는 데도 성공했던 것이다. 그 역시 무덤가에서였다.

학업을 멀리하고 무덤가에서 서로에 대한 체험학습에만 매진했던 결과로 둘 다 대학진학에 실패했다. 그리고 재수생이 되었다. 비록 재수생이었지만 성인의 신분이었다. 성인이 되자 공동묘지에서 벗어나고 싶었다. 그렇지만 지천에 널린 여관이나 모텔로 눈을 돌릴 수도 없었다. 입장절차도 거북했지만 시설 이용료도 부담이었다. 물레방앗간만 있었어도 좋았을 것을.

주민의 편의시설 확충에 힘을 쓰지 않은 이장에게 비난의 화살을 돌리며 우리는 다시 산속 오솔길을 걸어 올라갔다. 일주일에 엿새는 무덤가에서 죄를 범하였고 주일은 교회에서 회개했다.

때 많은 자가 목욕탕을 가지 못하듯, 죄 많은 그녀와 나도 곧 교회의 발길을 끊었다.

그녀는 진학을 포기하려 했다. 그리고 당시 엄청난 인기를 누렸던 '홀로서기'란 시를 옮겨 적은 편지를 마지막으로 그녀는 내 곁을 떠나갔다. 그녀는 이사를 가게 되었고 연락마저 끊어졌다.

대학생이 되어 그 무덤가를 다시 찾았지만 달빛소녀는 보이지 않았다.

"그래도 부담 갖지 마시고 생각나는 음악이 있으시면 말씀해 보시죠."

왠지 그날은 한 곡을 청해 들어야만 할 것 같았다. 그렇다고 나를 클래식의 고수라 믿고 있을 주인에게 운명이나 비창을 신청할 수는 없는 노릇이었다. 그때 머릿속에 번뜩 떠오르는 단어가 하나 있었다.

— 그러시다면, 크로이처를 부탁드리겠습니다.

주인의 얼굴엔 야릇한 미소가 번졌다. 마치 자기가 사람을 잘못 보지 않았다는 승리감 같은, 그리고 단골 중에 숨은 고수를 만난 표정이었다.

"유명한 곡이지만, 제가 이 가게를 열고 크로이처를 신청하신 분은 손님께서 처음이십니다. 과연…."

그러나 나는 오디오 브랜드 크로이처만 알았지 베토벤의 크로이처는 들은 적이 없었다. 사장은 흘러나오던 음악을 중지시키고 다른 음반을 걸었다. 아마 내가 신청한 크로이처인 모양이었다. 내가 듣기엔 너무 지루한 음악이었다. 음악이 끝나자 주인이 OB 슈퍼드라이를 들고 다시 찾아왔다. 주인은 음악 이야기를 나누는 것이 무엇보다 즐거운 일이라 했다. 그리곤 베토벤과 다비드 오이스트라흐, 그리고 크로이처에 대한 이야기를 시작했다. 잠시 후 주인은 내게 물었다.

"손님께서는 어느 연주자의 크로이처를 즐겨 들으시는지요?"

— ……?

재수생활을 마칠 때까지 탄호이저에 출근도장을 찍다시피 했다. 그날 이후 탄호이저에 갈 때마다 주인은 처음 나의 행색을 보고 클래식 마니아인 줄로 알았다는 이야기를 되풀이했다.

탄호이저의 주인은 클래식뿐만 아니라 팝이나 록 음악에도 조예가 깊었다. 주인의 해설과 함께 듣는 팝과 록도 색다른 경험이었다. 팝이나 록이라면 나도 말을 섞을 정도는 되었기에 주인과의 대화에 즐거움이 더했다.

손님이 들지 않는 날에는 내가 좋아하는 곡들을 연달아 들려주었다. 그런데 탄호이저에서 음악을 듣다 보면 간혹 눈물이 나는 수가 있었다. 서글픈 일을 당해서가 아니라 그리 만드는 음악들이 있었다. 나에게도 효과가 확실한 최루성 음악이 있었다. Ronnie Aldrich의 연주곡 중 'LOVE'라는 곡이었다. 경음악 연주와 사내의 눈물 사이엔 아무 연관을 찾을 수 없지만 아무튼 탄호이저에서 그 음악이 나오면 창피하게도 매번 훌쩍거리게 되었다. 결코 술기운은 아니었다.

그리고 내가 탄호이저에 올 때마다 클래식 음반을 하나씩 추천해 달라고 주인에게 부탁했다. 주인은 흔쾌히 수락했고 탄호이저에 갈 때마다 나의 클래식 음반 리스트는 하나씩 늘어났다. 아르페지오네 소나타로 시작해서 리스트가 50개쯤으로 늘어났을 무렵, 국가가 나를 탄호이저로부터 격리시키는 사태가 벌어졌다. 군 입대를 한 것이다.

입대 후 첫 휴가를 받았을 때도 제일 먼저 찾은 곳이 탄호이저였다. 하지만 탄호이저의 간판은 그대로였으나 주인은 바뀌어 있었다. 가족을 잃은 것 같은 허전함으로 우울한 첫 휴가를 보내야 했다.

CD시대가 도래하자 처음 구입한 CD도 크로이처였다. 반복청취를 통해 나는 크로이처의 선율을 온전히 기억하게 되었다. 선율을 기억한 상태에서의 음악 듣기는 또 다른 맛이 있었다. 그 후로도 간혹 클래식이 듣고 싶은 날에는 크로이처에 먼저 손이 갔다. 지금은 나도 탄호이저 같은 낭만주점의 주인이 되는 것을 꿈꾸고 있다.

마지막 겨울

플래카드

어머니는 새벽 4시도 되기 전에 일어났다.

농사일을 하는 영감과 재수생 아들을 위한 밥상을 마련해 놓고 이현공단으로 출근하기 위해서는 새벽부터 서둘러야 했다. 어머니는 텍스타일의 도시라는 대구의 어느 염색공장에 다니고 있었다. 말이 좋아 텍스타일이지 실상은 더럽고 위험한 일을 하는 '공순이'에 지나지 않았다. 그것도 환갑을 눈앞에 둔 늙은 공순이였다. 그리고 늙은 공순이의 월급은 당시 우리 집의 유일한 수입원이었다.

아내, 어머니 그리고 염색공장의 늙은 공순이로서의 고단했던 삶을 생각하면 가슴이 먹먹해진다.

서울에서 세계적인 운동회가 열린 1988년을 '쌍팔년'으로 불렀다. 그 해 나는 입시에 낙방하여 재수를 하던 시기였고, 많은 남자들, 특히 군인에게는 올림픽의 무탈한 개최라는 미명하에 육체적 억압을 당연하게 여기던 시기였다.

염색공장으로 출근하기 위해 어머니는 언제나 133번 버스의 첫차를 타야 했다. 집 앞에는 중학교가 있었고 버스 정류장은 교문 앞에 있었다. 그 학교는 가창중학교로 나의 모교였다.

교문 위에는 플래카드 하나가 나부끼고 있었다. 지난해 크리스마스 즈음부터 이듬해 여름방학 때까지 끈질긴 생명력으로 걸려 있었다.

"경축! 본교 20회 졸업생 이규선 군 경북대학교 전체 수석 입학!"

한 학년에 100명 남짓한 시골학교 출신이 한강 이남에서 가장 명문이라는 경북대학교의 수석을 배출했다는 사실은 경축할 만한 일이었다. 하지만 정작 수석을 배출한 것은 중학교가 아니라 고등학교가 아닌가? 그런데 그 학교를 졸업했다는 이유로 중학교에서 플래카드를 걸 것까지는 없는 일이 아닌가?

수석 입학의 영광을 안은 이규선은 불행하게도 나와는 초등학교와 중학교 동기생이었다.

'제길, 며칠 걸어 두었으면 이제 걷어낼 것이지….'

어머니가 출근하고 나서 한 시간쯤 지나면 내가 버스를 기다리는 시간이었다. 반월당에 위치한 유신학원으로 가기 위해서였다. 아침마다 버스를 기다리며 바람에 나부끼는 플래카드를 보아야 했던 어머니는 무슨 생각이 들었을까? 재수생도 재수생을 둔 어머니도 그 플래카드를 날마다 보아야 하는 일은 괴로운 일이었다. 그때만큼 공부에 소질 없음이 애통했던 적도 없었다. 다행인 것은 어머니는 이규선의 경북대 수석만 알았지 아들과 친했던 허가 놈이 당시 건국대학교에 수석한 사실은 알지 못했다. 만약 그때 그 사실까지 알았더라면 어머니는….

영광다방

지금은 재수생에 대한 시선이 너그러워졌지만 쌍팔년도만 해도 재수생은 인생의 낙오자로 여겼다. 그래서 재수 학원은 낙오자들의 감옥이나 마찬가지였다.

재수 학원은 종합반과 단과반이 있는데 나는 단과반만을 전전했다. 염색공장 공순이의 소득으로는 종합반은 엄두도 낼 수 없었다. 하루에 두어 과목을 수강하고 나면 남는 시간을 어떻게 보내야 할지가 막막했다. 학원에서도 단과반 수강생들에게는 엉덩이를 붙일 공간조차 제공하지 않았다. 그래서 날마다 남아도는 시간을 보낼 장소를 물색하는 것이 고민거리였다.

오래전 TV 드라마에서 '봉팔이'라는 캐릭터가 당시의 음악다방 DJ들의 심기를 불편하게 한 적이 있었다. 그러나 그 시절 음악다방 DJ들은 봉팔이처럼 뒷주머니에 도끼 빗을 찔러 넣고 다닌다든지 얄궂은 억양으로 말하는 일은 없었다. 포마드로 떡칠한 머리 모양이나 나팔바지를 입는 일도 없었다.

유신학원 건너편 건물 지하에 영광다방이라는 음악다방이 있었다. 그곳은 공부하기 싫은 재수생들에겐 지하의 낙원이었다. 재수생들 외엔 일반 손님은 전혀 출입하지 않는 곳이었다. 다방의 한쪽 면에는 DJ BOX가 있었고 아마추어 DJ들이 부지런히 음악을 배달하고 있었다.

500원짜리 커피 한 잔과 파란색 솔담배 한 갑이면 아침부터 늦은 밤까지 죽치고 앉아 있을 수 있었다. 1인용 의자에 몸을 젖히고 있으면 20인치 TV에선 하루 종일 주윤발, 홍금보가 나오는 홍콩영화가 상영되었다. 소리는 들리지 않고 자막만 흐르는 비디오의 화면이었지만 시간을 죽이는 데는 더없이 고마운 존재였다.

DJ BOX에는 아침시간 어설픈 견습생의 시간이 끝나면 손님들이 몰리는 시간대에는 고참 DJ가 마이크를 잡았다. 목소리, 말솜씨, 음악선곡까지 라디오의 유명 DJ들을 능가하는 솜씨였다. 조용필, 전영록, 이선희의 가요와 딥 퍼플, 레드 제플린 등이 주된 레퍼토리였다.

다시 응시해야 하는 학력고사에 대한 부담감은 있었지만 영광다방에서 죽치고 앉아 음악에 묻혀 있던 시간은 더없이 행복했다.

영광다방은 대구에서도 언더그라운드에 속했다. 당시 대구에는 행복의 섬, 코리아, 에트랑제, 포그니 등 많은 전문 음악 감상실들이 동성로에서 성업 중이었다.

재수생활 석 달 만에 나는 아예 학원 출입은 하지 않고 아침부터 동성로의 음악 감상실에 출근부를 찍기 시작했다. 학력고사 따위는 찬바람이 불면 고민하기로 마음먹었다. 대낮에도 어두운 음악 감상실에는 나처럼 학문에 뜻을 두지 않은 재수생이 많았다. 그 중에는 여학생도 있었다. 학생일 수도 성인일 수도 없는 불완전한 신분의 재수생들은 서로의 처지를 쉽게 감쌀 수 있었다. 음악 감상실에서 만난 어느 여자 재수생과는 추한 로맨스도 있었다. 둘은 정석수학이나 성문종합영어 따위엔 관심을 두지 않고 그저 서로의 젊은 신체만 탐구하고 있었다.

쌍팔년 올림픽이 끝나자 다시 학원 출입을 시작했다. 그리고 그녀와는 서로 LP 한 장씩을 주고받는 것으로 작별의식을 했다. 그녀로부터 받은 LP는 '마지막 겨울'이라는 노래가 들어 있는 '정희남'이라는 낯선 가수였다.

마지막 겨울

— 정희남

그리고 아무 말 없이 그대 떠난 후에
무너진 가슴으로 찬바람만 부는데
어두운 언덕 저편 때늦은 노을 하나
지난겨울처럼 쓸쓸히 걸려 있어
그때 나는 몰랐네 나를 향한 그 눈빛을
떨리는 기도소리마저 무심히 외면하며 돌아섰던
우리의 마지막 겨울
상심한 발자국만 서로 남긴 채
계절이 바뀌어도 가슴속에
하얗게 얼어붙은 겨울

전인권이나 김현식을 닮은 허스키한 목소리였다. 목소리뿐만 아니라 가창력도 발군의 실력이었다. 들을수록 가슴이 무너져 내리는 노래였다.

학원 출입은 재개했지만 나는 음악 감상실 출입을 멈추지 못했다. 음악 감상실에서 정희남의 '마지막 겨울'을 연일 신청하였더니 언제부터인가는 내가 들어서기만 해도 DJ가 그 노래를 미리 들려주는 친밀감을 보이기도 했다. 쌍팔년의 겨울이 지나고 입학할 때까지 정희남의 노래는 그렇게 무한정 반복되고 있었다.

우드스탁

장충동에서 5년간 근무했었다.

처음 발령을 받았을 때는 유서 깊은 동네에 대한 기대가 있었다. 하지만 노래로만 듣던 '안개 낀 장충단공원'이나 김일의 박치기를 볼 수 없는 '장충 체육관'은 생각보다 볼품없었고, '장충동 족발'은 기대 이하였다. 장충동은 술 한잔 기울일 곳조차 마땅치 않은 동네였다.

퇴근길에 동료와 함께 태극당 앞을 지나던 중에 시선을 자극하는 풍경을 보았다. 아찔한 차림새의 처녀들이 길가에서 춤을 추고 있었다. 호프집 개업을 홍보하는 도우미들이었는데 너무나 헐벗은 차림새였다. 손수건 한 장으로 옷을 지어 입었는지 속살이 가려진 부분을 찾기 어려웠다.

참새가 방앗간을 지나치지 못하고, 목마른 사슴이 호프집을 지나치지 못하듯 우리는 지역사회 발전에 이바지하기 위해 그 가련한 처녀들이 손짓하는 곳으로 들어갔다. 그런데 호프집에는 빈자리가 없었다. 우리처럼 헐벗은 처녀들에게 감화 받은 주당들이 이미 모든 테이블을 선점하고 있었다.

상심한 마음으로 발길을 돌려 인근의 '우드스탁'이라는 업소로 들어섰다. 한편에 무대가 설치되어 있었다. 카운터에는 아름다운 여인이 앉아 있었지만 전체적으로 칙칙한 인테리어에 칙칙한 중년의 남자만이 술을 나르고 있었다.

다른 곳으로 옮기기가 번거로워 우리는 아까 본 헐벗은 선녀에 대한 품평을 안주 삼아 순배를 돌렸다. 그런데 갑자기 스피커의 음악소리가 꺼지더니 술을 나르던 그 칙칙한 중년의 남자가 무대로 올라섰다. 그 남자는 직접 피아노를 연주하며 노래를 부르기 시작했다. 그가 노래를 부르자 카운터의 아름다운 여인은 시종 사랑스러운 눈빛을 보내고 있었다.

Manfred Mann's Earth Band의 'Questions'이라는 노래였다. 범상치 않은 노래 실력이었다. 'Dust in the wind'와 '묻어버린 아픔'을 이어 부르는데 자꾸만 가슴이 뻐근해졌다.

진한 허스키에 고음 처리가 일품이었다. 이후 몇 곡을 더 불렀는데 모두 유신학원 시절에 즐겨 듣던 노래들이었다. 노래가 끝이 나자 손님들은 브라보와 앙코르를 연발했다. 주위를 둘러보니 장식이라곤 전혀 없는 벽면에 역시 아무 장식이 없는 채로 붙어있는 커다란 사진이 보였다. 눈에 익은 사진이었다. 재수생 시절 그 여학생이 이별의 증표로 주었던 정희남의 LP 커버 사진이 확대된 브로마이드였다. 그러고 보니 노래하던 그 남자의 음성이 정희남과 닮았다는 생각이 들었다. 과연, 노래하던 그 중년의 남자가 바로 정희남이었고 우드스탁의 주인이었다.

반가운 마음에 정희남 사장에게 술 한잔을 권해 보았지만 술을 전혀 하지 못한다며 사양했다. 술 대신 그는 담배를 한 대 청해 왔다. 담배를 건네며 정희남 사장과 이야기를 이어 갔다. 나는 그에게 반가움을 표시했고 그 역시 20여 년 전 무명 가수를 기억하고 있는 손님을 진정으로 환대해 주었다. 그리고 쌍팔년의 로맨스와 '마지막 겨울'을 무수히 들었던 이야기를 들려주었더니 반색을 하며 즐거워했다.

그날 이후로 나는 우드스탁의 단골이 되었다. 장충동에서 드디어 명소를 발견한 것이었다. 그리고 언제나 카운터를 지키는 아름다운 여인은 그의 부인이었다. 하늘은 그녀에게 선녀 같은 얼굴과 함께 목발도 주었다는 것을 알게 되었다.

정희남 사장은 정작 자신의 노래인 '마지막 겨울'은 몇 년 동안 불러보지 않았다고 했다. 간곡히 청을 넣었더니 그날은 연습이 되지 않았다며 다음번에 불러줄 것을 약속했다. 자신의 노래임에도 연습이 되지 않아 부를 수 없다는 말에 감동했다.

다시 그곳을 찾았을 때 그는 나를 위해 '마지막 겨울'을 혼신의 힘을 다해 불러 주었다. 피를 토하는 듯 폐부를 찌르는 절창이었다. 그리고 재수시절 그녀와의 추한 로맨스도 다시 기억해 내고 말았다. 술에 취하고 노래에 취하고 추억에 흠뻑 취한 밤이었다.

그 후로도 나는 우드스탁에서 흠뻑 취하는 날이 잦았다. 다시 우드스탁을 찾았을 때는 가게 문이 닫혀 있었다. 그 다음날도 또 그 다음날도 가게 문은 열리지 않았다. 한 달이 넘도록 가게 문이 열리지 않더니 결국 '임대'라는 종이가 붙었다. 내가 사랑하는 것이 또 하나 사라진 날이었다.

무명가수로 살아가기에는 척박한 토양이지만 오늘도 어디에선가 무심히 노래를 부르고 있을 가객 정희남 사장의 건승을 기원해 본다.

바바리맨

그 사나이의 이름은 박상호였다.

나이를 가늠하기 어려운 얼굴이었으나 40대 후반으로 보였고, 180센티가 넘는 키에 우람한 체격, 빡빡머리였으나 쥐가 파먹은 듯 고르지 못했다. 그는 일 년 내내 검정색 롱코트를 입고 있었다. 코트 종류는 모두 '바바리'라 부르던 때였다. 겨울은 그렇다 치더라도 삼복더위에 바바리는 보는 사람마저 땀띠 나게 했다.

박상호는 대단한 수재였다는 소문이 있었다. 하나를 가르치면 열을 알았고 한번 읽은 문장은 절대 잊는 일이 없었다. 열을 배우면 즉석에서 아홉을 까먹고 잠시 후 남은 하나마저 까먹는 나와는 다른 종족이었다.

박상호는 정신이 흐려지는 몹쓸 병에 걸려 있었다. 사람들은 박상호가 공부를 너무 열심히 한 나머지 돌아버렸다고 했다. 그렇다면 나는 책만 보면 경기를 일으키므로 정신건강에는 평생 염려가 없을 것이다.

박상호는 혼잣소리를 하며 떠돌아다녔다. 그의 혼잣소리는 주로 법조문을 외는 소리였다. 형법 몇 조 몇 항이 어쩌고 하는 식이었다.

박상호에겐 가족이 없었다. 동네에 먼 친척뻘 되는 박 영감이 살고 있었지만 그도 박상호를 거둘 여력은 없었다. 박상호는 다리 밑에 움막을 지어 기거하면서 걸식으로 연명했다. 걸식도 하루 이틀이지 연일 밥을 청하는 비렁뱅이를 마을 사람들이 반길 리는 없었다. 그래서 그는 걸식의 반경을 점차 넓혀 가야 했다. 처음에는 우리 동네에서, 그리고 점차 옆 동네로 행동반경을 넓히더니 1년쯤 지나자 대구 시내와 청도에서도 그를 보았다는 이야기가 들려왔다. 박상호의 행동반경이 넓어질수록 그를 볼 기회는 점차 줄어들었다.

한동안 소식이 없던 박상호가 다시 마을에 출몰했다. 그는 항상 커다란 자루를 짊어지고 다녔다. 나는 그 자루 속이 자못 궁금하였으나 얼마 지나지 않아 내용물을 알게 되었다. 자루 속에는 가위와 이불, 냄비 같은 가재도구들이 들어 있었다.

박상호는 이제 정착을 할 모양이었다. 한동안 다리 밑에서 기거하더니 어느 날 우리 집 뒷산에다 자루를 풀었다. 반갑지 않은 일이었다. 그런데 저 죽일 놈의 박상호가 자루를 푼 지점은 내가 지난여름부터 공들여 조성해 놓은 비밀 아지트였다. 전쟁놀이를 할 때 본부로 쓰려고 소나무 가지를 엮어 만든 공간이었다.

박상호는 내가 지어 놓은 아지트에 주워 온 장판으로 지붕과 바닥을 보강하더니 세집인 양 들어앉아 버렸다. 분통이 터졌지만 등기를 해 두지 않았으니 소유권을 주장할 수도 없었다.

마을사람들은 박상호의 출현이 거슬리긴 했지만 그렇다고 특별히 경계하지도 않았다. 밥을 청하는 일 외엔 달리 피해를 주는 일도 없었기 때문이다.

며칠 후 나는 호기심이 발동하여 박상호가 무단점유하고 있는 나의 아지트에 가보았다. 나무 뒤에 숨어서 박상호를 지켜보았다. 머리를 손질하고 있었다. 큼지막한 가위로 자신의 머리카락을 한 움큼씩 손에 잡히는 대로 자르고 있었다. 중은 제 머리를 못 깎아도 박상호는 잘도 깎았다. 금세 쥐가 파먹은 형태의 박상호룩이 완성되었다.

그때 박상호가 인기척을 느꼈는지 갑자기 내가 숨어 있는 쪽으로 고개를 홱 돌렸고 나와 눈이 마주쳤다. 나는 놀라 숨이 멎는 듯했다. 박상호의 얼굴을 정면에서 본 것은 처음이었다. 금방이라도 나를 잡아먹을 듯 섬뜩한 얼굴이었다. 나는 기겁을 하고 집으로 내달렸다.

초등학교 3학년 때였다. 아버지는 표구점에 다니고 있었고 엄마는 통조림 공장에서 일하던 때라 학교를 마치고 돌아오면 한동안은 혼자 집을 지켜야 했었다.

어느 날 해거름 무렵 나는 엄마가 퇴근하기만을 기다리고 있었다. 문 밖으로 검은 그림자가 비쳤다. 아직 엄마가 돌아올 시간은 아닌데….

그림자는 점점 가까워졌다. 엄마의 그림자는 저렇게 크지 않다. 아버지의 그림자도 아니었다. 거대한 그림자는 점점 방문을 향해 다가오고 있었다.

무서웠다. 문고리에 숟가락을 걸어야 한다는 생각만 맴돌 뿐 이미 몸은 굳어서 움직일 수가 없었다. 바깥 문고리를 잡는 소리가 철커덕 하고 들렸다. 이불, 이불이라도 뒤집어 써야 하는데….

거대한 그림자는 기어이 방문을 열었다. 시커먼 괴물이었다. 그 괴물의 정체는 바로 박상호였다. 나는 너무 무서워서 울음소리도 내지 못했다. 박상호는 허연 눈을 희번덕이며 방안을 둘러보더니 나 혼자 있는 것을 확인하자 천천히 문을 닫았다.

돌아가는가 보다…. 나는 귀를 쫑긋 세우고 발자국 소리에 귀를 기울였다. 그런데 발자국 소리는 멀어지지 않았다. 이번엔 삐거덕 하고 부엌문이 열리는 소리가 들렸다. 찬장과 냄비, 솥뚜껑이 마구 여닫히는 소리가 들리더니 뭔가를 먹고 있는지 쩝쩝거리는 소리가 들렸다.

나는 방안에 쪼그리고 앉아 기도를 하고 있었다.

'하나님! 아버지가 빨리 오게 해 주세요! 그리고 박상호 새끼는 죽게 해 주세요!'

간곡한 기도였다. 얼마 지나지 않아 기도의 응답이 있었고 신의 음성이 들렸다. 신의 음성은 그리 우아하지 않았다. 매우 높은 옥타브의 소프라노 음이었다. 엄마였다. 마당에 들어서자마자 엄마는 바로 사태를 파악하고 부엌으로 뛰어들었다. 엄마는 부지깽이, 바가지, 국자 등 눈에 띄는 대로 집어 들고 박상호를 향해 던졌다. 귀한 아들을 놀라게 한 응징이었다.

개도 밥 먹을 땐 안 때리는데… 아니지 박상호는 개보다 더 못된 놈이야…. 엄마 이겨라! 파이팅!

갑자기 엄마의 비명소리가 들렸다. 박상호가 엄마를 완력으로 밀쳤던 모양이었다. 개새끼!

밖으로 나가 보니 엄마는 마당에 주저앉아 신음하고 있었고 박상호는 검은 바바리코트를 휘날리며 유유히 사라져 가고 있었다.

퇴근 후 이야기를 전해들은 아버지는 낫을 들고 뒷산으로 달려갔다. '찬새미의 휘발유', '불타는 고무다라이'라 불리던 아버지는 기어이 박상호를 뒷산에서 몰아내고야 말았다.

그날 이후 박상호는 더 이상 나타나지 않았다.

크리스마스였다. 산타가 우는 아이에겐 선물을 주지 않는지 모르지만 간절히 기도하던 나에게는 큰 선물을 주었다. 그런데 그 선물이 너무나 충격적이었다. 박상호가 죽었다는 소식이었다.

하나님도 참, 뭐 이런 기도를 들어주실 것까지야….

나의 간절한 기도로 박상호가 죽었다고 생각하니 덜컥 겁이 났다. 그때 나는 박상호 말고도 죽어버리기를 바란 사람들이 여럿 있었다.

'내가 기도를 하면 사람이 죽는다….'

그때부터 나는 죽기를 바랐던 사람들의 무병장수를 기원하는 변덕을 부려야 했다.

크리스마스이브에 중동교 다리 아래에서 한 동사자凍死者가 발견되었다. 큰 키에 박박 깎은 머리, 그리고 검은색 바바리코트를 입고 있었다. 사망소식은 박 영감에게도 전해졌다. 평소 이름난 구두쇠였지만 먼 친척이라는 이유로 박상호의 장례를 치러 주었다.

나 때문에 박상호가 죽었다는 생각으로 마음이 무거웠다. 다시 살아 돌아와 준다면 이 죄책감에서 벗어날 수 있을 텐데….

이듬해 설날이었다. 아침부터 동네에는 괴이한 소문이 돌았다. 박상호를 보았다는 사람이 있었다. 장례까지 치른 사람을 보았다니… 음복飮福이 과했던 모양이다.

오후가 되어 나는 돌담 앞에 앉아 볕을 쬐고 있었다. 그런데 저 먼 발치에서 누군가 걸어오고 있었다. 시커먼 바바리를 입고 있는 사내였다. 그 당시에는 검은 옷을 입은 사람만 보면 박상호가 아닌가 싶어 되돌아보곤 했었다. 그 사내가 가까이 다가올수록 박상호를 닮았다는 생각이 들었다. 얼굴이 확인되자 나는 그 자리에 굳어 버렸다. 틀림없는 박상호였다. 검은 바바리코트에 빡빡 깎은 머리, 그리고 희번덕이는 눈빛, 낮이 아니었다면 아마 심장이 멎었을지도 모른다.

다리 밑에서 얼어 죽은 사람은 박상호가 아니었다. 검은 바바리코트를 입고 있었다는 이유만으로 경찰은 박상호로 단정을 하고 신원확인을 소홀히 했던 모양이다. 장례를 지내준 박 영감조차 시신 확인은 하지 않았단다.

박상호는 이제 공포의 대상이 되었다. 이유야 어찌되었건 장례까지 치른 사람을 다시 만나는 일이 반가울 리는 없었다.

박상호가 다시 부활(?)하자 이번에는 박 영감이 시름시름 앓기 시작했다. 무슨 영문인지 그해 박 영감과 박상호는 같은 달에 세상을 떠났다. 박상호에게 부활은 되풀이되지 않았고 한여름의 바바리도 더 이상 볼 수 없었다.

어느 날의 통화

어느 날의 통화

— 유석근

용돈 조금 부친다고 전화 한 통 드렸더니
아픈 다리 이끌고서 나물 캐러 갔답디다.
땅두릅 택배로 보냈다 그 말하고 끊습디다.

소통에 미숙한 부자의 대화는 괴로운 일이었다.

아버지는 살갑게 이야기를 하지 못하시는 양반이다. 일 년에 네댓 번 아버지를 찾아뵙지만 그때마다 건강과 농사의 작황을 묻고 나면 대화가 단절된다.

식사 중에는 말을 삼가는 가풍이고, 술을 하지 않으시니 취기에 묻어 대화를 이어갈 수도 없다. 하지만 말 한마디 제대로 주고받지 못함에도 자주 내려와 보지 않음을 타박하시고, 몇 주간 전화가 뜸하면 서운해 하셨다. 어느 겨울, 눈이 많이 내린 날 안부전화를 넣었다.

☏ 053-○○○-○○○○

"머하시능교?" (어떻게 지내세요?)

— 논다. (요즘은 별로 하는 일이 없다.)

"거도 눈 마이 완능교? 밸 일 음능교?" (거기도 눈이 많이 왔나요? 별일 없으세요?)

— 음따. (없다.)

"그라고…." (요즘 건강은 좀 어떠세요? 천식 약은 잘 드시고 계시죠?)

— 끈차! 즈나세 마이 나온다! (그만 끊자! 전화요금 많이 나온다!)

딸까닥! 뚜- 뚜-

"……."

'경수야, 잘 지내고 있느냐? 직장생활이 고단치는 않느냐? 만나는 아가씨는 있느냐?

올해는 탄저병 때문에 고추농사가 시원치 않다. 그리고 실은 천식이 심해져서 몸이 좀 힘들구나.

막내가 가게를 열었지만 장사가 되는지 모르겠다. 어제는 작은 누나가 다녀갔었다.

엄마는 이번 주 교회 식사당번이다. 쫑쫑이가 새끼를 가진 모양이다.

눈길 조심해서 디니고 밥 질 챙겨 먹어라. 혼자 지낸다고 술만 믹지 말고.

주일마다 교회는 꼭 가거라. 회사생활 잘하고 잘 지내거라. 전화 자주 하고….'

아버지도 속으로는 이렇게 되뇌셨으리라 믿고 싶다.

아버지는 시골에 살면서도 농사를 짓지 못했다. 물려받은 땅도 없었고 땅을 장만할 형편도 아니었다. 우연한 기회로 대패를 잡게 되었다.

대패는 훌륭한 밥줄이었다. 대패는 자식들을 공부시키고 논밭도 장만할 수 있게 해 주었다. 그러나 농사에 미련을 버리지 못했던 아버지는 자식들이 장성하기도 전에 대패를 내팽개쳐 버렸다. 기어이 농사꾼이 되어 버린 것이다.

밭에서 고추를 따고, 논에서 나락을 걷었지만 손바닥만 한 땅에서 거둔 수확으로는 여섯 식구의 입에 풀칠도 하기가 어려웠다. 나는 다시 아버지가 대패를 잡기를 바랐다. 그러나 아버지는 할수록 낭패를 보고 지을수록 손해를 보는 농사일을 끝내 놓지 않았다.

농자農者는 천하의天下之 '등신'이었다.

그 등신의 길로 들어선 때가 겨우 사십 대 후반이었다. 나는 지금도 아버지의 선택을 지지하지 않는다. 아버지는 허리가 휘도록 일했지만 내 눈엔 헛되고 미련한 노동이자 값없이 흘리는 땀일 뿐이었다. 대패를 놓아 버린 아버지를 탄핵하고 싶었고, 직무정지를 시키고 싶었다.

술이라도 자시고 화투라도 잡는 양반이길 바랐었다. 언제나 맑은 정신으로 고집을 세우고 있었기에 대화나 설득은 가당치 않은 일이었다.

유일한 휴식은 땀 흘린 후의 담배였다. 술은 입에 대지 않았기에 명절에도 담배 한 보루면 족했다. 새마을, 환희, 청자, 솔 등을 거치더니 20여 년 동안 한라산 담배를 줄곧 태우고 있었다. 구부정하게 앉아 진한 맥심커피에 한라산 한 개비를 물고 있는 아버지의 모습은 평온해 보였다. 그리고 이제는 생명마저 위협받는 천식을 얻었다.

이제 아버지의 대패들은 모두 녹슬어 가고 있다. 그리고 대패의 주인도 생명의 불꽃이 점차 스러져 가고 있다. 지금까지 태워 온 담배연기는 다시 불꽃이 힘차게 일어나리라는 기대마저 앗아갔다. 하지만 이번 추석에도 나는 아버지께 드릴 한라산 한 보루는 챙겨갈 것이다.

아가!

아가!

술잔은 그만 치우거라. 커피나 한잔 마셨으면 좋으련만. 내가 즐겨 마시던 맥심 커피믹서 말이다. 옳거니, 옳거니, 며느리가 커피를 챙겨왔구나. 허허.

앞으로도 남들 따라한다고 마시지도 못하는 술은 가져오지 말거라.

나도 한때는, 그때가 군대를 막 제대한 즈음뿐이었지만 제법 술을 마신 적도 있었단다. 하지만 지금은 술이라면 질색이다. 마실수록 느는 것이 술이라는데 어째 나는 갈수록 술이 싫어지더구나.

게다가 늬 시오마시 말이다. 늬 시오마시가 한때 술을 좋아해서 나한테 제법 머리채깨나 뜯긴 적도 있었단다. 동네의 몹쓸 과부들과 어울리며 허구한 날 얼큰하게 취해 있던 시절이 있었단다. 대낮부터 주정을 부리던 그 과부들이 영 볼썽사나웠는데 언제부턴가 늬 시오마시가 그 과부들과 어울리는 꼴을 보니 거 참 못 견디겠더구나. 그때 늬 시오마시가 나한테 제법 쥐여 박혔었지. 수십 년 전 일이니까 늬 시오마시에게는 말하지 말거라. 허허.

그건 그렇고, 담배나 한 대 다오. 옳거니. 불도 붙여야지.

푸- 좋구나. 그래도 한라산 맛이 그립구나. 난 그게 입에 맞던데.

오랜만에 늬들이 찾아왔는데 해줄 말이 딱히 없구나. 떠나던 그날도 아무 말도 남기지 못해 늬들이 오면 무슨 말을 할까 생각했었는데.

10년 동안 병치레를 하느라 별을 볼 일이 없었는데 여긴 별도 좋고 습하지도 않아 좋구나. 실은 혼자 조용히 지내고 싶은데 옆에 영감들이 자꾸 성가시게 굴어 정신 사나울 때도 있단다. 그렇다고 전처럼 버럭 소리를 지를 수도 없고, 이것 참.

그래, 사돈어른들께서는 모두 무탈하시고? 그리고 너는 아직 소식이 없더냐? 벌써 여러 해가 지났는데, 혹 늬 신랑이 고장이더냐? 옆에 영감들 중에 손자 못 본 영감은 없다더라. 아니, 말이 그렇다는 게지 뭐 다른 뜻은 없단다 아가야.

아가!

네가 시집온 지도 벌써 5년이 넘었구나. 그러고 보니 시아버지가 되어 며느리에게 살가운 말 한마디 건네지 못했었구나. 이런, 쯧.

미안하구나. 가난한 집에 시집오게 해서 미안하고 살가운 말 대신 버럭 소리나 지르는 꼴만 보였구나.

커피 남았으면 따뜻한 놈으로 한 잔 더 다오.

여기는 술은 흔한데 커피는 얻어 마시기가 영 어렵구나.

그렇지, 그렇지, 커피는 이렇게 걸쭉할 만큼 진하게 타야 제맛이지.

아가!

저편에 내려다보이는 동네 말이다. 경산이란 동네란다. 그리고 저쪽이 사월동이지. 어디 보자, 여기선 사월교회가 보이지는 않는구나. 늬 시오마시와 내가 머슴살이를 했던 교회란다.

아가, 종지기란 말을 들어 보았느냐?

사월교회 사람 중에 누가 들으면 어떨지 모르겠다만 어쨌거나 종지기는 머슴살이였단다. 우리 아버님이 늬 시오마시와 짝을 지워 줘서 장가는 들었지만 신접살림을 차릴 집이 한 칸 있었던 것도 아니고 땅이 한 평 있었던 것도 아니었단다. 그러니 별수 있나, 머슴살이를 할 수밖에. 끙.

그게 다 5형제 중 막내로 태어난 죄였단다. 그때는 다른 집에도 막내들이 사는 꼴은 더러 그랬단다.

교회 사택 한편에 방을 하나 얻었고 거기서 큰딸이 태어날 때까지 지냈었지. 그저 먹고 자고 하는 정도였으니 사람의 살림이랄 것도 없었지 뭐. 낮에는 예배당 청소와 수리를 하고 새벽에는 새벽기도를 알리는 종을 치는 일을 했었지. 처음에는 타종을 하다가 곧 차임벨로 바뀌었지. 나는 새벽에 예배당 차임벨 소리가 들리면 그때 생각이 나서 서러워지곤 했단다. 늬들이 사는 서울에서도 새벽에 차임벨 소리를 들을 수 있는지 모르겠구나.

아가!

내가 태어난 때는 왜정시대였단다.

왜놈 순사의 기억도 남아있고 초등학교 때 왜놈 선생도 기억나는구나. 왜놈 말과 왜놈 글을 먼저 배웠단다. 왜놈들… 지독한 놈들이었지. 그리고 곧 해방인가 싶더니 다시 6.25가 터졌지. 그때는 왜놈이고 난리고보다는 끼니를 해결하는 것이 제일 큰일이었단다. 보릿고개에는 대천 벌에 굶어 죽은 사람들을 심심찮게 볼 수 있었으니까.

듣고 보면 자랑이지만 나는 공부에 소질이 좀 있는 편이었단다. 하지만 결국 초등학교가 내 공부의 끝이었지. 6학년 때 담임선생이 집에 찾아와서 나를 중학교에 입학시켜 보려고 아버님을 설득했지. 끝내 아버님은 담임선생의 말도 나의 바람도 아랑곳하지 않고 기어이 나를 농군으로 만들고 말았단다.

아가, 이래 봬도 내가 초등학교만 나온 영감 치고는 꽤 유식한 편이란다. 왜정시대에 태어났으니 왜나라 말은 하고, 중학교는 못 갔지만 서당은 다녔으니 한문도 제법 알고, 중학교 영어책도 더듬더듬 읽을 수 있고… 허허. 그림도 잘 그렸었는데… 허허.

실은 늬 신랑도 모르는 일이 있지. 늬 신랑한테는 큰아버지들만 계신 줄 알지만 고모도 둘이나 있었단다. 내 누이들이지. 하지만 나도 누이에 대한 기억이 별로 없어. 내가 어릴 때 둘 다 죽었으니까. 병으로 죽었다는데 나도 누이들의 이야기는 별로 들은 바가 없어.

아무튼 막내라는 게 말이야, 그거 좋지 않은 거야.

달리 좋지 않은 게 아니라 막내에겐 아무것도 돌아오는 게 없기 때문이지. 온 국민이 가난했던 시절이었지만 그래도 우리 집안은 끼니 걱정은 면할 수 있었던 복 받은 살림이었지. 하지만 그건 아버님이 살아계실 때 이야기고, 아니 살아계실 때도 장남이 아닌 아들은 그저 집에서도 밥만 먹여주는 일꾼에 불과했지.

아, 우리 집만 그랬던 것은 아니고 당시에는 모두 그렇게들 살았어. 죽도록 농사일을 하다 보니 나이가 들었고, 군대를 다녀오고 혼기가 되어 늬 시오마시랑 살림을 꾸리게 되었지. 살림을 꾸린 가장이 머슴살이 말고는 할 수 있는 일이 없었지. 땅뙈기 하나 물려받은 게 없었으니 머슴살이를 할 수밖에.

후에 송운당이라는 표구점에서 대패를 잡게 되었단다.

때도 없이 밤을 샌다더냐. 야위고 늘 퀭한 얼굴의 너를 보니 마음이 아프구나. 여기 영감들 중에는 더러 자식한테 무슨 복권 번호를 알려주는 영감도 있더라만 난 그것도 해줄 수가 없어 미안하구나.

부디 몸 상하는 일 없이, 그리고 마음 상하는 일도 없이 잘 지내거라. 네가 이 집에 와서 고생이 많다. 애쓰는 걸 잘 알고 있으니 서운한 마음은 갖지 말거라.

피곤타.

이제 나는 좀 누워야겠다.

찬새미

냉천

기찻길 옆 오막살이에서 잘도 자던 노래 속의 아기는 혹시 청각장애가 아니었을까?

나도 비록 기찻길은 아니었지만 차도에 접해 있어서 기찻길 옆만큼 소음이 심한 곳에서 오막살이를 했다. 그러나 나는 결코 노래 속의 그 아이처럼 단잠을 잘 수가 없었다. 온갖 종류의 차량들이 쏟아내는 굉음 때문에 단잠을 자는 일이란 밥을 많이 먹어도 배 안 나오는 여자의 희망사항과 같은 것이었다.

도로를 질주하는 차량들 때문에 TV를 볼 때도 한껏 볼륨을 올려야 했고, 가족 간에도 고래고래 악을 써야만 대화가 가능했다. 그 덕분에 우리 집 식구들은 모두가 풍부한 성량과 우렁찬 목청을 가지게 되었고, 동네에선 매일 싸움이 일어나는 집으로 길이길이 기억되게 되었다. 그런 열악한 환경의 집은 경상북도 달성군의 냉천이란 동네에 자리 잡고 있었고 나의 의지와는 무관하게 고향이 되고 말았다.

냉천은 먼 옛날부터 '찬새미'라는 예쁜 이름으로 불리던 마을이다. 찬새미란 냉천冷泉 즉, 차가운 샘이란 뜻이다.

도시가 발달한 곳은 대개 큰 강이나 하천을 끼고 있다. 대구에도 외곽으로는 낙동강과 금호강이 있고, 도심에는 남북을 관통하는 신천이 흐르고 있다. 신천은 찬새미 인근 우록리의 우미산에 있는 밤티재에 발원지를 두고 있다.

밤티재에서 출발한 신천이 찬새미에 당도하면 조선말 서찬규라는 선비가 한천寒泉이라는 글씨를 새겨 넣은 바위가 보인다. 지금의 잣대로는 자연보호에 크게 역행하는 행위지만 한천바위에서 정성을 들이면 아들을 낳는다고 전해지고 있으니 시비는 거두기로 한다. 한천 역시 차가운 물이라 뜻이므로 지금의 냉천과 찬새미의 유래와도 관련이 깊어 보인다.

찬새미의 물은 수온뿐만 아니라 수질이 좋기로도 유명한데 그것은 대구 앞산에서 청도, 경산 일대에 걸쳐 있는 맥반석 지층 때문이 아닌가 싶다. 그래서 대구지역의 소주인 금복주도 찬새미에 있는 대림생수의 물로 만들고 있다.

대구를 기점으로 찬새미가 시작되는 지점에 '허브랜드'라는 휴양지가 성업 중이다. 이전에는 '냉천자연농원'이라는 이름이었으며, 당시 '대통령 각하, 국사에 노고가 많으십니다!'를 따라하던 구관조가 유명했었는데 몇 년 전에 그만 병들어 죽고 말았다.

찬새미에는 여름철에 옷을 벗고 멱을 감아도 드러나지 않을 정도로 바위가 많았으나, 도로가 포장되고 하천 바닥이 정비되면서 지금은 한천바위조차 볼 수 없게 되었다.

이랑지묘

찬새미 마을은 다시 새마실과 구마실로 나뉜다.

새로 형성된 마을과 예전부터 있던 마을의 구분이다. 새마실 도로가에는 노소를 불문하고 같은 스타일의 머리모양을 생산하던 오래된 이발소가 있었고, 그 이발소 뒤편 남새밭 끄트머리에 이랑의 묘가 있었다. 이랑의 묘는 집에 화재가 나자 동생을 살리고 자신은 세상을 떠난 어린 이랑李娘의 전설을 간직하고 있다.

조선 선조 때의 일이었다. 어느 여름날, 병든 몸의 아버지는 이른 아침부터 김을 매러 나갔고, 어머니도 아버지께 드릴 죽을 끓여 들로 나가게 되자 집에는 젖먹이 동생과 12살 어린 이랑이 집을 지키게 되었다.

방에서 이랑이 젖먹이 동생을 보살피고 있었는데 갑자기 부엌에서 불이 나 순식간에 온 집이 불길에 휩싸이고 말았다. 당황한 이랑은 어찌할 바를 몰라 울면서 소리만 지르고 있었다. 하지만 불길은 하늘을 찌를 듯이 추녀 아래를 휩쓸며 봉창을 통해 방안으로 들이닥쳤다. 이랑은 생각 끝에 젖먹이 동생을 안고 그 자리에 엎드렸다. 결국 뜨거운 불길에 이랑은 타 죽게 되었고 누나 품에 안겨 있던 동생은 생명을 구할 수 있었다. 타오르는 불 속에서 혼자 살 수 있는 기회를 포기하고 사랑하는 동생을 위해 자신의 목숨을 버린 갸륵한 마음이 사람들을 눈물짓게 했다.

살아남은 동생은 장성하여 자기를 위해 죽은 누나를 기리며 혼령이라도 위로하고자 봉분 앞에 비석을 세웠다. 세월이 흘러 비석이 한 차례 멸실되었다가 찬새미 사람들이 갑자년 삼짇날에 다시 세운 것이 지금에 남아 있는 것이다.

'의자이랑지묘義姉李娘之墓'라는 비명과 다음과 같은 비문이 있었다.

甘羅其齡　꽃다운 어린 나이 의로운 누나구나
代弟而死　동생을 살리고 자기는 죽었구나
聶嫈乃志　젖먹이 껴안고 생명 살려 뜻 이루니
爲親之祠　어버이 뒤를 잇는 대를 세웠다.

비문은 판관 조종순이 썼다고 전해진다. 일제강점기까지만 해도 이 묘지의 벌초를 하면 이랑의 혼이 도와준다고 하여 서로 몰래 벌초를 하였고, 묘지 빗돌을 어루만지며 치성을 드리면 병이 낫는다 하여 찾는 사람이 많았다. 그 후론 무심한 후세들이 벌초조차 않아 봉분에는 아카시아가 뿌리를 내렸고 비석은 풀숲에 묻혀 버렸다가, 2002년 용계~팔조령간 지방도로 확장공사 때 주암산 기슭으로 묘지 이장과 함께 묘비도 옮겨졌다.

주암교회와 가창중학교

찬새미의 배면에는 해발 900여 미터의 주암산이 있고, 이랑의 묘가 있던 자리에서 몇 걸음 지나면 주암교회라는 작은 교회가 보인다. 주암교회는 내가 유년시절부터 대학생이 될 때까지 학교와 집 다음으로 머무는 시간이 많았던 곳이었다.

주일학교 시절에는 여름 성경학교와 성탄절의 설렘이 있었고, 청소년기에는 외지에서 온 여학생과의 풋사랑으로 열병을 앓기도 했으며, 청년이 귀했던 시골이라 과중한 교회 일에 고꾸라졌던 기억도 안고 있는 곳이다.

주암교회를 떠올리면 먼저 교회의 역사에 대한 아쉬움이 남는다. 비록 지금은 동네 노인 몇 명만이 앉아 예배를 드리고 있지만, 내가 주일학교를 다니던 시절만 해도 일찍 당도하지 못하면 좌석엔 앉지도 못하고 통로에 방석을 깔고 앉아야 할 만큼 부흥했던 교회였다.

그보다 놀라운 것은 그 작은 시골 교회가 설립된 지 벌써 100년이 넘었다는 사실이다. 내가 아쉬워하는 것은 100년 역사의 교회가 쇠락해 가는 모습보다 지난 100년 동안에 대한 기록의 부실함에 있다. 기록의 부실은 화재나 천재지변으로 인한 소실이 아니라 애초에 기록을 남기는 일에 서툴렀고 보존에 무심했기 때문이다.

몇 해 전까지만 해도 5~60년간 이 교회를 섬긴 어르신들이 몇 분 계셨으나 이제는 모두 작고하시어 100년 역사에 대한 증언이나 회고조차 들을 수 없게 되었다.

주암교회에서 다시 북쪽으로 1킬로쯤 걸어가면 가창중학교가 보인다. 지역 면 단위에 유일한 중학교이므로 초등학교 동창은 모두 중학교 동창들과 중복되게 마련이었다. 그래서 우리 집만 해도 나와 누나 그리고 동생이 모두 이 학교의 동문이다.

가창중학교 역시 과거에는 한 학년에 3개의 반, 그리고 한 반에 60명씩의 학생이 다녔던 산골학교 치고는 제법 규모를 유지하던 곳이었다. 하지만 인근 상원리의 텅스텐 탄광이 폐광되고 일대가 개발제한구역으로 묶이면서 많은 사람들이 고향을 떠나 버렸다. 그리고 인구의 자연감소 또한 갈수록 심화되어 현재는 교원의 수와 학생의 수가 차이가 없는 초미니 학교로 둔갑해 버렸다. 반가운 일은 사립학교라 20년 전의 선생님들 중에 아직 몇 분이 그 자리를 지키고 계셨다.

하지만 50여 년 역사의 이 학교 또한 수명이 언제까지 이어질지 위태로운 지경에 놓여 있다.

다시 찾은 찬새미에는 내가 사랑했던 대부분의 것들은 사라지고 없었다. 좁고 꼬불꼬불하던 도로가 반듯한 이 차선으로 변해 있었지만 내가 살던 집터는 시커먼 아스팔트가 삼켜 버려 이젠 집이 있었던 터조차 가늠할 수 없었다. 슬프고도 아름다운 전설을 지닌 이랑의 묘도 볼 수 없었다. 주암교회의 자상하시던 여러 권사, 집사님들도 대부분 이 세상을 등졌고, 떠들썩하던 중학교는 초 미니학교로 변해 버려 행여 폐교가 되지 않을까 마음 졸이게 했다.

운치 있고 편안한 풍경의 찬새미에는 마사회와 온천이 들어서고 말았다. 마사회가 들어서자 몰려드는 경마꾼들로 주말마다 북새통을 이루었다. 경마꾼이 지나간 후에는 전국에서 온천에 몸을 담그기 위해 다시 사람들이 몰려들었다. 온천 건물이 들어서기 위해서는 또 한 움큼의 풍경들이 사라져야 했다.

온천이 들어선 동네, 그 동네의 이름은 아이러니하게도 냉천이다.

나에게 귀소본능이나 고향에 대한 애착이 없음을 오히려 다행이라 여기고 있다. 지금은 찬새미에 이랑의 전설을 들려줄 사람조차 남아 있지 않다.

찬새미의 들녘도 살풍경이었다.

Part 02

밥값 못한 날들

어느 농약회사에 면접이 예정되어 있었다.
나는 각종 살충제와 살균제 그리고 제초제까지 직접 살포한 경험이 있는
촌놈이라 농약이라는 제품에 대한 거부감은 없었다.
그리고 보라, 나의 용모는 영농후계자에 딱 어울리는 얼굴과 자태가 아니던가!
하지만 아내는 농약이라면 사람이 스스로 명을 끊는 용도밖에는 알지 못하는
여자였다. 그래서 나에게 농약회사에 들어가더라도
생산된 제품을 직접 마셔 보는 일만은 절대 피하라고 당부했다.

공수부대

세계 8대 불가사의라는 것이 있다. 이집트 기자에 있는 쿠푸왕의 피라미드를 비롯하여 알렉산드리아의 파로스 등대, 메소포타미아 바빌론의 세미라미스 공중 정원, 에페수스의 아르테미스 신전, 올림피아의 제우스 신상, 할리카르나소스의 마우솔러스 영묘, 로도스 항구의 크로이소스 거상 등이 그것이다. 하지만 아직도 과학으로 규명할 수 없는 또 하나의 불가사의가 있었으니 그것은 대한민국 대표 저질 체력인 내가 '공수부대' 출신이라는 것이다.

'우린 너무 쉽게 헤어졌어요'의 군악대 연주를 마지막으로 대한민국의 자랑스러운 오합지졸들은 연병장을 가로질러 막사 쪽으로 사라졌다. 입대 첫날은 교관들이 훈련보다는 호구조사와 신체검사에 열을 올리고 있었다.

"너희들 아빠나 친척 중에 별 달고 있는 군인 있는 놈 손들어!"

두 명이 손을 들었고 그놈들은 첫날부터 모든 노동과 당번에서 열외였다. 며칠 후 그들은 훈련소에서 볼 수가 없었다.

"문신 있는 놈, 평발인 놈, 손가락 없는 놈 손들어!"

나중에 안 사실이지만 그때 손들었던 놈들 중 일부는 곧바로 제대를 했다. 징병검사에서 충분한 검사를 하지만 입대 후 신체상의 변화가 있을 수 있으므로 다시 확인을 하는 절차였다. 신체상의 결격사유가 있는 병사들을 찾아내어 일부는 입대 연기를, 또 일부는 병역면제의 영광이 주어지기도 했다. 당시 나는 결격사유를 확인하는 질문에 손을 들 수 있는 녀석들이 부러웠다.

다음 질문에 나는 심한 갈등을 겪어야 했었다.

"양쪽 혹은 한쪽 불알이 없거나 현저하게 작은 놈 손들어!"

여기저기 킥킥거리는 소리가 들렸으나 손을 드는 놈은 없었다. 그런 훈련병이 더러 있었던 모양이다. 잘 알고 있는 내 사이즈지만 다시 한 번 아랫도리를 손으로 만지며 결격사유에 해당되지 않을까 하는 기대로 자꾸만 크기를 가늠해 보고 있었다.

신체상 결격사유 조사에 한 번도 손을 들어보지 못한 나는 30개월을 에누리 없이 굴려야 했다.

군대 문제에 있어서는 아직 풀지 못한 의문이 하나 있다. 그것은 친구 허가 놈의 병역 면제에 대한 것이다. 그놈은 나보다 먼저 입대를 했었다. 입영전야에 비록 자갈마당 순방은 시켜 주지 못했지만 동창의 집에서 성대한 송별회를 열어 주었다. 그리고 눈물을 머금고 그 놈을 논산 훈련소로 보냈다.

훈련소 입소하는 날, 그놈은 장발에 양복을 입고 있었다. 필시 입대하자마자 두발 불량으로 고생을 좀 하겠구나 싶었다. 그렇게 작별의 식을 마치고 3년 후를 기약했다. 그런데 그놈은 바로 다음날 씩 웃으면서 우리 앞에 다시 나타난 것이었다. 면제 판정을 받았다고 했다.

그놈은 얼굴이 나보다 못생긴 것을 빼고는 신체상의 하자가 없는 놈이었다. 순간 나는 슬퍼졌다. 혹 저놈이 무슨 죽을병을 지니고 있

었던 것은 아닐까? 아니다. 그럴 리 없다. 그렇다면 필시,

'양쪽 혹은 한쪽 불알이 없거나 현저하게 작은…?'

나는 북풍한설 몰아치는 1월에 입대를 했다. 그때 같이 입대한 동기들 중에는 제법 이름이 알려진 인물도 있었다. 권투선수 문성길과 가수 클론의 강원래가 그들이었다. 문성길은 그 당시 현역선수로 활동하던 유명인이었기 때문에 입대 당일을 제외하고는 볼 수가 없었다. 클론의 강원래는 같은 내무반에다 나와는 바로 옆 번호였는데 그 때는 그다지 눈에 띄지 않는 평범한 훈련병이었다. 강원래는 클론을 결성하기 전 현진영의 백댄서를 하던 시절이었다.

2월 14일, 밸런타인데이였다.

훈련병들은 저마다 집에서 혹은 애인으로부터 배달된 초콜릿 소포를 하나씩 들고 즐거워하고 있었다. 그때 기간병이 큼지막한 사과박스를 두 개나 들고 씩씩거리며 들어왔다.

"강원래가 어떤 새끼야!"

기간병들이 들고 온 사과박스 두 개는 모두 강원래 한 사람 앞으로 배달된 초콜릿이었다. 그것도 각기 다른 여자들로부터 배달된 초콜릿들이었다. 그날 이후 강원래는 각종 사역에 있어서 열외가 잦았다.

훈련소를 퇴소한 후 나는 ㅇ군단 소속의 야전 공병단에 배치됐다.

야전 공병단, 왠지 살벌한 이름이었다. 알고 보니 공병부대였다. 나는 야전 공병단 중에서도 각종 중장비와 덤프트럭을 운용하는 수송부에 배치되었다. 그리하여 나는 공수부대의 일원이 되었던 것이다.

공병 수송 부대… 줄여서 '공. 수. 부. 대!'

고로 나는 공수부대 출신으로서 하늘을 우러러 한 점 부끄러움이

없다. 어험!

공병은 전투공병과 건설공병으로 나뉘었다. 전투공병은 유사시 다리를 놓거나 지뢰탐사 등의 업무를 수행하고, 건설공병은 3년 내내 노가다만 하는 병사들이었다. 나는 건설공병 중에서도 건축물의 하자보수를 전담하는 부대에 있었다. 전문용어로 '노가다 십장의 따까리'였던 것이다.

음, 용어가 너무 전문적이고도 학술적이니 풀이를 하고 넘어가자.

먼저, '노가다'란 일본어 도카타どかた의 변형으로 노무자라는 뜻이고, '십장什長'은 원래 조선시대 병졸 열 사람 중의 두목을 지칭하는 말로 지금의 분대장의 역할이었으나 현재는 변형되어 노무자를 직접 감독하는 하급직의 사람을 칭한다. 또한 따까리는 자질구레한 심부름을 맡아 하는 사람을 속되게 이르는 말이다. 그래서 내가 담당했던 임무는 건축물 하자보수 현장의 노무감독을 담당했던 중대장의 수행기사 및 비서의 역할이었다. 나는 육군 소속이었으나 건축물 하자보수를 담당하는 노가다 십장은 육해공군을 종횡무진했다.

내가 모신 노가다 십장의 주요 업적으로는 관할지역의 농업고등학교 운동장 조성공사와 사찰 보수, 그리고 육해공군 장군 숙소의 겨울철 보일러 수리, 사단장 전용 테니스장 및 골프장 조성공사, 군인 아파트 어린이용 수영장 공사 등이 있었다.

황당했던 과업으로는 치질 걸린 어느 군단장용 목조변기 제작과 참모총장 전용 식당의 벽지 도배 등이 있었다. 그 식당의 벽지와 문양을 청와대와 같은 모양으로 하라는 명령이 하달되어 자재 수급에 고생을 했던 기억이 있다.

나는 노가다 십장의 따까리였기 때문에 군대생활의 대부분을 파견

근무로 보냈다. 나의 주요 과업으로는 다찌차로 노가다 십장 출퇴근 시키기(대위가 출퇴근 기사를 부리는 경우는 흔치 않았다), 공구리(콘크리트 타설) 치는 날 막걸리와 돼지 머리고기 사다 나르기, 시시콜콜한 공사자재 사다 나르기, 노가다 십장이 협력업체 사장과 룸살롱에 갈 때 문 앞에서 나올 때까지 기다리기, 술이 떡이 된 노가다 십장을 관사로 모셔 가기, 유류고에서 기름을 빼내서 노가다 십장집 보일러에 채워 넣기 등 매우 막중한 업무를 수행했다.

독특한 보직으로 인하여 나는 제대할 때까지 총 한번 잡아보지 못했고, 경계근무 한번 서보지 못했고, 훈련 한번 참가하지 못했고, 사제 밥만 먹었다.

그래도 나는야 대한의 '공수부대' 출신!

나의 피라미드 답사기

전화

만약 '걱정'을 파는 곳이 있다면 아버지는 대출을 받아서라도 쌓아두려 했을 것이다. 졸업이 1년도 더 남았는데 아버지는 벌써 땅이 꺼져라 한숨을 쉬었다. 뼈 빠지게 농사지어 대학을 보냈는데 여태 취직을 못한다는 이유에서였다.

"아버지, 저는 지금 3학년이고 졸업은 1년도 더 남았다니까요."

2학기 중간고사가 한참일 때였다. 아버지와 또 한판 전쟁을 치르던 중에 전화가 걸려 왔다. 입대 동기였던 '권 아무개'였다. 그는 공병부대에서 목공을 담당했던 영선병營繕兵이었다. 친분은 있었지만 그렇다고 제대 후에도 소식을 전할 만큼의 각별한 사이는 아니었다.

통화 내용은 이러했다. 자기는 서울에서 직장생활을 하고 있으며, 지금 그 회사에서 사람을 구하고 있으니 일을 해보라는 것이었다. 월급도 많은 데다 나를 특별히 추천해 두었다고 했다. 반신반의하며 뭐 하는 회사냐고 물었더니 레포츠 업체라 했다. 그리고 자기 집에 빈방이 있으니 숙소는 걱정하지 않아도 된다고 했다. 나는 레포츠에 대해서는 일자무식이었지만, 아버지의 때 이른 걱정을 피할 방편은 되겠다 싶어 그 자리에서 당장 상경을 약속해 버렸다.

다음날, 속옷 가방 하나에 단돈 10만 원을 받아들고 서울행 버스에 올랐다. 어떤 회사인지, 중간고사는 어떻게 할 것인지 따위는 중요하지 않았다. 지긋지긋한 아버지의 잔소리를 피할 수 있고 몇 푼이라도 밥벌이를 할 수 있다면 노숙을 하더라도 집보단 나을 거라는 생각이었다. 아버지는 취직이 되었다는 말에 좋아하기만 할 뿐 어떤 지원도 없었다. 단지 월급을 타게 되면 고스란히 집으로 부쳐야 한다는 당부뿐이었다.

그놈, 권 아무개

입대동기였던 권 아무개, 하지만 이제부터는 '그놈'으로 부른다. '그놈'조차 나로서는 호의다.

고속버스터미널로 마중 나오기로 한 그놈은 보이지 않았다. 한 시간여를 서성이다 삐삐를 치기 위해 커피숍으로 들어갔다. 삐삐를 수 없이 날렸지만 감감무소식이었다. 뭔가 일이 잘못되었구나 싶어 커피숍을 나서려는 순간,

"7674번 삐삐 치신 분!"

그놈은 회사에 급한 일이 생겨 마중을 나가지 못했다며 삼성동 어느 장소로 찾아오라고 했다. 똥하고 된장도 찍어 먹어 봐야 구별하고 서울의 동서남북도 가늠하지 못하는 촌놈한테 어딘가로 직접 찾아오라니, 별 수 없이 택시를 타고 약속장소로 찾아갔다. 날은 이미 저물었고 나는 허기와 피로에 지쳐 있었다.

드디어 그놈을 만났다. 군복을 입고 있을 때는 몰랐지만 그놈은 촌놈의 눈에도 범상치 않은 차림새를 하고 있었다. 베르사체, 아르마니,

페라가모 따위의 상표가 보였다.

'돈 좀 버는 모양이군.'

우선 배가 고파 자장면이라도 먹었으면 하던 차에 그놈이 간판부터 예사롭지 않은 한식집으로 안내했다. 잔칫날에나 볼 수 있는 상차림이었다. 식사를 마치고 나서 잘 먹었노라 하고 일어섰다. 그놈은 계산서를 들고 입구로 향하더니 낭패를 만난 듯 아래위로 주머니를 뒤적이고 있었다.

"이런, 지갑을 놓고 왔네. 미안하지만 네가 계산 좀 해라. 몇 푼 안 하잖아!"

이런 죽일 놈을 보았나. 그렇다고 취직시켜 준다는데 밥 한번 사지 않으면 모양새가 그러하여 할 수 없이 내가 계산했다. 한 끼 밥값으로 수중의 돈은 절반으로 줄어들었다. 그런데 그놈은 천연덕스럽게 맥주나 한잔 하러 가자고 했다. 나는 몹시 피곤하기도 했지만 술값도 내야 하는 상황이라 어서 너희 집으로 가자고 했다.

나의 재촉에 그놈은 휴대폰을 꺼내더니 어디엔가 전화를 걸었다. 얼굴의 절반이 가려지는 시커먼 모토로라 휴대폰은 당시에는 귀족들의 상징이었다. 나는 삐삐 장만으로도 감격했을 때였다.

"뭐라고? 장모님께서 오셨다고? 그래 알았어, 고향친구가 올라와서 오늘은 밖에서 자고 내일 들어갈게. 장모님한테는 말씀 잘 드려줘, 미안해 그리고 사랑해!"

— 뭐야? 결혼했다는 소린 안 했잖아?

그놈은 처음에는 단란주점으로 가자고 하더니 내 주머니 사정을 확인하고는 여관에서 맥주나 사다 마시자고 했다. 여관비에, 맥주 몇 병, 담배 두 갑, 간단한 안주거리 장만으로 지갑은 벌써 비어 있었다. 이쯤 되면 어떤 스토리인지 눈치 채야 했지만 그 당시 무식한 촌놈은 앞으로 닥칠 일을 전혀 예감하지 못했다. 그래도 오랜만에 만난 놈이라 이런저런 얘기를 나누며 밤은 깊어 갔고 취기는 더해 갔다. 취중에도 몇 가지는 확인해야 했다.

그래, 회사에 대해서 좀 더 구체적으로 얘기해 봐라. 그리고 내가 가면 어떤 일을 하게 되느냐, 월급은 얼마나 주느냐, 너는 회사에서 어느 정도 위치냐, 그리고 신혼인데 너희 집에서 묵어도 되겠느냐….

그놈은 일사천리로 모든 물음에 답을 했고 나는 그날 밤 만리장성을 쌓고 있었다.

피라미드 입성

다음날 아침, 그 레포츠 회사란 곳으로 갔다. 그때는 몰랐지만 지금 생각해 보니 개포동에서 삼성동의 중간쯤이었다.

입사는 확정되었지만 면접이란 절차는 거쳐야 한다고 했다. 그놈이 안내하는 대로 사무실에 들어섰다. 크기가 교실만 한 사무실이었는데 희한하게도 책상은 보이지 않았다. 더욱 희한한 것은 고작 열 명 정도가 사용할 만한 공간인데 사람들은 어림잡아 백 명은 넘어 보였다. 서서 뭐라고 웅얼대기도 하고, 끼리끼리 모여 고래고래 소리 지르기도 하고, 목이 터져라 노래를 부르는 사람들도 있었다. 뭔가 이상하다 싶었지만 도대체 뭐가 이상한 것인지는 알아채지 못했다.

거기에는 나와 같은 표정과 행색을 한 신입사원이 나 말고도 여러 명 더 있었다. 팀장이란 자가 간단한 호구조사를 하더니, 여기는 사람들이 많은 데라 소지품은 자기들이 보관해 주겠다며 내 가방을 거두어 갔다. 그리고 어리둥절해하는 나를 대뜸 교육장으로 안내했다. 사무실 한편에 교육장이 있었고, 거기에는 서른 명 정도가 강의를 듣고 있었다.

내 자리는 이미 정해져 있었다. 가장 앞줄 가운데 자리였다. 좌우로 다른 교육생이 앉아있어 옴짝달싹 못하고 두 시간 동안의 강의를 들어야 했다. 레포츠 산업이라더니 강의 중에는 레포츠의 '레'자도 나오지 않았고 무슨 자석이 들어간 매트리스와 베개 얘기만 하고 있었다.

강의는 한 번에 두 시간씩이었다. 한 번 강의가 끝나면 5분간 휴식시간이 주어졌다. 애초의 기대와 너무 어긋나는 상황이라 사실 확인을 위해 권 아무개 놈을 찾았다. 하지만 그놈은 보이지 않았고 팀장이란 자가 저녁에나 되어야 그놈을 만날 수 있다고 했다. 아무래도 느낌이 이상해서 돌아가겠다며 아까 가지고 간 가방을 돌려 달라고 했다. 팀장은 나를 병신 보듯 훑어보더니 2교시 교육이나 참석하라고 했다. 위협적인 어조였다.

그때 그날 들어온 신입사원 하나가 나가려는 시도를 하고 있었다. 그러자 그놈들은 개떼같이 몰려들어 출구를 봉쇄했다. 그래도 완력으로 빠져나가려 하자 이번에는 거구의 덩어리들이 나타나더니 그 사람을 어디론가 끌고 가버렸다. 그 광경을 보자 나는 더 이상 반항하지 못하고 다시 교육장으로 들어가야 했다.

2교시도 강사만 바뀌었지 1교시와 똑같은 내용이었다. 미련한 나도 그제야 뭔가 단단히 잘못되었다는 것을 알아차렸다. 그런데 이상한 것은 건물 바로 앞에 파출소가 있었지만 전혀 도움이 될 것 같지 않았다.

점심시간이 되자 나는 그놈들에게 포위되어 어느 식당으로 들어갔다. 뷔페식이었지만 불안한 마음에 입맛이 없었다. 김밥 몇 개 우물거리다가 다시 3교시 교육에 끌려 들어갔다. 역시 강사만 바뀌고 똑같은 내용이었다. 오전에 두 번, 오후에 세 번의 강의가 끝나자 이번에는 숙소로의 이동이었다.

피라미드의 실체

숙소는 아무래도 감시가 허술할 것이라 생각하고 탈출을 결심했다. 그들은 허름한 빌라를 잡아 놓고 방마다 10명씩 합숙을 하고 있었다. 잘 때는 불침번도 있었다.

저녁식사는 라면이었다. 점심때 김밥 몇 개밖에 먹지 못한 탓에 허기로 죽을 지경이었다. 식사당번이란 놈이 커다란 솥에다 라면 한 박스를 모두 넣고 끓였다. 허기를 면하기 위해 그리고 탈출을 위해 엄지손가락만큼 불어 터진 라면을 삼켜야 했다. 저녁식사가 끝나자 모두 한자리에 모여 가정학습이란 것을 했다. 나는 첫날이라 옆에 앉아서 참관만 하라고 했다.

가정학습 내용은 이러했다.

1. 지인들 중에 먹잇감이 될 만한 대상의 선별법
2. 먹잇감에게 연락하고 접근하는 방법
3. 먹잇감을 기다리게 하고 애태우는 방법
4. 먹잇감을 서울로 불러 주머니를 모두 비우게 하는 방법

기가 막혔다. 내가 모두 겪은 일이었다. 가정학습은 계속되고 있었다.

5. 먹잇감이 탈출을 궁리할 때 손보는 방법
6. 먹잇감의 부모한테 돈 뜯어내는 방법…

몸서리쳐졌다. 그날 밤, 불안과 탈출의 궁리로 잠을 이루지 못했다. 새벽이 와도 놈들은 경계를 늦추지 않았다. 5시가 되자 기상이었다. 욕실이 하나밖에 없었기 때문에 배설과 세안은 전쟁터를 방불케 했다. 나는 신입에 대한 배려로 욕실 사용에 우선권이 주어졌다.

어제는 종일 김밥 두어 조각과 불어 터진 라면밖에 먹지 못한 터라 아침이 되니 다리에 기운이 없었다. 오늘 아침은 단단히 먹어 둘 참이었다. 그런데 이놈들은 아침밥을 주지 않았다. 6시가 되자 다시 봉고차에 태워졌고, 어제 그 사무실로 향했다. 곧바로 어제와 똑같은 내용의 수업이 진행되었다. 똑같은 내용을 여섯 번째 들으니 아! 이게 바로 세뇌로구나 싶었다. 그리고 어제의 나와 같은 행색을 하고 새로 들어온 사람들이 보였다. 그 중에 강력하게 항의하는 풍경도 어제와 같았고 덩어리들에게 끌려가는 것도 어제와 같았다.

오전 교육이 끝나자 드디어 점심시간이었다. 허기는 절정에 달해 있었다. 어제 갔던 그 뷔페를 상상하며 점심을 단단히 먹어 두려 했다. 그런데 이 죽일 놈들은 뷔페를 그냥 지나쳤다. 그리곤 아침에 타고 온 봉고차에 다시 태웠다. 다른 식당으로 가겠지 하며 은근히 설렁탕을 기대하고 있었다. 그러나 봉고차가 도착한 곳은 실망스럽게도 아침에 출발했던 바로 그 숙소였다. 숙소에 들어서자 그놈들은 분주히 식사준비를 했다. 또 라면이었다. 10명에 라면 한 박스, 어제 저녁과 똑같았다. 그런데 이제는 메뉴를 가릴 처지가 아니었다. 오로지 저 라면을 한 젓가락이라도 더 먹어야 한다는 생각밖에 없었다.

눈에 불을 켜고 불어 터진 라면을 정신없이 먹었다. 김치도 없었지만 라면으로 한껏 배를 채우고 나니 세상이 조금은 아름답게 보였다.

"하경수 씨!"

— 예!

"오늘 설거지는 하경수 씨가 해요!"

— 네?

"밥값은 해야 할 것 아냐!"

— 아, 네!

단 하루 만에 나는 순한 양이 되어 있었다. 찍소리도 못하고 시키는 대로 설거지를 했다. 그러고 다시 봉고차에 탔다. 사무실에 도착하자마자 곧바로 오후 수업이 이어졌다. 강의내용을 깡그리 외울 수 있게 되었다. 저녁이 되어 숙소로 돌아왔고, 역시 라면 한 박스였으며 이젠 청소까지 해야 했다. 그리고 그날부터는 야간학습에 동참하라는 지시가 있었다. 그날의 가정학습 내용도 기가 막혔다.

처음 온 교육생이 밥을 두고 보이는 반응을 교육했다. 내가 이틀 동안 보였던 반응들이 그놈들의 텍스트에서 한 치도 벗어남이 없었다. 점점 탈출의 의지가 약해지고 있었다. 그때 팀장의 휴대폰이 울렸다. 먹이를 낚으러 나간 멤버 중의 하나였다.

"지금부터 내가 하는 말만 그대로 따라해!"

"여보! 내가 지갑을 두고 왔나 봐!"

"뭐라고? 장모님이 올라오셨다고?"

"어떡하지? 고향친구가 올라와 있는데."

"장모님께는 당신이 얘기 좀 잘 해드리고, 오늘은 친구하고 회사에서 자고 갈게, 안녕, 사랑해!"

내가 당했던 그대로였다. 통화가 끝나자 가정학습은 재개되었다. 이번에는 그놈들의 실질적인 사업(?)방식을 알 수 있었다. 그놈들의 수법은 간단했다. 일단 입사를 하면 그 자석 요(매트리스)를 사야 하고, 같은 수법으로 먹이를 끌고 오면 상위단계로 올라가게 되어 큰 부자가 된다는 내용이었다. 그리고 그 자석 요는 한 세트에 300만 원이고 처음에는 두 세트를 구매해야 된다고 했다.

순간 희망이 보였다. 왜냐하면 나는 당시에 600만 원이란 거금을 확보할 능력이 전혀 없었기 때문이다. 그렇다면 나는 존재가치가 없을 것이고, 굳이 탈출이 아니더라도 이놈들이 순순히 보내줄 거라 생각했다. 갑자기 입가에 미소가 번졌다. 하지만 천만의 말씀 만만의 콩떡이었다. 팀장은 내 속을 들여다본 듯 일갈을 날렸다.

"물론 600만 원은 하경수 씨가 내는 것이 아니고, 하경수 씨의 아버님이 지불하십니다."

— 예?

"하경수 씨 아버님한테 600만 원을 받아내는 일은, 하경수 씨를 서울로 불러들이는 일보다 훨씬 쉽습니다."

— 설마….

그놈들이 내게 건넨 시나리오는 이러했다.

나는 레포츠 업체에 입사를 했고, 내가 운전하여 영업부장과 거래처로 가던 중 교통사고가 났는데, 내가 가해자이며, 피해자는 다짜고짜 나를 고발하려 하고, 합의를 원하는데 600만 원 정도를 요구하고, 지금 합의하지 않으면 나는 구속될 뿐만 아니라, 시간이 없으니 전화를 받는 대로 송금을 하라…는 내용이었다. 이 정도면 우리 아버지라도 당하겠다는 생각이 들었다.

세뇌

세뇌의 위력이 조금씩 나타나기 시작했다. 사흘이 지나자 점차 탈출의 의지가 약해졌다. 나도 어느새 친구들을 비롯해 면식이 있었던 인물들의 명단을 떠올리고 있었다. 젊은 나이에 몇 명만 어찌어찌 하면 쉽게 억 단위의 수입이 가능하고, 한 번의 작업으로 끊임없는 불로소득이 창출된다는 그들의 세뇌공작에 속수무책으로 빠져들고 있었다.

일주일에 두 번은 특강이 있었다. 일찍 이 바닥에 발을 담근 행운으로 현재는 매월 수억의 수입을 올리고 있다는 초청강사들의 강의였다. 그들의 강의는 신의 경지에 올라 있었다. 자체 강사를 몇 곱절 능가하는 내공으로 탈출의 기회를 호시탐탐 노리고 있던 사람들의 가슴에 떼돈을 벌 수 있다는 희망을 불어넣고 있었다. 자신도 몇 차례의 난관을 극복하고 마스터의 반열에 올라서는 대목에서는 나도 모르게 왈칵 눈물이 쏟아졌다. 아직 결심하지 못한 새가슴들도 기어이 성공하고야 말리라는 각오를 다지게 했다. 교회의 부흥회보다 뜨거운 강의였다.

특강이 끝나고 다시 숙소로 돌아오자, 팀장이 노골적으로 아버지에게 전화하길 강요했다. 어서 아버지한테 600만 원도 뜯어내고, 먹잇감도 사냥해 오라고 재촉했다. 나는 아직 자신이 서지 않았으니 며칠만 더 시간을 달라고 애원했다. 그때부터 팀장이 나를 대하는 태도가 달라졌다. 겁 많고 소심한, 병신 같은 놈이라고 자존심을 자극했다.

다음날, 한 놈이 먹이를 셋이나 엮어 오는 쾌거를 이루었다. 열렬한 박수와 함께 그놈을 영웅 대하듯 추켜세웠고, 그놈은 세상을 다 얻은 양 으쓱한 표정을 하고 있었다. 물론 걸려든 사람들은 세상에서 가장 순진무구한 표정을 지으며 어리둥절한 얼굴로 서로를 마주볼

뿐이었다. 나도 그놈이 부러워졌고 하루 빨리 친구든 친척이든 누구라도 끌어들이고 싶었다.

토요일이었다. 월요일에 올라왔으니 벌써 5일을 머무른 셈이었다.

똑같은 강의를 30여 회나 반복하니 이제 토시 하나 빠트리지 않고 외우게 되었다. 비록 지방대지만 나도 4년제 대학생이었다. 그것도 군대까지 마친 정상적인 신체와 사고를 가졌기에 처음에는 그놈들의 강의가 씨알이 먹힐 리 없었다. 그러나 황당한 이야기라 생각했던 내용을 계속 반복하다 보니 어느 순간부터는 말이 된다 싶었다. 나도 성공할 수 있다는 자신감도 생겼다.

토요일도 일과는 평일과 같았다. 그때까지만 해도 호시탐탐 탈출의 기회를 노리던 나를 항상 그림자처럼 따라다니며 감시하고 있었다.

담배가 떨어졌다. 그놈들은 담배도 배급해 주었다. 하루 다섯 개비였다. 하루 한 갑을 피우던 내게 다섯 개비는 부족했다. 지갑은 비었지만 주머니엔 동전이 남아있었다. 가게로 가서 담배를 샀다. 아뿔싸, 감시의 눈을 피한 줄 알았는데 한 놈이 팀장한테 보고를 했다. 그러자 곧바로 나를 이 길로 끌고 온 권 아무개가 팀장의 호출을 받았다. 그놈은 신입의 주머니를 전부 털어내지 못한 직무상 과실에 대한 단죄를 받아야 했다. 폭력은 없었으나 그놈은 호된 질책을 받았고 나는 어처구니없게도 용서를 구하고 있었다.

탈출

일요일이 되자 체육대회가 있었다. 원래는 일요일도 평일과 같은 일과였다. 그러나 가끔은 다른 조직들과 체육대회를 하는 일도 있었다.

이제 이놈들의 조직구성이 파악되었다. 일단 이 범죄 집단을 통제하는 본사가 있고, 각 지역 단위로 지점이 있었다. 날마다 교육이 이루어졌던 곳이 지점이었다. 그리고 지점 내에서도 10여 명씩의 점 조직이 분화되어 있었다. 내가 기거하고 있었던 방의 인원이 하나의 점 조직이자 독립된 사업체였다. 내가 소속된 조직은 '제일'이란 이름으로 강남지점의 소속이었고, 강남지점은 본사의 지휘를 받고 있었다.

체육대회는 오전시간에 족구 한 게임이 전부였다. 물론 시합이 끝나면 다시 그 지옥 같은 오후 교육에 참석해야 했다. 그날 시합 상대는 '한백'이라는 조직이었고 '제일'과는 오랫동안 경쟁관계였다.

그때 팀장은 전화를 받더니 외출을 서둘렀다. 팀원 하나가 욕심이 과한 나머지 너무 많은 인원을 데리고 오는 바람에 돌발 상황이 발생하여 팀장에게 도움을 요청했던 것이었다. 순간 지금이야말로 탈출의 기회라는 생각이 들었다. 팀장이 없을 때의 조직은 감시도 소홀했고, 팀원들의 긴장이 풀어지는 것을 보아 왔다.

숙소 근처의 공터에서 족구시합이 시작되었다. 나는 공 앞에서는 완벽한 개발犬足이라는 권 아무개의 증언 덕에 시합에는 참여하지 않았다. 시합은 금방 끝이 났다. 이제 다시 숙소로 돌아가서 씻고 라면 먹고 사무실로 나가는 순서만 기다리고 있었다. 사무실로 나갈 때는 정장차림을 해야 했다.

나는 서둘러 옷을 갈아입고 나설 준비를 하고 있었다. 그런데 팀장이 빠진 조직원들은 다소 늘어지는 모습을 보였다. 씻기를 주저하는 놈도 있었고 시합을 했던 놈들은 지친 탓인지 자꾸 누우려고 했다. 팀장 다음의 서열, 즉 '넘버 투'가 서둘러 준비하기를 재촉했지만 소용없는 일이었다. 그놈은 팀장에 비해 카리스마와 공포 분위기 조성

능력이 부족했다. 오히려 들어온 지 제법 되는 놈들은 "네가 뭔데?"라는 식의 반응을 보이며 분쟁의 양상을 띠기도 했다.

나는 다리가 후들거렸다. 탈출의 기회는 지금밖에 없다고 생각하니 온 몸이 척척해지는 느낌이었다. 옥신각신하고 있는 틈을 타서 나는 밖으로 빠져나왔다. 그런데 뭔가 낌새를 챈 듯 권 아무개가 따라 나왔다.

"나 간다."

— …….

"얼마나 갖다 부었는지 모르지만 너도 빨리 정신 차려!"

— …….

그놈도 미안한 마음은 있었던지 나를 막지는 못했다. 그놈은 이미 1,200만 원을 쏟아 부은 상태여서 본전이라도 건지기 위해선 내가 꼭 필요하다고 했다. 나는 그놈의 아가리를 찢어버리고 싶었지만 탈출이 우선이었다. 그놈은 자기 여동생까지 불러들일 계획이라 했다.

시간이 촉박했다. 그놈이 회한으로 눈물짓는 모습을 뒤로하고 내달렸다. 도로가로 나와서 아무 버스나 올라탔다.

터미널에 도착해서는 구걸을 했다. 대구까지의 버스표를 구하기 위해서였다. 워낙 불쌍한 얼굴이어서인지 곧 버스표를 구할 수 있었다.

그간의 얘기를 듣고 난 엄마는 분개하며 나를 위로했고, 아버지는 중간고사는 어쩔 것이며 네가 하는 일이 다 그렇지 하는 타박뿐이었다. 집으로 도착한 지 30분도 지나지 않아 아버지는 평생 취직도 못할 놈이라며 한숨을 쉬었다. 아버지와는 냉전은 다시 시작되었다. 밥값 못하는 인생의 서막이었다.

헤레나

도무지 나이를 가늠할 수 없는 마담이 늘 그 자리에 앉아 있었다.

도로 쪽으로 난 넓은 창가, 출입문에서 첫 번째 자리, 마담의 오랜 친구가 늘 맞은편 자리를 지키고 있었다. 마담의 친구가 50대 중반으로 보였으니 아마 마담도 50 중반 언저리였을 것이다.

그곳은 주점이었고 간판은 '헤레나'였는데 마담의 세례명이라 했다. 마담은 후덕하거나 순덕한 인상과는 거리가 먼 얼굴을 하고 있었다. 표독스럽기까지 한 눈매에 까칠한 성격으로 손님들은 마담을 그다지 좋아하지 않았다. 하지만 건물의 1층에 위치한 편리함과 특이한 치킨 맛, 까칠한 성격에 어울리는 정돈된 실내를 유지하고 있었기에 손님들은 끊이지 않았다.

마담 헤레나는 나이에 비해 대단히 관능적인 신체를 가진 여인이었다. 나는 마담을 볼 때마다 안기고픈, 때로는 안아보고 싶은 충동이 일었다. 나이는 숫자에 불과하다는 말을 믿고 싶었다.

내가 돌팔이 약장사를 시작한 그 망할 놈의 ○○메디컬이라는 회사가 바로 헤레나의 위층에 있었다. 어느 날, 두석이라는 녀석이 나타났다. 그 녀석은 당시 우리 부서장의 처남이었다. 부서장은 내게 두석이를 소개시키며 살짝 한 가지 당부를 했다. 처남은 정상적인 사회

생활이 어려운 독특한 정신세계를 가지고 있으므로 가까이 지내면서 당분간만 맡아 달라는 부탁이었다. 맡다니? 뭘? 어떻게?

두석이는 나보다 세 살 아래의 동생이었다. 이곳에 오기 전까지는 만화를 그렸다고 했다. 만화라는 말만으로도 그 녀석은 나의 호기심을 자극했다. 쓱싹 몇 번의 움직임만으로 사물의 형체와 특징을 잡아내는 재주에 감탄했다.

그 녀석은 짜증스러워했지만 나는 번번이 백지를 내밀며 내 얼굴을 그려보라, 자동차를 그려보라 또는 재미있는 사람의 표정을 그려보라고 주문했다. 나는 그 녀석이 마음에 들었고 그 녀석도 나를 제법 따르는 눈치였다. 내가 그 녀석을 가까이 둔 것은 그 녀석의 재주 때문이었고 그 녀석은 내가 술을 잘 사주었기에 따랐던 것 같았다.

오후 여섯 시 퇴근시간이면 그 녀석은 입버릇처럼 같은 우스갯소리를 했다.

"앗! 벌써 술시네!"

물론 그 녀석은 우리 민속 십이시의 열한 번째를 나타내는 술시戌時 즉, 오후 일곱 시부터 아홉 시까지의 의미를 알고 했던 말은 아니었다. 그저 퇴근 후 공식적으로 술을 마실 수 있는 시각이라 하여 그 녀석이 붙인 이름이었다.

술시가 되면 그 녀석과 나는 어김없이 헤레나로 내려갔다. 헤레나의 그 오래된 마담과 마담의 친구가 그랬듯 종일 같이 붙어 있었으면서도 술시가 되면 무에 그리 하고픈 말이 많았는지 헤레나가 문을 닫는 시각까지 유쾌한 대화를 이어 나갔다.

그 녀석은 그림만큼이나 음악도 좋아하던 놈이었다. 음악, 그것도 정확히 말하자면 베토벤의 음악만 듣는다고 했다. 지독한 편식이었지만 나는 그 녀석의 음악듣기 편식조차도 재미있었다. 교향곡, 협주곡은 그렇다 치더라도 바이올린이나 피아노 소나타는 기억이 용이치 않으므로 몇 번 그 녀석을 시험한 일이 있었다. 스피커에서 내가 아는 베토벤의 음악이 흘러나오면 그 녀석에게 질문을 했다.

"이게 무슨 곡인지 아니?"

— 몰라요, 하지만 베토벤 꺼는 맞네요!

다른 곡도 마찬가지였다.

"이게 무슨 곡인지 아니?"

— 몰라요, 하지만 베토벤 꺼는 아니네요!

나는 녀석의 음악듣기도 무척 흥미로웠다.

반년 동안 헤레나에 출근도장을 찍어서였을까? 그제야 마담 헤레나는 나에게 눈길을 주기 시작했다. 서비스 안주를 내오기도 했고 더러는 좌석이 만석이었어도 나와 두석이가 앉을 자리는 미리 비워 놓는 기특한 짓도 했다.

그 당시는 밥벌이에 시련이 있던 시기였다. 사장은 사기꾼으로 둔갑했고 실세는 공범자의 역할을 했었기에 나 같은 티미한 백성들은 어김없이 고통의 나락으로 빠져들던 시기였다. 사무실에서 별반 역할이 없던 두석이는 회사가 어려워지자 출근을 하지 않았다.

그러나 그 녀석은 술시만 되면 어김없이 일산에서 헤레나로 거룩한 행보를 이어 가고 있었다. 하지만 얼마 지나지 않아 회사 부도로 인해 주머니 사정이 점차 부실해지자 두석이와 술시를 준수하지 못하는 날이 늘어갔다. 헤레나에서 혼자 마시는 날들도 있었다. 하지만 마담 헤레나는 술을 따른다거나 말벗이 되어 주는 주변머리는 없었다. 형편은 더욱 나빠져 거처를 허가 놈의 집으로 옮겨야 했다. 얹혀 살기가 시작된 것이다.

사무실이 공중분해되던 날도 헤레나로 갔다. 충분히 취하고 나서야 일어섰다. 그리고 마담 헤레나에게 수작을 걸었다.

"마담, 나 한번 안아 줘봐!"

눈초리를 찢어 올리며 정색을 하리라 생각했었는데 뜻밖에 마담 헤레나는 나를 보듬어 안았다. 놀란 것은 오히려 나였다. 마담의 체온은 따스했고 분내도 향기로웠다.

몇 달 후, 모처럼 두석이와 헤레나에서 술시 회동을 가졌다.

어디에서 폐인생활을 하고 왔는지 녀석은 봉두난발에 앞니도 하나 빠져 있었다. 두석이의 매형으로부터 익히 들어온 바였다. 녀석은 주기적으로 흠씬 두들겨 맞고 다닌다고.

나는 녀석보다 몇 달 만에 다시 보는 마담 헤레나가 반가웠다. 속으론 얼른 두석이를 보내고 마담에게 다시 수작을 걸어볼 참이었다. 헌데 녀석은 이전과는 사뭇 다른 형태로 변해 있었다. 욕지기가 늘었고 성정은 괴팍해져 있었다. 유쾌한 대화로 이끌어 보려 하였으나 허사였고 그 녀석의 취기는 걷잡을 수 없이 퍼지고 있었다. 말끝마다 시비를 걸더니 급기야 녀석은 생맥주 잔을 바닥에 패대기치며 난동을 부리기 시작했다. 잘 타일렀어야 하는데….

잠시 후 녀석의 얼굴은 피떡이 되어 있었고 내 주먹도 피범벅이 되어 있었다. 미친놈들…. 둘은 건물 주차장에서 담배 한 대씩 나눠 물고 껄껄거리기 시작했다. 마담 헤레나에게 수작을 걸지 못한 아쉬움에 그 녀석을 한 번 더 후려갈기고 둘은 다시 포장마차로 향했다.

두석이는 그 후로도 술시를 지키고 싶어 했다.

나는 직장을 옮겼고 그 녀석은 더 이상 만화를 그리지 않았다. 지하철공사 홍보용 책자를 마지막으로 펜을 잡지 않았던 모양이다. 그리고 두석이는 일산의 집에다 술집을 차렸다.

날마다 술시를 준수할 수 있어 녀석은 행복해 보였다. 그곳으로 찾아갔고 녀석은 혼자 카운터와 홀, 주방을 종횡무진하고 있었다. 그리고 과연 베토벤의 음반만 수납된 장식장이 있었다. 별난 놈이었다.

반년 후 다시 만난 두석이는 가게를 청산했고 봉두난발은 그대로였지만 그새 앞니는 하나 더 빠져 있었다. 주점 헤레나는 추어탕 집으로 변해 있었고 마담 헤레나는 볼 수 없었다.

유쾌한 대화를 나눌 수 있는 상대가 그리웠고 헤레나를 밀어낸 세상의 모든 미꾸라지들을 저주하게 되었다. 마담 헤레나를 생각하니 맥주 한잔이 간절해진다.

서초동 김 여사

피라미드에서 혼이 나고 채 1년도 지나지 않아 다시 무작정 상경을 했다. 그때도 무슨 귀신에 씌었는지 취직이란 명분보단 숨 막히는 고향집을 뜨는 일이 더욱 절실했다. 꼭 서울이 아니어도 상관없었다.

대구에서도 못 먹는 감을 찔러보는 심정으로 구직활동에 공을 들여 보기도 했었다. 비록 지방대였지만 군대를 다녀온 후 내 딴에는 공부에 매진해 보았기에 꽤 그럴듯한 성적표를 가질 수 있었다. 그래서 어쩌면 대구의 중견업체 정도는 입사가 가능하지 않을까 하는 기대도 있었다. 물론 그전에 대기업에도 재미삼아 원서를 넣어 보기도 했었다.

대기업의 원서만 구해도 성공한 인생이라며 서로를 추켜세우던 서글픈 군상들 속에 나도 있었다. 대기업 지원은 재미삼아 해본 장난이었다 치더라도 청구, 우방, 보성, 화성, 대백, 금복주, 갑을방직 등 제법 이름난 대구의 중견업체에 모조리 입사원서를 넣어 보았지만 단 한 군데도 서류전형을 통과해 보지 못했다. 대구에서 학교를 나왔어도 대구의 중견업체를 탐해서는 아니 될 일이었다.

어느 날, 내가 입사원서를 넣었는지조차 가물가물한 서울의 어느 건설업체에서 면접을 보러 오라는 통지를 받았다. 청운의 꿈을 안고 서울로 향했다. 남부터미널 부근의 회사였다. 면접에 관한 예상 답변

그 와중에도 사장은 약장사를 개인판매에서 프랜차이즈 형태로 전환하였고 짧은 시간에 많은 가맹점을 유치하였다. 그 후론 예정된 수순이었던지 사장은 대리점 점주들로부터 거두어들인 막대한 가맹비를 챙기고 잠적했다. 대리점 점주들은 마른하늘에 날벼락이었고 직원들 또한 망연자실했다. 당시 사장은 광고료나 물품대금, 급여, 임대료, 세금 등 어떠한 지출도 하지 않은 상태였다. 사장이 잠적하자 회사는 빚쟁이들로 난리였다. 그 사장은 달아나면서 회사에서 돈이 될 만한 것은 모두 빼돌렸고, 심지어 대당 1만 원 남짓하던 전화기의 보증금까지 빼간 것을 알고는 기가 찼다.

다시 갈 곳이 없어졌다. 급여체불로 하숙집에서도 나와야 했다. 세탁하지 못한 속옷 몇 장과 아무렇게나 구겨 넣은 양말 따위가 들어있는 가방 하나만 끼고 길바닥을 전전했다. 다시 노숙을 하며 상경한 선후배에게 신세를 지는 생활을 이어 갔지만 대구로 내려가긴 싫었다.

서초동 김 여사는 그때 같이 일하던 동료였다. 나보다는 열두 살 위인 띠동갑이었다. 사장이 죽일 놈이었지 당시에 같이 피해를 입은 사람들 중에는 마음이 통하는 이들도 있었다.

돌아온 싱글로 두 아들을 키우며 산전수전에다 세상의 쓴맛을 먼저 겪어서인지 김 여사는 사회에서 처음 겪는 나의 낭패를 짐작하고도 남았던 모양이었다. 회사는 공중분해되고 동료들은 흩어졌다.

이별주를 하자며 나를 서초동 김 여사의 집 근처로 불렀다. 서울교대 앞에 있는 거북곱창에서 김 여사는 나에게 거푸 소주를 권했다. 멀쩡하게 대학 나온 놈이 어째서 이런 회사에 다녔느냐며, 어서 대구로 내려가서 다시 살길을 찾아보라고 충고해 주었다.

곱창은 닳은 타이어를 씹는지 낡은 고무장갑을 씹는 맛인지 알 길이 없었다. 하지만 하염없이 소주를 들이키기엔 충분했다. 김 여사도 달리 나를 도울 방법이나 위로의 말을 생각해 내지 못했는지 거푸 술만 권했고, 씹기도 힘겨운 곱창을 연신 내 입에다 넣어주었다.

거북곱창에서 헤어지고 한동안 길거리 생활을 했다.

밥값을 하기 위해서 다시 일어서야 했고 취업을 해야 했다. 그러기 위해서는 우선 씻고 잘 수 있는 거처가 필요했다. 김 여사는 나에게 월세를 얻을 수 있는 보증금을 조건 없이 빌려주었다. 나는 한 달 후에 갚기로 약속했다. 대체 무슨 수로?

며칠 뒤 나는 나래시큐리티(주)에 입사를 했고 한 달이 조금 지나 김 여사에게 빌린 보증금을 갚을 수 있었다. 그 일을 계기로 김 여사는 나에 대한 신뢰까지 보태 주었다. 아직은 여전히 한심하고 밥값을 못하는 세월을 보내고 있지만 그래도 오늘 내가 사람의 흉내를 내며 살 수 있게 된 데는 김 여사의 역할이 지대했다. 지금은 아내도 김 여사를 언니로 따르고 있으며 지속적으로 친분을 유지하고 있다.

나에겐 달아난 그 사장의 사진이 한 장 있었고 그 사진을 모 일간지에 제공했었다. 그 일간지 역시 그 자로부터 광고료를 회수하지 못했던 터라 주저 없이 공개수배 광고를 실었고 얼마 지나지 않아 그자는 구속되었다. 그러나 풀려난 뒤에도 다시 같은 수법으로 여러 사람들에게 고통을 주고 있다는 후문이다.

김 여사는 이제 두 아들이 장성하여 걱정거리는 많이 덜었지만 아직 삶의 무게가 버거운 모양이다. 요즘은 진담인지 농인지 참한 홀아비 하나를 물어 달라고 조르는 일이 잦다.

음식점에서

첸수이

집 앞에 있는 중국집 이름이다. 아니 홍콩집이라 해야 옳을지 모르겠다. 그 집은 일반 중국집 간판에서 흔히 보이는 '북경식'이니 '사천식'이니 하는 문구 대신 '홍콩식'임을 강조하고 있었다. 집에서 가까운 데다 얼큰한 짬뽕 맛 때문에 자주 찾던 집이었다. 자장면이나 짬뽕은 역시 배달시켜 먹어야 제 맛이지만 아쉽게도 그 집은 배달을 하지 않았다.

자주 가는 집이지만 북경식과 홍콩식의 차이를 구분할 수 없었다. 홍콩이란 말이 대륙에 있는 지명이기도 하지만 홍분된 한국 사람의 심리상태를 나타내는 뜻으로도 사용된다는 것을 홍콩 사람들은 알고 있을까?

주문하는 음식은 언제나 짬뽕 하나에다 요리 하나 그리고 이과두주 한 병이었다. 이과두주로 아내와 건배를 하고 오늘밤에도 홍콩으로 보내주겠노라 농을 하며 식사를 즐겼다. 곧 기분 좋은 포만감과 취기가 찾아들었다.

이과두주의 마지막 잔을 마시고 안주를 한 점 집을까 하다가 짬뽕 그릇을 양손으로 들고 붉은 국물을 들이켰다. 얼큰한 국물과 함께 약간의 야채와 해물이 씹혔다. 야채와 해물은 목구멍을 타고 흘러들어 갔지만 아무리 씹어도 연해지지 않는 질긴 식감의 뭔가가 계속 입안에 남아 있었다. 오징어 껍데기인가? 질겅질겅.

그 후로도 한참 동안 턱을 움직였지만 통 연해질 기미가 보이지 않았다. 결국 내용물을 확인해 보니 오징어 껍데기가 아니라 무슨 해산물 재료의 포장지로 보이는 비닐조각이었다. 나야 중국집 음식에 섞여 나오는 것으로는 바퀴벌레에서부터 수세미, 행주까지 삼켜본 경험이 있어 비닐조각쯤이야 애교로 봐줄 수 있는 일이지만 아내는 달랐다. 비용을 지불한 이상 서비스에 일말의 불만이라도 느끼면 폭도로 돌변하는 경향이 있어 내심 움찔했다.

이번에는 내가 처리할 터이니 그대는 나서지 말라고 했다. 종업원을 불러 짬뽕 국물에서 나온 비닐조각을 보여주었다. 종업원은 연신 머리를 조아리며 사죄를 했고 곧 주인이 달려 나왔다. 주인 또한 무릎이라도 꿇을 듯이 거푸 사과를 하였다. 그리고 음식을 다시 준비해 드리겠노라고 했다.

'아니 뭐, 이럴 것까진 없는데….'

진심을 다해 사과하는 주인을 보니 오히려 내가 미안해질 지경이었다. 아내도 조리를 하다 보면 생길 수 있는 일이라며 양해했다.

진심 어린 사과는 전문 시비꾼인 아내를 순한 양으로 변화시키는 신통력이 있었다. 그리고 주인은 끝내 음식 값을 받지 않았고 우린 그 후로도 계속 그 집의 단골로 남았다.

소호정

아내가 가장 선호하는 외식 장소다. 국밥과 안동국시가 유명한 집이다. 이 집의 안동국시는 김영삼 대통령 시절 청와대에 칼국수 바람을 일으킨 바로 그 국수였다.

나도 이 집의 국밥과 안동국시는 매우 만족하며 즐겼다. 단지 가격이 국시는 자장면 곱빼기 두 그릇 값이고, 국밥은 비빔밥 두 그릇 값인 게 흠이었다.

늘 국밥과 국시만 주문하다가 그날은 다소 유쾌한 일이 있어서 음식이 나오기 전에 도토리묵과 청주 한 병을 주문했다. 도토리묵은 시골에서 원 없이 먹어 본 터라 그리 대단한 품질은 아니었으나 그렇다고 흠잡을 정도도 아니었다.

도토리묵이란 놈은 젓가락으론 집어 올리기도 어려운 음식이므로 씹을 거리는 더욱 없는 음식이 아닌가? 그런데 방금 집어 든 한 점의 도토리묵은 수차례 씹었으나 목으로 넘어가지 않았다. 첸수이의 비닐조각과는 또 다른 느낌이었다.

결국 삼키지 못하고 내용물을 확인해 보니, 노란 고무밴드 조각이 나왔다. 종업원을 불렀고 역시 사장이 따라 나왔다. 연세가 지긋한 여사장이었다. 사장은 연신 굽실거리더니 거의 다 먹은 도토리묵의 그릇을 가져갔다. 만류할 틈도 주지 않았다. 잠시 후 새로 장만된 도토리묵이 나왔다. 사장은 다시 한 번 우리에게 사과를 하고 나서 주방으로 향했다. 그러자 주방에서는 일순 긴장감이 감돌았다. 주방 식구들은 오늘 진하게 한 따까리 할 모양이다.

소망식당

점심때 즐겨 찾던 설렁탕집이다.

메뉴는 설렁탕, 해장국, 김치찌개 세 가지뿐이다. 김치찌개를 주문했다. 김치찌개를 주문할 경우에는 두어 가지 밑반찬이 더 나온다. 그날은 오이무침과 오징어채가 나왔다. 밥 한 술 뜬 후에 오이무침을 집었다. 두어 번 씹던 중 입안에서 '빠그작!' 하는 소리와 함께 강한 통증이 전해졌다. 돌을 씹은 걸까? 비닐조각이나 고무밴드를 씹을 때와는 판이하게 다른 느낌이었다.

이번에는 쇠붙이가 나왔다. 거무튀튀하고 누리끼리한, 동파이프 따위에서 떨어진 구리조각처럼 보였다. 식당에서 별별 이물질을 다 씹어 봤지만 쇠붙이를 씹어 보긴 처음이었다. 신경질적으로 주인을 불렀다. 그리고 주인에게 그 구리 조각을 보여줬다.

"그럴 리가 없는데…."

— 그럴 리가 없다니? 그럼 내가 부러 이런단 소리요?

"아, 아닙니다. 죄송합니다."

주변에는 여러 손님들이 식사하고 있었지만 나는 분에 못 이겨 숟가락을 팽개치며 버럭 소리를 질렀다. 다시는 이 집을 찾지 않을 요량이었다.

간만에 소리를 질러서일까? 기분은 불쾌했지만 어쩐지 몸은 개운하고 가뿐해진 느낌이었다. 체중도 한 10그램쯤 줄어든 느낌이랄까?

사무실에 돌아와서 양치질을 했다. 이런, 제길. 작년에 충치로 덮어씌운 어금니가 떨어져 나가고 없었다.

그렇다면 아까 그 거무튀튀하고 누리끼리한 쇠붙이는?

자는 말이 없었다. 나는 당초에 제시한 조건들을 분명히 해 두고자 나를 섭외한 담당부장에게 계약서 작성을 요구했다.

그는 며칠 뜸들이더니 드디어 나를 불렀다. 그의 손에는 계약서로 보이는 서류가 쥐어져 있었다. 그런데 담당부장은 헛소리를 지껄이기 시작했다. 우선 나의 소속을 그 케이블TV 업체가 아닌 그 회사의 자회사로 해야 하고, 연봉도 다시 조정하자는 것이었다. 처음 제시한 금액에서 10% 정도를 깎은 금액을 제시했다. 그제야 나는 뭔가 일이 잘못되고 있다는 것을 알아챘다. 한술 더 떠서 연봉을 13등분하여 월급으로 지급하고 나머지 1/13은 1년을 만근滿勤한 후 퇴직금으로 지급하겠노라고 했다. 나는 담당부장의 아가리를 찢고 이빨을 뺀찌로 모조리 뽑아 버리고 싶었다.

근로계약서에는 재미있는 대목이 있었다. 주 5일 근무라더니 토요일 퇴근시각이 오후 7시로 명시되어 있었고, 언급하지 않았던 월 1회 휴일 당직과 연 120시간의 야간근무에 대한 조항이 있었다. 연장근무나 휴일근무에 대한 일체의 수당 청구는 불가하다는 친절한 해설도 있었다. 그리고 업무수행 중 발생되는 어떠한 비용(식대, 유류대, 통신비) 등도 청구할 수 없다는 조항도 있었다.

기가 막히고 분통이 터졌다. 그 회사의 계약서 조항보다 나의 티미하기 짝이 없는 일처리 때문에 터진 분통이었다. 옮길 직장에 대한 계약사항을 명확히 해 두지 않은 채, 구두 약속만 믿고 미리 기존 직장에서 발을 뺀 경솔함에 후회가 밀려왔다.

담당부장은 야비한 웃음을 띠며 계약서와 펜을 건넸다. 나는 그 자리에서 계약서를 찢어 버리고 문을 나섰다. 나의 신분이 순식간에 다시 백수로 바뀌는 순간이었다.

채용 취소

어느 농약회사에 면접이 예정되어 있었다. 나는 각종 살충제와 살균제 그리고 제초제까지 직접 살포한 경험이 있는 촌놈이라 농약이라는 제품에 대한 거부감은 없었다. 그리고 보라, 나의 용모는 영농후계자에 딱 어울리는 얼굴과 자태가 아니던가!

하지만 아내는 농약이라면 사람이 스스로 명을 끊는 용도밖에는 알지 못하는 여자였다. 그래서 나에게 농약회사에 들어가더라도 생산된 제품을 직접 마셔 보는 일만은 절대 피하라고 당부했다. 순진한(미련한?) 아내의 당부에 그리 하겠노라 다짐하고 면접을 보러 갔다. 생각보단 규모가 그리 크지 않은 회사여서 면접도 사장과의 독대로 이루어졌다.

사장은 내가 자신과 같은 성姓이라며 반기었고 면접은 우호적인 분위기에서 진행되었다. 그리고 그 자리에서 바로 출근이 결정되었다. 지나치게 호의적인 태도에 미심쩍은 구석은 있었지만 지금 분뇨를 구별할 처지가 아니어서 그저 기쁜 마음으로 귀가했다.

금년에만 벌써 두 번째 백수로의 전락을 지켜본 아내는 나를 이끌고 백화점으로 갔고 폼 나는 양복 한 벌을 입혔다.

다음날, 출근시각보다 30여 분 일찍 그 농약회사에 도착했다. 첫 출근은 다들 이렇게 하는 법이다. 그런데 사장이 벌써 나와 있었다. 나는 직각으로 허리를 숙여 인사를 했다. 그러자 사장의 얼굴이 똥색으로 변하더니 나에게 손짓하며 잠시 따라오라고 했다. 사장을 따라 나선 곳은 회사 앞에 있는 커피숍이었다. 사장이 어렵게 입을 열었다.

"내가 이 회사 사장이긴 한데… 실은 바지사장이야, 그래서 힘이 없어…."

— 무슨 말씀이신지….

“우리 회사에 주주가 한 명 있는데, 그 양반이 나보다 파워가 좋아…. 그 양반 아들이 지금 집에서 놀고 있대. 그래서 그 양반이 내게 부탁을 했어. 이번 사원모집에서 자기 아들을 채용하라는….

하 선생! 미안해요, 난 당신의 입사를 취소시키고 그 아들을 채용할 수밖에 없어요. 나 좀 이해해 주소!”

— 에라, 이 등신아!

자리에서 일어서는 사장의 아랫도리를 응시했다. 바지 어디에도 불알의 실루엣은 보이지 않았다. 필시 그놈도 한쪽 불알이 없거나 현저히 작은 놈이 분명했다.

겨울 백수

아무것도 하지 않음은 술에 취해 있음만도 못한 일이었다.

변덕은 생각보다 일찍 찾아왔다. 총각시절에는 혼자가 아니길 간절히 원했었다. 그러나 결혼하자마자 곧 혼자만의 공간과 시간을 갈망하게 되었다. 고립이 그리웠던 것이지 불화 따위는 아니었다. 잠들기 전 일정 시간은 서재에 틀어박혀 있을 수 있었지만 온전한 고립은 느낄 수 없었다. 고립도 때로는 즐거운 놀이가 되었는데 아내는 나만의 놀이에 때로는 방해가 되는 존재였다.

크리스마스를 앞두고 다시 백수부대로 전입신고를 하게 되었다. 아무런 일정도 없는 그토록 원하던 고립의 시간이 주어졌다. 그런데 빌어먹을 생체시계는 채 여섯 시가 되기도 전에 나를 잠으로부터 유체이탈을 시키고 말았다. 말로는 위로와 격려를 쏟아내지만, 불안해

하는 얼굴로 출근하는 아내에게 입맞춤으로 배웅했다.

떡진 머리와 유난히 너저분해 보이는 수염이 오늘따라 유난히 꼴 보기 싫지만 욕실로 들어설 이유가 사라졌다. 백수의 자화상보다 더 꼴 보기 싫은 저놈의 아침 드라마를 좀 끄고 싶은데 누운 자세에서 아무리 손을 더듬어도 리모컨이 잡히지 않았다. 결국 하찮은 리모컨이 나를 일으켜 세웠다. 오늘은 종일 누운 자세로 하루를 보내 보리라.

연차 월차는 언제나 금전으로 환급받았고, 밥벌이의 특성상 밤과 휴일에 더 많은 에너지를 소비했던 터라 평일 낮의 휴식은 영원한 동경이었다. 그런데 졸음조차 찾아주지 않았고 골똘히 상념에 젖어 보고자 해도 머릿속은 어떠한 연산도 받아들이지 않았다. 매순간 머릿속을 헤집던 벗은 여자의 환상에라도 젖어 들었으면 좋으련만 그마저도 일체의 입력이 거부된 채 흐르는 시간이었다.

하릴없이 하루 해가 저물고 있음에 그제야 한심하단 생각이 들었다. 평일 한나절을 오줌 누는 자세를 제외하곤 일어서는 일도 없이 흘려보냈다.

일어나자. 건조대의 빨래라도 개자. 쪼그리고 앉아 빨래를 개면서 아내의 젖싸개도 둘러보고 꽃무늬 팬티를 머리에 뒤집어써 보기도 했다. 혹 모르는 일이라 방안을 살펴보았다. 몰래 카메라는 없었다.

들릴 듯 말 듯 93.1을 켜 두었는데 오늘 따라 유난히 말이 많았다. 올 겨울 들어 가장 낮은 기온과 화이트 크리스마스의 가능성에 대한 수다가 매시간 되풀이되고 있었다. 춥긴 추운 모양이다. 백수의 유니폼이었던 팬티와 러닝셔츠가 오늘은 트레이닝복으로 바뀌어 있었다.

다시 경비원으로

그 직종을 만만히 여겨서가 아니라 나는 보일러나 에어컨 기사가 되고 싶었다. 머리를 쓰는 일을 하기에는 내 머리가 협조해 주지 않았고, 기술을 배워 두면 밥은 굶지 않으리라는 생각에서였다. 하지만 가는 곳마다 너무 티미하게 생겼다고 퇴짜를 놓았다. 내가 티미한 것이 얼굴에 표시가 난다는 것을 그때 알았다.

어느 날 구인정보를 뒤지던 중 드디어 나이 불문, 경력 불문의 모집 광고를 발견했다.

"B수산 냉동차 기사모집!"

이건 되겠다 싶어 원서를 넣었고 며칠 뒤 그 회사에서 연락이 왔다. 우선 전화상으로 사전 인터뷰를 한다는 것이었다. 냉동차 기사를 뽑는다면서 시시콜콜 묻는 것도 많았다. 하지만 목구멍이 포도청이라 성의껏 대답을 하였더니 내일 정식 면접을 보자고 했다. 난 그날 밤 각종 물고기들의 이름과 생김새를 연구하는 성의를 보였다.

다음날, 있는 대로 멋을 내고 면접을 보러 갔다. 역시 사장과 독대로 면접이 진행되었다.

"마케팅이 무엇이라 생각합니까?"

— 예? 예… 주절주절… 횡설수설… 이라 생각합니다.

"세무나 회계업무를 해 보았나요?"

— 예? 아니, 냉동차 기사를 모집한 게 아닙니까?

그 후로도 사장은 내가 예상했던 내용과는 동떨어진 질문들을 쏟아냈고 나는 꿀 먹은 벙어리를 하고 있었다. 잠시 후 면접을 마쳤다며 사장이 한마디 했다.

"내가 보기엔 당신은 지금까지 해 오던 일 외에는 다른 일을 하기엔 어떠한 준비도 되어 있지 않군요. 냉동차 기사가 아무나 할 수 있는 일로 생각한 모양인데 그렇지가 않아요. 우리는 장사에 닳고 닳은 시장 상인들이나 대형 쇼핑몰과 호텔의 구매 담당자와 상대를 해야 돼요. 그런데 당신은 그 사람들을 상대로 좋은 성과를 낼 수 있을 것 같지 않군요."

— 이런….

1년 동안 여러 곳을 헤매며 백수생활을 반복했는데 지금은 다시 경비원으로 원래 있던 자리로 돌아와 있다. 밥값도 못한 시간이었다. 이제 '늦었다고 생각할 때가 가장 빠른 때'라는 말을 신뢰할 수 없는 나이가 되었지만, 그래도 경비원에서 벗어나기 위한 시도는 멈추지 않을 것이다.

봄날

현찰이 협조해 주지 않아 나는 문화생활을 가까이 할 수 없었다. 문화생활이 독거 솔로에게는 사치일 수도 있지만 연인과 데이트를 하는 데 있어서는 제법 요긴한 면이 있었다.

어느 봄날의 토요일, 문화생활의 일환으로 그녀에게 과천에 있는 미술관으로 나들이를 제안했다. 그녀는 본래 나들이를 좋아하는 데다 주말마다 칩칩한 술집에서의 데이트에 신물이 났었는지 나의 제안에 쌍수를 들고 환영했다.

그날은 경비업계 최고 엔지니어인 후배 김윤기가 시흥동에서 결혼식을 올리는 날이기도 했다. 김윤기의 신부 명애 씨는 석가모니의 미소를 가진 여자였다. 결혼식이 끝나고 그녀와 함께 피로연 자리로 옮겼다. 하객들은 대부분 같은 업계에 종사하는 지인들이었다.

나는 지인들에게 그녀를 소개했다. 식사를 마치고 밖으로 나오자 지인들은 재떨이 앞에 삼삼오오 모여 담소를 나누고 있었다. 나는 그들에게 내 여자에 대한 평을 의뢰했다. 예상은 했었지만 모두 한결같은 대답이었다.

"성격이 참 좋아 보인다."

입에 발린 소리라도 '미인'이라고 말해 주는 놈은 없었다. 죽일 놈들.

길눈이 어두운 데다 독산동에서 과천으로 빠지는 길에 자신이 없어 순환기능을 잃어버린 남부순환도로를 선택했다. 평소라면 서울시장에 대한 규탄으로 입에 거품을 물었을 차량정체였지만 그날은 그녀가 옆에 있으니 이마저도 감미로웠다.

사당에서 남태령으로 접어들자 날씨가 흐려졌다. 비를 관장하는 여신이 요실금이라도 걸렸는지 찔끔찔끔 물방울이 떨어지기 시작했다. 그래도 여기서부터는 시원스레 달릴 수 있는 구간이다. 차는 경마장을 지나고 있었다. 거대한 주차장에 차들이 빈틈없이 들어차 있었다. 도로가에는 끝없이 늘어선 모범택시들이 보였다. 경마에서 대박을 맞은 손님들을 태우고 갈 모양이었다.

그때 그녀가 나에게 경마를 해보았느냐고 물었다. 나는 일체의 도박성 잡기에는 재주가 없다고 고백했다. 실제로 나는 경마는커녕 고스톱조차 할 줄 모른다. 나에게 도박은 직원들끼리 점심식사 후 아이스크림 내기를 위한 사다리타기가 전부였다. 도박에 대한 나의 몰취미를 확인한 그녀는 그건 흉이 아니라며 오히려 좋아하는 눈치였다.

미술관으로 들어서는 길이 마음에 들었다. 산의 낮은 굴곡을 따라 잘 조경된 소나무 숲 사이를 지날 때는 머리가 맑아지는 느낌이었다. 실로 오랜만에 숲의 기운을 느껴보았다.

미술관 주변은 사방이 초록이었다. 찌글찌글한 인생을 걸어오는 동안 계절의 여왕이라는 5월은 잊고 살았다. 사당에서 과천은 10분 남짓한 거리인데 여기만 와도 세상은 과연 신록의 계절이었다.

미술관으로 들어섰다.

나의 무지몽매함 때문이겠지만 전시된 미술품들을 보니 저것들은 작품이 아니라 작가들의 행패가 아닌가 싶었다. 입구에서부터 돌덩어리 몇 개를 모아 놓고 그럴듯한 작품명을 붙인 괴이한 물체들이 있었다. 저것은 대체 무슨 작품? 뒷짐 지고 걸어가면서 그 돌덩이들을 향해 슬쩍 가운데 손가락을 뻗었다. 뻑큐!

나는 수채화가 보고 싶었다. 그러나 그날 전시된 작품들은 기대와는 달리 온통 설치미술과 영상을 응용한 것뿐이었다. 나름대로 혼을 넣어 만든 작품들이겠지만 나의 가운데 손가락은 시종 바빴다.

전시물 중에는 보기에 불쾌한 그림과 설치물도 있었다. 내장이 터진 사람을 그린 그림이나 고물상을 연상케 하는 조형물들은 보는 이의 심령을 어지럽게 만들었다. 그림을 향해 그윽한 눈빛을 보내는 시늉도 해 보고, 손가락으로 'ㄴ'자를 만들어 턱밑에 괴어 보는 시늉도 해 봤지만 현대미술을 즐기기에는 역부족이었다.

여기저기 '무제'란 이름의 물체들이 전시되어 있었다. 웃기는 무제들이었다. 예술가의 행패는 미술관을 벗어나서도 만날 수가 있었다. 도심지의 일부 건물들이 그랬다. 건축가의 행패로 도시 미관을 해치는 건축물들을 나는 많이 보아 왔다.

그러나 그녀는 흉측한 조형물들을 바라보며 고개를 끄덕거리기도 하고 갸웃해 보기도 했다. 확실히 나와는 수준이 다른 모양이었다. 나는 상시전시를 하는 김창렬의 물방울과 운보의 그림을 대하자 그나마 좀 편안하게 시선을 고정시킬 수 있었다.

미술관을 나와 신록의 기운을 듬뿍 마시고 나서 우리는 서울로 향했다. 날이 저물고 팔자에 없는 문화생활을 했더니 허기가 찾아왔다. 우리는 주꾸미 요리를 하는 집으로 들어갔다. 반질반질 광채 나는 주꾸미의 하얀 민대가리와 짜리몽땅한 다리가 앙증맞아 보였다. 허기가 가시고 취기가 오자 나는 드디어 음흉한 속내를 드러냈다.

"그대! 우리가 만난 지도 벌써 석 달이 넘었소!"

— 어머나, 벌써 그렇게 되었나요?

"거두절미하고, 이제 허구한 날 뽀뽀나 하는 데이트는 식상해졌소!"

— 네? 거 무슨… 해괴한 말씀인가요? (틀림없이 그녀도 속으로는 쾌재를 불렀을 것이다.)

"내 오늘은 기필코 그대와 거사를 치르고 싶소. 허락해 주시오!"

— 어머나! 거 무슨 망측한 말씀이세요. 소주 한 병에 벌써 취하셨나요?

"그대! 부디 감정에 솔직해 주시오!"

— 에구머니, 어쩜 좋아.

"그대는 나를 만난 후로 몸속에서 꿈틀대는 그 기운을 정녕 느끼지 못했단 말이오? 오늘밤은 무슨 일이 있어도 그대와 함께할 것이요! 그리고 내 기어이 뜻을 이루고 말겠소! 거부하지 말고 내 뜻을 받아들이시오!"

— …….

"아니 왜 말이 없소! 내가 싫어지기라도 했단 말이요? 아니면 내가 무리한 요구를 하고 있다고 생각하시는 거요?"

— 이봐요! 내 비록 연식이 과하게 올드하지만 나도 여자예요. 내심 바라고 있었다 해도 어찌 여자의 입으로 '앗싸! 오케바리!'라 할 수 있겠어요. 여자의 마음을 그리 헤아리지 못하시나요?

"고맙소, 사실 오늘은 그대가 허락하지 않는다면 나는 강제로라도 그대와 어떻게 해볼 참이었소. 그럼 내 뜻을 받아들이는 걸로 알겠소."

— 아이, 짐승 같은 사람 같으니….

“자, 그럼 주꾸미도 남지 않았으니 어서 나갑시다. 우선 약국부터 들릅시다.”

— 아니 약국이라뇨? 그럼 아무 준비도 없이 여태 그리 껄떡대셨단 말인가요?

“나도 워낙 오랫동안 해보지 않은 일이라 미처 준비를 못했소. 같이 갑시다.”

— 무슨 자랑거리라고 그걸 사러 같이 간단 거예요? 이런 변태 같으니….

“지금 나보고 변태라고 하시었소?”

— 웁스, 오우 노!

거사 합의에는 성공하였으나 약국 앞에 도착하자 사람들의 시선이 의식되어 도무지 들어설 용기가 나지 않았다.

— 그대, 지금 뭐 하시는 거예요?

“아, 아니요. 그게, 하도 오랜만이라 긴장도 되고 사람들 보는 눈도 있고 해서….”

— 이런 병… 요새는 학생들도 고개 빳빳하게 세우고 사러 다닌답니다. 그대는 낼 모레면 마흔입니다. 얼른 들어가서 사오세요. 마음 변하기 전에요! 아, 속 터져….

“…….”

— 내 이럴 줄 알았어요! 비키세요 내가 가서 사올게요! 여자한테 이런 걸 시키고 싶으세요?

그녀는 세상 부끄러운 줄도 모르고 성큼성큼 약국으로 들어갔다. 그리고 소리쳤다.

"아저씨! 여기 회충약을 두 개 주세요!"

그날 밤 그녀와 나는 회충약을 나눠 먹고 봄날의 데이트를 마쳤다. 봄이 오면 꼭 해야 할 일 중에 하나가 구충제를 챙겨먹는 일이다.

남자에서 남편으로

청혼

그러니 이제 같이 살잔 말입니다.

서로의 생각들이 기막히게 일치하는 놀라운 경험이었습니다. 이제 애태움의 시간에 종지부를 찍고 그대를 차지하려 합니다. 싱그러운 청년기가 저만치 지나가 버린 것은 서럽지만 우리에겐 오히려 체념과 기대를 분명히 구분할 수 있게 되었습니다.

나는 그대의 반듯한 모습에 넋이 나갔습니다. 순탄한 성장과 어른으로부터의 가르침에 의한 모습이었습니다. 그것이 그대 부모님의 은혜라는 것을 잘 알고 있습니다.

어린아이를 어여뻐하고 힘겨워하는 노인을 외면하지 못하는 그대에게 넋이 나갔습니다. 귀여운 아이를 품에 안는 일은 누구나 할 수 있겠지만, 자신을 추스를 기운조차 잃어버린 노인에게 살갑게 손 내미는 일은 어려울 수도 있습니다. 못 견디게 불편했던 그대의 불같은 정의로움에도 이젠 박수를 보냅니다.

한심한 내 지갑 속의 현찰이 먼저 염려되었고, 가풍과 풍요의 차이에도 주눅이 들었으며, 아름답지 못한 이력 때문에 기운이 빠져 있었습니다. 그런데 그대는 모두 개의치 않는다 하십니다. 나를 믿는다

하십니다. 나는 그대의 정신이 온전한가 싶기도 했습니다.

처음엔 그대에게 나의 아내보다 집안의 며느리가 되기를 원했습니다. 그러나 곧 가증스러운 내 욕심이었음을 시인하게 되었습니다. 그런 마음 다시 갖지 않겠습니다.

경상도 사내의 멋없음을 핑계로 사랑한단 말을 하지 못했습니다. 입안에서 웅얼거리다가도 삼키기만 했습니다. 처음 그대를 내 옆에 뉘었을 때, 하마터면 그 말이 새어 나올 뻔했습니다.

이제 말하려 합니다. 그대를 사랑합니다.

같이 삽시다. 이제 같이 살잔 말입니다. 우리를 둘러싼 주변이 아직은 캄캄하여 장래에 대한 계산이 서지 않더라도, 나 그대를 사랑하여 거푸 입 맞추고 싶으니 앞뒤 계산은 접어두고 나와 같이 살잔 말입니다.

이제 익숙했던 홀로살이를 접으려 합니다. 퇴근 후에 주점 네온사인을 외면하고 곧장 돌아갈 울타리를 가져봅시다. 하루 일을 능금 하나 깎아 놓고 늦도록 두런두런 이야기도 해 봅시다. 퇴근길에 꽃집을 찾는 주변머리도 가져보겠습니다. 그대가 만든 서툰 요리도 맛보고 싶습니다. 걸레 잡고 고무장갑 끼는 일도 외면하지 않겠습니다. 그리고 나는 아빠가 되고 그대는 엄마가 되는 그것, 우리도 한번 해보아야 하지 않겠습니까? 그대를 닮은 반듯한 아기를 어서 만나고 싶습니다.

시원찮은 벌이에 대한 장모님의 근심은 거두지 못할지라도 재미나게는 살더라고, 살갑기는 하더라는 말은 듣게 하겠습니다. 비만 간신히 피하는 집에서나 나물에 물만 마시며 살자고 하지는 않겠습니다. 그대 말을 자르거나 야윈 얼굴을 타박하지 않을 테니, 살다 힘들어도 절대로 고꾸라지지 않을 테니, 그러니 이제 같이 살잔 말입니다.

소녀에서 여인이 됨을 서글피 여기지 말고, 나 그대를 못 견디게 사모하여 날마다 품에 안고 입 맞추고 싶으니… 그러니 이제 같이 살잔 말입니다.

신랑의 서약

서로 다른 인생을 살아온 신부를 맞이하여 가정을 이루며 사는 동안, 흔들리지 않는 믿음을 위하여 이렇게 서약함으로 지금의 마음을 붙잡아 두고자 합니다. 나는 신부를 일생 동안 편애偏愛하겠습니다. 함께하는 동안 온유하지도 오래 참지도 못하는 일들이 있을지라도, 매순간을 신부의 편에 서고, 허약하지 않은 남자의 사랑으로 신부가 기댈 수 있도록 하겠습니다.

신부가 야속히 여기거나 체념해야 하는 바람은 갖지 않겠습니다. 신부에게 바람막이가 되는 남편으로 살겠습니다. 양가 부모님께서 그러셨듯이 이제 두 사람도 가정을 이루고 자애로운 어버이가 되겠습니다. 아내를 존중하고 어른에게 예로 대하는 모습으로 자녀를 키우겠습니다. 그리고 세상 사람들과도 모나지 않은 관계를 이루고 살겠습니다.

신부의 서약

오늘이 있기까지 무탈하게 장성할 수 있도록 저를 위해 힘쓰시고 기도해 주신 아버지, 어머니와 사랑하는 남편을 있게 해 주신 시부모님께 감사를 드립니다.

그리고 나는 그대에게 서약합니다. 이제 당신과 같은 집에 살고, 당신과 같은 열쇠로 문을 열며, 당신과 같이 향기로운 식탁을 마주하며, 당신의 숨소리를 들으며 잠들게 되어 기쁜 마음이 앞섭니다. 그러나 함께하는 시간 중에는 생활의 고단함이 우리를 괴롭힐지도 모릅니다. 서로의 발에 걸려 넘어지는 일이 생길지도 모릅니다. 하지만 나는 그대의 등을 두드리며 기운을 북돋워 드리겠습니다. 힘든 순간마다 당신의 따스한 미소와 다정한 위로에서 용기를 얻겠습니다. 당신과 함께라면 넘어진 자리에서 다시 일어설 자신이 있습니다.

당신에게 힘이 될지언정 짐이 되지 않겠습니다. 두 사람이 한 가정을 이루다 보면 서운한 마음이 들 때도 있겠지요. 하지만 이 길은 내가 선택한 길이기에 후회도 않으며 우리가 만든 울타리 안의 온기도 끝까지 지키겠습니다. 그리고 비록 하찮고 미약하나 우리가 받은 재능으로 이웃과 더불어 행복할 수 있도록 노력하겠습니다. 사랑하는 당신 손 꼭 잡고 오래도록 씩씩하게 살 것을 이 자리에 오신 여러분들 앞에 서약합니다.

남자에서 남편으로.

어여쁘고 어여쁜 사람
— 하경수의 결혼에 부쳐

— 유석근

저녁 명동이나 압구정에 나가면
어깨 부딪치는 사람 사람…

어떤 때는 좁은 땅에 사람이 너무 많구나.
혼잣소리 하다가도
저들이 누군가에게 소중하고
어여쁜 사람일 거란 깨우침에 눈뜨고 나니
모두 가엾고 귀하게 보이더구나.
그 많고 많은 사람 중에 하필 네가 내게로 다가와
어여쁘고 어여쁜 모습으로 다가와
내 맘속 깊이 자리를 잡았구나.
지푸라기 한 가닥, 머리카락 한 올 물어다
기어이 든든한 둥지 틀고 들앉았구나.
세상 어디 불쌍한 구석 하나 지니지 않은 사람 있을까만
그래서 긍휼함 필요로 하지 않는 이 있을까만
어느 날에 내가 너의 긍휼이 되고
고움이 되어 너는 나의 어여쁨이 되었구나.
긍휼은 어여쁨의 또 다른 몸단장,
지금의 어여쁨 옷, 흙에 묻힐 때까지 벗지 말자꾸나.
어여삐 우리 바라보는 이들
한결같은 어여쁨으로 우리 지켜보는 하늘 아래
고것들 참 어여쁘게도 사는구나.
잘했구나, 잘됐구나! 몰래 웃음 짓도록
그렇게 살자구나! 어여쁜 사람아,
어여쁘고 어여쁜 사람아!

타인에 대한 사랑은 자기애의 또 다른 표현이다. 신부를 만나기 전에는 나에 대한 혐오로 세월을 허비했다. 나의 선천성 현찰 결핍증은 결혼을 앞두고 더욱 마음을 죄어 왔다. 결혼식을 목전에 둔 예비 신랑신부가 그동안의 서약들을 없었던 일로 하고 돌아서는 경우를 보아 왔기 때문이었다.

시인이자 목사님이신 섬집아이(유석근) 님께서 주례를 맡아 주시고 축시도 선사하셨다. 나는 인간관계가 불성실하여 청첩을 하지 못했다. 식장에 비어있을 좌석을 생각하니 마음이 무거웠다. 그런데 실용오디오에서 많은 분들께서 참석해 주셨다. 번역가 황보석 선생님, 이성우 사장님, 최광일 선생님, 그리고 강헌기, 윤영모, 오영찬 형님, 생면부지의 조동석, 송주현 님 등 많은 분들이 원근각지에서 걸음해 주셨다.

축하의 마음을 보내주신 분들도 많았다. 결혼식장의 좌석이 모자라는 기적 같은 일이 있어났다. 언더그라운드 가수 김효민 군이 축가를 불러주었고, 국내 레크리에이션의 거장인 위덕대 이정탁 교수가 사회를 맡아 1시간여의 결혼식을 축제로 만들어 주었다. 유명 연예인의 결혼식인 양 하객들의 눈에 각인될 아름다운 예식이었다.

나는 이제 남자에서 남편이 된 것이다.

적성검사

영삼왕 제위시절에 적성검사를 받아본 적이 있었다.

오래전의 일이라 정확히 기억할 순 없지만 당시의 적성검사는 나의 적성을 정확히 짚어내지 못했던 것 같다. 내 적성이 인문계에 맞는지 이공계가 맞는지조차도 검사해 내지 못했다. 그때는 의술이 현재와 같지 않아 적성검사에 오차가 있었을 것이라 이해한다. 하지만 이번 적성검사는 현대의학의 눈부신 발전에 기대하며 매우 정확하게 나의 적성을 밝혀 주리라 믿고 있었다.

강남 운전면허 시험장 인근에 '적성검사 전문병원'이란 간판이 보였다. 일반병원이 아닌 '전문병원'이었다. '적성검사 전문병원'에서는 필시 최첨단 의료장비를 동원하여 나의 적성을 검사해 줄 것이라 생각했다. 그래서 주저하지 않고 그 병원으로 들어섰다. 병원에 들어서서 먼저 시설부터 훑어보았다. 예상보다 훨씬 단출했다. 책상 두 개에 나이 든 간호사와 칠순이 넘어 보이는 의사뿐이었다.

"저, 적성검사…."

— 쓰세요!

간호사는 적성검사 신청용지를 한 장 쓱 내밀었다.

"저, 다 썼는…."

— 저쪽!

간호사는 나의 얼굴도 쳐다보지 않고 늙은 의사가 앉아있는 쪽을 가리켰다. 흰색 가운은 입고 있었지만 아무래도 이발사처럼 보이는 영감이었다. 민머리에 초점 없는 눈빛… 무림 적성검사계의 고수다운 기운이 전해졌다.

— 읽어!

100년은 우려먹었는지 너덜너덜한 색맹 검사용 책자의 한 페이지를 턱으로 가리켰다.

"46!"

— 앉았다 일어서!

'아니, 그런데 이 영감이 언제 봤다고 반말하고 지랄이야' 하지만,

"사뿐!"

늙은 의사의 태도가 몹시 못마땅했지만 나는 그의 요구를 충실히 이행하고 있었다. 그리고 숟가락을 이용한 초정밀 시력검사도 했다. 적성검사는 계속되고 있었다.

— 고개를 좌우로 돌려봐!

"도리도리!"

— 주먹 쥐었다가 펴봐!

"잼잼!"

이 이상한 기분은 뭐지? 틀림없이 나는 그 영감 앞에서 '도리도리 잼잼'을 하고 있었다. 영감은 나의 도리도리 잼잼이 마음에 들었는지 고무도장에 스탬프를 듬뿍 발라 '정상' 낙인을 찍어 주었다. 그것으로 장장 2분여에 걸친 최첨단 초정밀 적성검사는 모두 끝이 났다. 세상에서 이보다 더 쉬운 벌이가 있을까? 부대비용이나 감가상각비라

고는 2,000원짜리 스탬프가 전부였다. 나는 학문을 멀리하여 의사가 되지 못했음이 진실로 원통했다.

면허시험장 접수창구에 적성검사 전문병원에서 막 발급받은 확인서를 내밀었다.

"저, 적성검사…."

— 15,000원짜리 인지를 사서 붙이세요!

'무슨 인지가 그렇게 비싸. 투덜투덜….'

"자, 여기 인지 붙여 왔어요."

— 면허가 취소되었네요!

"네? 무슨 말씀이세요?"

— 적성검사 기간이 너무 많이 경과되어 면허가 취소되었어요!

국법에 정해진 대로 나는 다시 면허시험에 응시해야 했다. 다행히 시험과목은 도로주행 한 가지였다. 도로주행에 응시하기 위해서는 또 인지를 사다 붙여야 했고, 그 후 안전교육을 받는 데도 비용이 소요되었다. 국법으로 정해져 있어 받아야 했던 적성검사였지만 이번에도 그들은 나의 적성을 알아내지 못했다. 적성을 검사해 내지 못하는 적성검사… 없애지 못할 행정이라면 명칭이라도 좀 바꾸든가.

모델하우스

신혼 초에도 우리 부부는 가구나 전자제품을 따로 장만하지 않았다. 형편이 어렵기도 했었지만 그보다는 아내의 고약한 절약 습관 때문이었다. 그래서 신접살림도 대부분 결혼 전 각자 자취하던 시절에 쓰던 전자제품이나 가구를 그대로 사용했었다. 이사를 가거나 물건에 하자가 생겨야 새로 장만하는 식이었다.

어느 날 집안의 가구들이 대거 교체되는 일이 있었다. 탁자, 소파, 장식장 등 하루아침에 이처럼 여러 품목이 교체되는 일은 없었다. 하지만 어디까지나 교체되었다는 것이지 새로 구매한 것은 아니었다.

가구의 출처는 모델하우스였다. 아내의 후배가 어느 건설회사 모델하우스 담당이었던 관계로 모델하우스가 철거되자 그 안에 전시되었던 각종 가구들을 얻어 온 것이었다. 나도 그 모델하우스에 간 적이 있는데 그때는 전시된 가구보단 오디오에 먼저 눈이 갔었다. 모델하우스에 전시된 오디오는 뱅앤올룹슨Bang&Olufsen의 제품이었다.

나는 혹시 B&O도 같이 따라왔을까 하며 기대했었지만 오디오는 없었다. 돈이 될 만한 물건들은 일찌감치 빼놓고 나누어 준 모양이었다. 모델하우스용 가구들은 외형은 그럴 듯했지만 만듦새는 신통찮았다. 하지만 공짜로 들여 온 물건이라 타박할 처지도 못되었다.

가난한 살림은 여전히 나아질 기미를 보이지 않고, 집안은 온통 주워온 것, 얻어온 것들로 채워져 있다.

나비넥타이를 매고 시내 모처로 나오라는 아내의 명이 있었다. 유명한 건설회사의 모델하우스 오픈 행사에 가야 한다는 것이었다. 나와는 관련이 없는 일이라 내키지 않았지만 아내의 지엄한 명을 거역할 수도 없었다. 아는 사람은 다 알고 모르는 사람은 통 모르겠지만 아내의 포악한 성정은 정평이 나 있다.

건설회사에서는 모델하우스 오픈 행사에 특정인들을 초청했다. 그중 한 무리는 그 건물의 입주 예정자들이었고 또 한 무리는 건축가들이었다. 아내도 그 방면의 직업이라 초청을 받았고, 식사제공이라는 말에 평소 밥짓기를 신랑 부랄보다 멀리하던 여자라 쾌재를 부르며 나를 대동한 것이었다.

주차장에 들어서는 순간부터 그곳은 내가 출입할 자리가 아님을 직감했다. 주차 공간 어디에도 나처럼 똥차를 타고 온 사람은 없었다. 벤츠, BMW 사이에 주차된 나의 똥차가 그날따라 유난히 초라해 보였다.

외제차에서 혈색 좋은 사람들이 내리자 황급히 달려오는 이가 있었다. 지휘자가 입는 옷처럼 뒤쪽이 갈라지고 종아리 아래까지 내려오는 얄궂은 재킷을 입은 사나이가 차에서 내린 사람들을 안내하고 있었다. 그런데 그자는 똥차에서 내린 나와 눈이 마주치자 나와 똥차를 번갈아 쳐다보았다. 똥차에서 당연히 똥이 내릴 줄 알았는데 사람처럼 생긴 것이 내리자 몹시 놀라는 눈치였다. 시발롬.

먼저 도착해 기다리고 있던 아내와 모델하우스 입구에 들어서자 이번에는 미모의 여인들이 좌우로 도열해 있었다. 나는 긴장한 탓인지 특유의 팔자걸음이 제식훈련 보행으로 바뀌어 버렸다. 안내데스크의 여인이 초대장을 보여줄 것과 방명록 작성을 요구했다. 아내가 먼저 방명록에 서명을 하고 돌아섰다. 그 여인은 나에게도 상큼한 미소를 날리며 방명록 작성을 재촉했다.

"저… 저는… 그저… 밥을 준다기에 우리 마누라 따라왔는데요?"
— 네? 이런 빙ㅅ….

행사장으로 들어섰다. 웨이터가 술잔이 놓인 쟁반을 들고 다가왔다. 나는 샴페인 잔을 집어 들었다. 가만, 이건 영화에서 보던 리셉션 장면?

환경이 거북해서인지 등에선 연신 땀이 흘렀지만 나는 최대한 근사한 폼으로 샴페인 잔을 들고 주변을 둘러보았다. 검정색 양복에 샴페인 잔을 들고 있는 내 모습은 암만 봐도 007영화의 제임스 본드의 자태였다. 그냥 받아들이시라!

나는 그 자리의 성격을 도무지 알 수 없었다. 행사장 한가운데 커다란 건축물의 모형이 있었고 허벅지가 훤히 드러나는 찢어진 월남치마를 입은 여인이 뭔가를 열심히 설명하고 있었다. 내용인즉, 호화로운 주상복합건물을 짓는다는 것이었다.

주위를 둘러보니 낯익은 인사들이 눈에 띄었다. 전직 대통령의 경호실장도 보이고 정치인도 보였다. 행사장 한편에서는 이름난 재즈가수가 노래를 부르고 있었다.

그때 식사장소를 안내하는 사회자의 안내방송이 들렸다. 역시 귀에 익은 음성이었다. MBC의 어느 아나운서였다. 도대체 뭐야 여긴?

나야 밥이나 먹고 가면 되는 일이었다. 뷔페식으로 차려진 밥상이었다. 뷔페가 달갑진 않았지만 결혼식이나 돌잔치 때의 음식들과는 차원이 달랐다. 제임스 본드고 뭐고 배나 채우자. 꾸역꾸역.

배를 채우고 나서 모델하우스를 둘러보니 작은 평수가 50평이었다. 그 휘황찬란함을 난 여태 경험하지 못했었다. 아내는 안내자에게 설계자가 누구냐, 마감재는 뭐냐 하며 유난을 떨어댔지만 나는 도무지 적응이 되질 않았다. 50평에 방은 하나밖에 없었다. 침실 하나만 있고 나머지는 각종 편의공간으로 꾸며 놓았다. 50평에 단칸방이라….

집으로 돌아와서 아내를 타박했다.

"또 그런 자리에 가자고 하면 소박맞을 각오해!"

— 너는 언제 저런 집 사줄 거냐?

그날 밤 나는 아내를 훈계하려다 가정폭력에 비명을 질러야 했다. 그 당시 나는 우리 집에 공권력의 투입을 절실히 원하고 있었다. 야심한 밤에 놀이터에서 울면서 담배를 피우고 있는 사내를 보고도 아무도 위로해 주는 사람은 없었다. 대한민국은 참으로 치안이 불안하고 시민의식이 결여된 나라였다.

아우디 도난사건

지하철에서 내려 타달타달 취한 걸음으로 걷다 보면 무서운 마누라가 살고 있는 집이 보인다. 1층엔 주차장이 있고….

소나타, 무쏘, 또 소나타, 레간자, 또 소나타, 또 소나타 그리고 다 찌그러진 구형 악센트(무서운 마누라의 차다) 그리고 또 소나타 그리고 허걱, 에쿠스! 에쿠스를 타는 놈이 왜 이런 데서 전세를 살지? 아, 아니다. 주인집 차다. 그리고 또 소나타, 그리고 아, 아우디!

"마님! 저의 사회적 지위와 품위 유지 및 지역사회 발전을 위해…."

— 뜸 들이지 말고 용건만 말하라!

"우리도 차 좀 바꾸자고! 찌그러진 악센트는 이제 쪽 팔려서 못…."

— 그 입 다물라!

"아니면, 수리라도 좀…."

— 이번 달에 너 얼마 벌어 왔지?

'이런, 니미랄!'

지하철에서 내려 타달타달 취한 걸음으로 걷다 보면 무서운 마누라가 살고 있는 집이 보인다. 1층엔 주차장이 있고….

헉! 선녀다! 선한 차림새를 한 선녀 같은 여인이 맞은편에서 걸어온다. 얼굴은 V라인, 몸매는 S라인, 아주 그냥 죽여주는…. 내가 현관에 들어서자 선녀도 현관으로 따라 들어오고, 내가 계단을 오르니 그녀도 계단을 따라 오른다.

'하여튼 이놈의 인기는….'

내가 집 앞에서 초인종을 누르니 그녀도 초인종을 눌렀다. 옆집 초인종을….

옆집에는 이십 대 중반으로 보이는 총각이 살고 있었다. 법적, 사회적, 생물학적으로 그놈이 총각인지 여부를 확인해 본 적은 없지만 그놈의 마누라를 본 적 없으므로 총각이라 생각하는 것이다. 복도 많은 놈, 주차장의 아우디도 그놈의 차다.

띵똥~

"누구세요?"

— 경찰입니다.

"경찰이 어쩐 일로…."

— 네, 어제 옆집에 도둑이 들었는데 이 댁은 이상 없으신가요?

"전, 어제 옆집에 안 들어갔는데요?"

— 그게 아니라 이 댁은 도둑이 들지 않았나 해서요.

"아 네, 도둑은 들지 않았고요. 혹 도둑이 오면 잘 타일러서 보내겠습니다."

— 네?

"……."

— 저, 문 좀 열어 보실래요?

"우리 무서운 마누라가 낯선 사람한텐 문 열어 주지 말랬어요!"

옆집에 도둑이 들었다. 도로변에 있는 건물의 4층까지 벽을 타고 올라와서 옆집으로 들어갔단다. 그리곤 지갑 하나와 열쇠 하나만을 들고튀었단다.

주차장에서는 경찰과 옆집 총각, 그리고 집주인이 서로의 얼굴을 번갈아 보며 사건의 내막에 대한 이야기를 나누고 있었다. 그때 무서운 마누라도 귀가했고 같이 자초지종을 들었다. 불의를 보면 매우 잘 참는 나에 비해 무서운 마누라는 샘솟는 궁금증과 도난사건에 대한 분노를 참지 못하고 있었다.

마누라　도둑이 어디로 들어왔나요?

김순경　가스 배관을 타고 창문으로 들어온 모양입니다.

집주인　그런데 도둑은 왜 살림집을 놔두고 총각네 집으로 갔을까?

마누라　아마도 그 집 차가 좋아서가 아닐까요?

옆집 총각　이런, 니미랄!

마누라　그런데 도둑이 무얼 훔쳐갔나요?

김순경　방에서 차 키를 훔친 뒤 아우디를 끌고 갔답니다.

마누라　…….

무서운 마누라는 주차장에 다 찌그러진 악센트가 서 있는 한 우리집엔 도둑 걱정이 없을 거라며 기뻐했다. 찌그러진 악센트가 오늘따라 더욱 정겹게 보인다고도 했다. 향후 5년간 차 바꾸긴 글렀다.

지하철에서 내려 타달타달 취한 걸음으로 걷다 보면 무서운 마누라가 살고 있는 집이 보인다. 1층엔 주차장이 있고….

잉? 아우디 도난 후 비어 있던 그 자리에 번쩍번쩍 빛나는 BMW가 서 있었다. 그리고 지난번 선녀보다 더욱 육덕진 여인이 옆집을 들락거리기 시작했다.

대체 그 새파란 총각은 뭐 하는 놈이지?

음란수기

나는 코미디언 김지선 씨의 팬이다.

재치와 순발력이 남다른 데다 저속한 소재나 표현을 사용하지 않으면서도 큰 웃음을 주기 때문이다. 또한 그녀의 남편이 내가 즐겨 접속하는 오디오 사이트에서 활동하고 있는 분이라 아무래도 눈길이 한 번은 더 가게 된다. 최근에는 그녀가 코미디뿐만 아니라 다산多産으로도 주목을 받고 있다. 저출산 시대에 네 명의 아이를 낳아 세인들의 관심이 모아지고 있다. 간혹 화면에 비춰지는 김지선 씨의 아이들을 보면 하나같이 귀엽고 예쁜 얼굴들이라 우리 부부의 부러움을 사게 했다.

가지 많은 나무에 바람 잘 날 없다지만 아무래도 식구는 많을수록 다복해 보이는 것이 사실이다. 육아와 교육에 대한 염려는 남의 일이라 치고 많은 아이를 돌보는 김지선 씨의 모습은 그저 아름답게만 보였다.

그녀에 비하면 우리 내외의 생활은 외로운 수도승에 다름 아니다. 결혼하고 여러 해가 지났건만 아직 아이를 얻지 못해 집안은 절간이나 수도원의 고요함이 자주 연출된다.

에디슨처럼 계란이라도 품어 부화를 시킬 수 있다면 이 적적한 수도승의 길에 동무라도 삼았을 것을. 그래서 괜히 아내에게 흰소리를 해 보기도 한다. 아이 대신 '알'이라도 한 번 낳아보면 어떻겠냐고?

아마 내가 죽으면 사리가 서 말은 족히 나올 것이다. 분위기만 수도원이 아니고 최근에는 금욕의 시간 또한 길어지고 있기 때문이다.

오늘도 아랫도리가 충만해졌음이 느껴졌다. 한참 때는 하루에도 서너 번은 묵직함을 되풀이해 비웠을 터인데 지금은 그저 수면 중에 느닷없이 넘치지만 않기를 바랄 뿐이다.

아내가 먼저 출근하고 나도 곧 채비를 했다. 오늘은 일탈이 계획되어 있었다.

이름난 야동 상영관에 대한 정보를 입수했다. 분당과 구미에 분점까지 거느린 대단한 규모를 자랑하는 곳이었다. 야동 상영관이라면 지금까지 나는 그저 모자라는 사내들이나 출입하는 곳으로 여기고 있었다. 하지만 세상만사를 겪어보지 않고 함부로 재단해서는 아니 되는 일. 내가 아침부터 야동을 찾아 나설 줄이야….

버스와 지하철을 갈아타고 강남구 어느 동네에 위치한 야동 상영관에 도착한 시간은 오전 아홉 시가 조금 지나고 있었다. 후후, 그곳의 간판을 보니 입가에 미소가 번졌다. 간판 상호는 카센터로 위장하고 있었기 때문이다. 주인장의 세심한 배려를 느낄 수 있었다.

내심 내가 첫 손님이 아닐까 생각하며 주변을 경계했다. 아직은 직장인들이 출근시간에 대느라 분주한 아침시간이었다. 작정을 하고 나섰지만 야동 상영관의 문을 열기까지는 또 몇 번의 심호흡이 필요했다. 더 이상 지체할 수 없어 용기를 내어 문을 열었다. 그런데 내가 첫 손님은 아닌 모양이었다. 나와 같은 용무로 보이는 사내들이 여럿 눈에 띄었다. 사내들뿐만 아니라 여인네들도 보였다.

먼저 데스크로 가서 계산을 했다. 꽤 비싼 액수를 요구했다. 나는 일반 PC방 정도의 금액을 예상했었는데 거의 안마시술소의 요금을 요구했다. 아, 맹세컨대 나는 안마시술소를 간 적이 없다. 그 야동 상영관의 입장료가 그랬다는 말이다. 믿어 주시라. 입장료로 보아 단순히 야동만 상영하는 곳이 아니라 필시 아리따운 도우미의 서비스가 있을 것이라 직감했다.

낯선 사내들과의 시선을 피하는 일이 불편하여 얼른 그 은밀한 공간으로 입장했으면 싶었다. 그런데 과연 이름난 곳이어서인지 벌써 모든 방들은 이미 차 있었다. 순번을 기다려야 했다. 규모에 어울리게 대기표 발권기도 갖춰져 있었다. 뽑아 든 대기표에는 12라는 숫자가 찍혀 있었다. 12명 후에나 나의 순번이 오는 것이었다. 하지만 예상보다 순번은 빠르게 진행되고 있었다.

벌써 용무를 마치고 나오는 사내들도 보였다. 그리고 각자의 순번대로 입장하는 사내들, 더러는 여인과 함께 입장하는 사내도 보였다. 육덕진 몸매에 대단한 미모를 겸비한 여인이었다. 낯선 사내와 동행한 낯선 여인이 은밀한 공간으로 입장하는 것을 보며 나는 자꾸만 마른 침을 삼키고 있었다. 좀 전에 계산한 입장료로 미루어 보아 나에게도 상당한 여인이 배정되리라 생각하니 입이 말라 왔다.

드디어 내 순번이 되었다. 긴장되었지만 태연한 척 문을 열고 들어섰다. 안쪽에는 다시 창구가 있었고 이십대로 보이는 아가씨가 보였다. 선녀 같은 얼굴이었다.

그 아가씨는 마치 병원의 수술복같이 생긴 청색의 유니폼을 입고 있었다. 아마도 손님의 취향에 맞춘 콘셉트의 복장인 모양이었다. 참고로 나는 여군이나 서양 하녀 콘셉트가 취향이다.

"2번 룸으로 들어가세요!"

수술복의 아가씨는 나에게 생긋 웃어주며 룸을 안내했다. 좁은 복도 좌우에는 번호가 매겨진 방들이 줄지어 있었다. 심장은 왜 이리 속절없이 뛰고 있는지….

내가 들어선 룸은 그다지 크지는 않았으나 깨끗하게 잘 정돈되어 있었다. 세면대가 보였고 필수 아이템인 사각 티슈와 용도를 알 수 없는 작고 투명한 플라스틱 통이 놓여 있었다. 그리고 침대를 예상했었는데 뒤로 누울 수 있는 긴 의자가 보였다. 발을 올릴 수 있는 보조 의자가 있는 형태였다. 룸의 전면에는 큼지막한 평면 모니터가 자리 잡고 있었다. 샤워시설도 있을 법한데 보이지 않았다.

한참을 쭈뼛이 서 있었다. 처음 접하는 일이라 무엇을 어떻게 시작해야 할지 막막했다. 창구에 있던 수술복의 아가씨도 자세한 안내는 일체 없었다. 그러다가 의자에 누워 보았다. 한참을 기다렸지만 아가씨는 들어오지 않았다. 시간의 제한은 없다고 하였지만 밖에서 대기표를 뽑아들고 기다리고 있을 사내들을 생각하니 자꾸만 조바심이 생겼다.

한참을 기다리다가 리모컨을 눌러 보았다. 과연 기대했던 대로 화면에서는 야동이 펼쳐지고 있었다. 일찍이 경험한 바 없는 HD급의 생생한 영상이었다. 선명한 화질로 보는 육체의 향연은 그야말로 장관이었다.

화면 속에서 한 무리의 남녀들이 땀을 흘리고 있었다. 남자 둘에 여자 하나의 3인 1조의 팀 편성이었다. 여자는 가슴에 내 얼굴만 한 수박을 달고 있었고, 남자 둘은 가랑이에 내 팔뚝만 한 홍두깨를 장착하고 있었다. 비열하게도 두 홍두깨는 한 수박에게 무참히 공격을 가하고 있었다. 홍두깨 하나는 수박의 뒤를 찌르는 반칙까지 동원하고 있었다. 똥 냄새는 어쩌려고.

수박은 괴성을 질러 대고 있었다. 나는 불같은 정의감에 휩싸여 화면 속으로 뛰어들고 싶었다. 그리고 그들의 공평하지 못한 싸움을 말리고 싶었다. 그러나 부지불식간에 나는 바지의 벨트를 풀고 있었다. 이제 아가씨가 들어오리라는 기대는 접기로 했다. 더듬더듬, 한참 만에 사마귀 같은 작은 돌기를 찾아냈다. 내 물건이니까 금방 찾았지 다른 사람이라면 좀처럼 찾기 어려웠을 것이다. 그동안 우리 마누라 고생 좀 했겠구나.

어렵사리 작은 돌기를 찾아내고서는 아침부터 야동 상영관을 찾아 헤매는 한심한 나를 긍휼히 여기며 어르고 비비며 '스스로를 위로'하기 시작했다. 한참의 시간이 흘렀으나 낯선 환경 탓인지 마음은 이미 감동과 감화로 북받쳐 올라왔지만 좀처럼 참회의 눈물은 흘릴 수 없었다. 이참에서 한줄기 눈물을 흘리고 나면 가슴속까지 후련해질 텐데 진심이 부족했던 것인지 기력이 부족한 때문인지 참회의 눈물, 그것마저 뜻을 이루기 어려웠다.

옆방에서도 사내들이 나와 같이 스스로를 위로하며 참회하고 있을 것을 생각하니 숙연해지기도 했다. 방을 하나씩 차지한 사내들은 모두가 같은 주문을 외고 있었다. 딸딸 딸따르르르!

한참이 흐른 후에야 어렵사리 참회의 눈물을 흘릴 수 있었다. 어렵게 쏟은 귀한 눈물이라 평소처럼 티슈로 닦아 버릴 수는 없는 일이었다. 투명한 플라스틱 통에 내 눈물을 모아 참회의 증표로 삼으려 했다. 옷을 다시 추려 입었을 때까지 화면 속의 수박과 홍두깨의 몸부

림은 끝나지 않았다.

방문을 나서면서 나는 긴 참회의 증표를 수술복의 아가씨에게 건네주었다. 나를 그토록 기다리게 해 놓고 결국 들어오지 않은 너의 죄를 회개하라는 뜻이었다.

야동 상영관에 도착한 지 한 시간여 만에 나의 일탈은 끝이 났다. 허무하고 허탈했다. 우울하기까지 했다. 다시는 찾지 않으리라 마음먹으며 문을 나섰다.

그런데 나를 미행이라도 했던 것일까? 저편에서 낯익은 여인이 걸어오고 있었다. 서로는 서로를 알아보았다. 그 여자는 분명 아내였다. 아내는 나에게 아무 말도 하지 않았다. 나도 아내에게 아무 말도 할 수 없었다. 둘은 그렇게 말없이 한참을 서 있다가 각자의 갈 길을 재촉했다.

지하철로 걸어가다 되돌아보았다. 올 때는 느끼지 못했는데 카센터로 위장한 그 야동 상영관의 위용은 참으로 대단했다. '차병원(불임클리닉)'이라 씌어 있는 카센터의 간판을 응시하고 다시 돌아섰다.

한 따까리

용어의 정의

대구의 명소가 어디냐는 물음에 자갈마당이라고 답한 일이 있다. 질문을 한 자가 누구며 자갈마당의 업태나 종목은 굳이 알고자 하지 마시라. 자갈마당을 중심으로 반경 수십 킬로미터의 지역을 자갈문화권이라 부른다. 물론 학술적 근거 제시나 반론 수용의 의사는 전혀 없음을 미리 밝히는 바이다. 그 자갈문화권의 표준어 중에 '따까리'라는 아름다운 말이 있다.

따까리는 서울에서도 '시다바리'란 쌍스러운 용어와 함께 '자질구레한 심부름을 맡아 하는 사람'을 속되게 이르는 말로 쓰이고 있다. 그렇지만 자갈문화권에서처럼 폭넓은 의미는 지니지 못하고 있다. 자갈문화권에서의 따까리는 덮개가 달린 사물의 '뚜껑'을 의미하고, 상처가 아문 자리의 딱지 등을 일컫는 말이다. 거기에다 '한'이라는 관형사가 붙으면 완전히 다른 의미의 새로운 단어로 태어난다.

'한 따까리'는 자갈문화권에도 지엽적으로는 저녁에 '대포 한잔' 하자는 권유의 의미로 쓰인다. 즉, '오늘 저녁에 한 따까리 하자!'는 저녁에 가볍게 한잔 하자는 의미로 통한다. 하지만 허가 놈처럼 한쪽 불알이 없거나 현저히 작은 경우를 제외하고 병역의 의무를 마친 예비역들에게는 이 '한 따까리'가 또 다른 의미로 각인되어 있다. 그것은 기합이나 체벌, 얼차려 등으로 순화된, 상급자가 하급자에게 행사하는 육체적인 가학 행위를 의미한다.

설날, 논산훈련소

논산훈련소에서의 일이었다.

나는 1월에 논산훈련소에 입소했다. 그래서 얼마 지나지 않아 설날이 돌아왔다. 다행히 설날은 군대에서도 훈련을 하지 않았다.

설날, 점심식사를 막 끝낸 오후였다. 내무반과 화장실을 제외하고는 이동이 철저히 제한되는 훈련병 신분이었는데 기간병 하나가 나에게 따라오라고 명령했다. 군대에서는 상급자에게 호출되어서 좋은 일이 생기는 경우는 없는 법이다. 그래서 나는 살짝 쫄고 있었다.

'필시 어젯밤 화장실에서 몰래 담배를 피운 것이 걸린 게로구나….'

순식간에 나는 빠따 스무 대에 대가리 박아(원산폭격) 30분이란 견적이 나왔다. 엉덩이의 근육을 한껏 이완시키고 빠따 맞을 준비를 하고 있었는데, 그 기간병은 나를 이끌고 옆 중대의 소대장실로 가고 있었다.

소대장실에는 밥풀떼기 하나를 달고 있는 소대장이 앉아있었다. 팔뚝에는 '당직'이라는 완장을 차고 있었다. 그때는 작대기 하나만 달고 있는 이등병도 옥황상제처럼 보였었는데 밥풀떼기를 달고 있는 소대장을 보자 오금이 저려 왔다.

"충성!"

우렁찬 목소리로 경례를 했다. 그러자 당직 소대장은 씩 웃더니 내

어깨에 손을 얹었다.

"훈병 하. 경. 수!"

악을 쓰며 관등성명을 외쳤다.

"시끄럽다 띠발라마!"

많이 듣던 음성이었다. 그 소대장은 시골 우리 동네에 살던 정윤이 형이었다. 소대장은 입소한 훈련병 중에 나를 발견했고 설날인 데다 당직이라 고향 동생을 위로할 겸 불렀던 것이었다.

소대장은 반갑게 나를 맞아주었고 훈련소 생활을 잘하고 있는지 물었다. 그리고 잠시 후 PX에서 맥주를 사 들고 와서 나에게 권했다. 거의 한 달 만에 보는 술이라 눈이 번쩍 띄었지만 저걸 마시고 난 뒤에 벌어질 일을 생각하니 차마 잔을 잡을 수 없었다.

순간 오만 가지의 걱정이 밀려왔지만 그래도 맞을 땐 맞더라도 일단은 마시고 보자는 결론을 내렸다. 소대장과 훈련병은 그날 저녁 식사시간이 올 때까지 맥주를 마셔 댔다. 헤벌레한 자태로 담배까지 꼬나물고, 소대장한테 반말까지 해 가면서.

꿈같은 시간은 지나가고, 곧 우리 소대의 기간병이 맡겨 둔(?) 나를 찾으러 왔다.

우리 소대로 돌아오자마자 당직 사령에게 복귀보고를 했다.

"너 이 새끼, 술 처먹었어?"

"훈병! (딸꾹!) 하. 경. 수! 쪼매 무… 무… (딸꾹!) 무거슙미다! (딸꾹!)"

정신은 말짱한데 혀가 말을 들어주지 않았다.

곧바로 예상했던 한 따까리가 시작되었다. M16 개머리판으로 등짝 몇 번 찍히고, 워커발로 정강이 몇 대 차이고, 이불빨래 하듯 자근 자근 밟히기도 했다. 마무리로 대가리 박아를 하고 있었다. 지극히 모범적인 한 따까리의 절차였다. 그리고 마지막 한 따까리가 하달되었다. 그것은 취사장 지원을 나가라는 명령이었다. 나는 안도의 한숨을 쉬었다. 완전군장에 취침 시까지 뺑뺑이를 예상했었는데 고작 취사장 지원이라니.

그날 저녁 짬밥 메뉴는 시래기, 아니 '쓰레기 동탯국'이었다. 그때는 양배추로 만든 김치와 더불어 겨울철 단골 짬밥 메뉴였다. 한 따까리는 동탯국에 들어갈 동태를 손질하는 일이었다. 나보다 더한 고문관 녀석이 먼저 취사장에 도착해 있었다. 그 녀석과 둘이서 30짝이 넘는 동태를 손질해야 했다. 그런데 주어진 시간은 1시간뿐이었다.

그렇지 않아도 하루가 멀다 하고 나오던 동탯국이 색깔도 시커멓고 지독하게 쓴맛이 나서 궁금히 여기고 있었던 터였다. 1시간 동안 그 많은 동태를 손질하기란 처음부터 무리였다. 하지만 내 입에 들어갈 음식이고 내 동료들이 먹을 음식이라 생각하여 정성껏 한 마리 한 마리 손질하기 시작했다.

우선 동태의 배를 가르고 내장을 발라내고, 지느러미 잘라내고, 대가리, 몸통, 꼬리 부분으로 삼등분하고 잘 씻어서 정성껏 손질해 나갔다. 삼십 분 정도가 지났는데 아직 한 짝도 손질을 마치지 못했다.

이거 생각보다 힘들구나…. 무엇보다 손이 시려 미칠 지경이었다. 앞으로 30분 내로 끝내야 되는데…. 내가 동태를 다듬는 꼴을 지켜보던 취사병노무새끼 하나가 다가오더니 나의 동작이 굼뜨다며 육두문자 범벅의 욕설과 함께 가볍게 또 한 따까리를 시켰다.

"심어!"

'심어'는 손을 깍지 낀 채로 엎드려뻗쳐의 자세를 취하라는 구령이었다. 참고로 원산폭격의 구령은 '박아!'였다.

"하나! 둘!"

'하나, 둘'의 구령을 붙이는 것은 '심어' 동작에서 푸시업을 하라는 뜻이다.

구정물이 고인 취사장 시멘트 바닥에 손을 깍지 끼고 엎드려 푸시업을 했다. 꽁꽁 언 손에 부서질 것 같은 통증이 왔다. 그리고 온몸은 금세 땀으로 범벅이 되었다. 그 짧은 시간에 이 엄동설한 속에서 나를 땀나게 하다니… 기특한 새끼였다.

이제 30분이 채 안 되는 시간 내에 스무 짝이 넘는 동태를 손질해야 했다. 에라, 모르겠다. 내장 손질은 생략! 그냥 지느러미만 떼고 동태를 삼등분하여 세척 통에 집어 던졌다. 바쁘다 바빠! 시간은 자꾸 흘러가고 동태더미는 좀처럼 줄지 않았다. 에라, 모르겠다. 지느러미 손질 생략! 그냥 동태를 삼등분으로 잘라 넣기만 한다. 시간이 얼마 남지 않았다.

에라, 모르겠다. 취사장에는 손도끼가 있었다. 그걸로 대충 찍어 동태를 이등분만 해서 아예 솥으로 바로 던져 넣었다.

그날 저녁, 내가 만든 동탯국에서도 지독한 쓴맛이 났고 국물은 먹물을 방불케 했다. 그간의 동탯국에서 쓴맛과 먹물의 색이 난 이유를 깨달은 순간이었다. 그 후로 나는 동탯국을 먹을 수 없었다.

미안하다, 전우들이여!

아내의 한 따까리

우리 집에 거하시며 나의 생사여탈권을 쥐고 계시는 아내한테 한 따까리는 또 다른 의미로 사용된다.

아내가 저녁부터 히죽히죽 코맹맹이 소리로 간살을 떨고 있었다.

'이 여자가 뭘 잘못 먹었나?'

뉴스가 끝나고 드라마 한 자락을 보고 나니 벌써 잠자리에 들 시간이었다. 샤워를 하고 들어오는 아내, 촉촉이 젖은 머릿결에 극히 간소한 옷차림, 향긋한 비누 향…. 게슴츠레한 눈으로 입술을 내밀더니 아내는 이렇게 속삭였다.

"자기야~ 우리 한 따까리 할까?"

털썩!

마누라 규탄대회

사랑의 유효기간

사랑의 유효기간은 대략 900일 정도라는 연구결과가 있다. 그렇다면 결혼한 지 5년이 넘었으니 우리 부부의 사랑은 이미 유효기간이 지난 셈이다. 그 때문인지 신혼의 단내는 간곳없고 집안에선 피비린내가 났다. 원인은 아내와의 잦은 마찰 때문이었다. 마찰은 쇼핑에서 비롯되는 일이 많았다.

나는 살림에 필요한 물품은 품질이나 가격에 구속됨이 없이 근거리에 있는 판매처를 선호하지만, 아내는 품질이나 제조공정이 검증된 곳에서 구매해야 하고 동일 물품에 대해서는 각 판매처를 면밀히 대조하여 최저가격을 제시하는 곳에서 구매함을 원칙으로 삼고 있었다.

마찰의 결과는 언제나 아내의 승리였고 나는 굴복할 수밖에 없었다. 아내는 나를 제압하는 데 있어 여러 기술이 필요치 않았다. 말 한마디면 충분했다.

"네가 돈을 많이 벌어 줬냐? 힘이 좋으냐?"

멀뚱멀뚱

아직 한기가 가시지 않은 4월이었다. 집 근처 칼국수 집에서 2인분을 주문하고 음식이 나오기를 기다리고 있었다. 매콤한 국물에 넉넉한 버섯과 야채, 그리고 국수와 볶음밥도 훌륭했고 가격도 저렴한 편이어서 자주 찾던 집이었다.

주문한 칼국수가 막 나왔을 때, 언뜻 보기에도 칠순은 넘어 보이는 할머니가 들어왔다. 할머니 역시 칼국수를 주문했다. 하지만 주인은 칼국수는 2인분 이상이라야 주문할 수 있다고 했다. 할머니는 재차 부탁을 했지만 주인은 끝내 거부했다. 결국 할머니는 그 집에서 유일하게 1인분 주문이 가능한 메밀국수를 시켰다. 아직은 쌀쌀한 날씨라 따뜻한 국물이 드시고 싶었을 텐데….

나는 주인이 너무 야박한 게 아닌가 싶었지만 1인분을 준비하기가 번거로웠을 그 집 주방 사정과 그 집의 영업방침을 생각하니 할머니에겐 그저 안타까운 마음만 들었을 뿐이었다. 반면, 아내는 그 광경에 분노했고 식사 도중 주인에게 뭔가 한마디 쏘아붙일 태세였다. 손사래를 치는 나의 만류로 그만두었지만 식사를 하는 동안 불편한 마음이었다.

식사를 마치고 카운터에서 계산을 하던 참에 그 할머니가 또 눈에 밟히고 말았다. 오들오들 떨면서 차가운 국물에다 메밀국수를 적셔 드시는 할머니를 본 아내가 결국 폭발했다.

할머니를 좀 더 배려할 수 없었느냐? 비록 이 집의 영업방침이 그렇다 치더라도 칼국수 1인분 준비가 그리 어려운 일이었느냐? 혼자 온 손님은 손님도 아니냐? 추운 날 따뜻한 국물이 그리웠을 할머니가 차가운 메밀을 드시는 걸 보고도 댁들은 마음이 편하냐며 주인을 향해 무섭게 다그쳤다. 거 참, 말려야 할지 거들어야 할지… 나는 그저 먼 산만 멀뚱멀뚱 바라보고 있었다.

단체손님

큰 맘 먹고 시내의 이름난 고깃집에서 식사를 하게 되었다. 평소 우리의 주머니 실력을 뛰어넘는 고가의 업소라서 품질 좋은 한우와 종업원의 서비스에 큰 기대를 하고 있었다. 역시 기대했던 대로 고기의 품질과 고객 밀착형의 서비스가 훌륭했다. 역시 사람은 돈을 벌고 볼 일이야.

고기가 익어갈 무렵 비어 있던 옆 좌석에 십수 명의 단체손님이 들어왔다. 그 집은 좀 부담된다 싶을 정도로 서빙을 제공하는 집이었다. 고기를 불판에 얹고, 굽고, 자르고, 뒤집는 일을 종업원들이 테이블마다 배치되어 서비스를 하는 집이었는데, 그날은 종업원들이 모두 단체손님들에게만 몰려가서 자르고 뒤집기를 하고 있었다.

아내는 뚜껑이 열렸지만 신랑에게 숯덩이를 먹일 수는 없었는지 직접 굽고 뒤집기를 했다. 나는 아내에게 주인 입장에서는 단체손님들에게 더 마음이 가는 것이 일견 당연할 수 있다고 말하며 화를 가라앉히라고 했다. 아내는 나의 말에 더 화가 난다며, 너는 대체 누구 편이냐고 다그치더니 기어이 매니저를 호출했다. 그리고 예상했던 대로 단체손님만 손님이냐, 우리처럼 둘이 온 손님은 손님도 아니냐, 둘이 왔다고 어째 이리 소홀할 수 있느냐며 소리쳤다.

매니저는 연신 죄송하다며 고개를 조아렸고 다시 원래의 부담스러운 서비스가 재개되었다. 매니저나 종업원들은 서빙을 하면서도 필시 우리를 진상이라 여겼을 것이다. 역시 거들지도 만류하지도 못하고 고기를 씹는지 벌레를 씹는지 모를 맛으로 식사를 마쳤다.

평소 대가를 지불하는 곳에서의 불친절, 무례, 무성의를 그냥 보아 넘기지 않는 아내에게 그 수위를 좀 조절해 주기를 부탁해 보았으나 일언지하에 거절당했다. 오히려 부당함에 묵묵히 참고 외면하는 나를 못마땅하게 여기며 역정을 냈다.

노비의 탄생

사방이 지뢰밭이었다. 백화점, 하나로 클럽, 코스트코, 이마트의 중간쯤에 신접살림을 차렸다. 신혼 초 기선제압에 실패한 나는 남편에서 노비로 전락해 있었다.

노비는 저녁마다 아내가 지시한 찬거리를 사다 바쳐야 했다. 오늘의 미션은 배추였다. 만만히 생각하여 동네 시장에서 사 들고 왔다간 태형을 면치 못한다. 아내는 나에게 구매지침을 하달했다. 의류는 백화점, 채소는 농협 하나로 마트, 비누나 치약 따위는 각종 사은품으로 충당, 전자제품 등은 코스트코에서 구매하라는 것이었다. 그런데 문제는 간단한 생활 잡화들이었다.

어느 날 아내는 욕실의 비누곽을 바꾸기로 마음먹었다. 아니나 다를까 집 앞의 잡화상에도 여러 종류의 비누곽이 넘쳐나는데도 아내는 거기서는 사지 않았다. 나는 아내가 어떠한 절차로 비누곽을 구매할지 알고 있었다. 우려했던 대로 먼저 백화점으로 행차했다. 반나절을 고르더니 빈손으로 나왔다. 아내가 물건을 고를 때 뒤에서 각 잡고 대기하고 있는 일이 노비에게는 가장 괴로운 일이다. 백화점에서 원하는 물건을 찾지 못하자 하나로 마트, 코스트코의 순방길에 올랐다.

그런데 여기서도 아내는 비누곽을 사지 않았다. 결국 이마트, 거기서도 두 시간이 지나도록 결정을 못하고 있었다. 나는 아내의 뒤에서 각 잡고 대기하기가 괴로워서 슬쩍 전자제품 코너로 가서 구경하고 있었다. 아내는 불같이 화를 내며 정위치 대기를 명했다. 한 시간이 더 흘렀으나 비누곽은 사지 못하고 이마트를 나섰다. 결국 나는 주말에 남대문 시장에 끌려가야 했다.

쿠션 수리

내가 보기엔 멀쩡한데도 아내는 소파의 쿠션이 꺼졌다며 성화였다. 나는 곧 닥쳐올 논현동, 사당동 가구거리를 순례할 생각을 하니 벌써 하늘이 노래졌다. 그런데 아내는 내 예상을 뛰어넘어 일산으로 가겠단다. 그깟 쿠션을 손보자고 일산까지 가는 일은 온당치 않은 처사라고 읍소하였으나 아내는 기어이 노비를 대동하고 일산으로 나섰다.

"아무래도 일산까지 행차는 현명하신 처사가 아니라 생각되옵니다만…."

— 그 입 닫으라. 인터넷으로 검색해 보니 일산에서 하면 5천 원이 싸다고 나와 있더라.

"지랄도 참 독하게 하십니다!"

— 뭐라?

1시간을 달려와서 30분 만에 수리를 마쳤다. 다시 1시간을 달려야 집에 닿을 수 있다. 견디다 못해 아내에게 불만을 토로했다. 5천 원 아끼자고 일산까지 간 것은 지나치다. 기름 값이 얼마냐? 그리고 아무리 노비라도 이토록 극심한 스트레스를 줘도 되냐? 돈만 아깝고 시간은 안 아까우냐? 지난번 비누곽도 그렇고, 고릿적에도 여차저차 하지 않았느냐? 마누라면 다냐? 예쁘면 다냐?

아내의 답변은 명료했다.

"밥 먹기 싫어? 그거 벌어 와 가지고 그런 소리가 나와? 힘이나 좋아?"

바겐세일

결혼하고 나서 무서운 것이 하나 더 생겼다. 그것은 세일을 알리는 백화점의 전단지였다. 아내는 전단지를 보며 낮에는 암송하고 밤에는 묵상하며 세일을 기다리고 있었다. 당시 주방기구를 구입할 계획은 있었다. 드디어 그날이 왔다. 층별, 매장별 할인품목과 할인율에 대한 사전학습을 마친 아내는 평소에는 찾지 않던 롯데백화점의 본점으로 출격했다. 엎어지면 코 닿는 곳에도 롯데백화점이 있는데 또 유난스럽게 군다고 타박하자 아내는 본점에서만 할인이 되는 품목에 대해서 열변을 토했다.

노비는 아내를 따라 나서야 했다. 지독한 체증이었다. 을지로를 지나는 데 1시간, 주차장 들어가는 데 1시간, 주차시키기는 데 또 1시간. 나는 짜증이 샘솟아 파도를 치고 있었지만, 아내는 오직 할인품목과 할인율만을 생각하며 의연하게 체증에 임하고 있었다.

도로에서 장시간을 소비한 터라 매장에 도착할 즈음엔 이미 날이

저물었다. 매장에 들어서자마자 폐점이 임박했음을 알리는 방송이 흘러나왔다. 아내는 재빠른 걸음으로 여러 매장을 돌며 쉴 새 없이 노비에게 쇼핑백을 쥐어 주었다. 드디어 주방용품 매장에 도달했다. 그런데 이 물건이 본점에서만 할인된다는 말은 거짓이었다. 그렇다면 여기까지 올 필요가 없지 않았는가? 아내를 흘겨봤다. 아내는 내 시선을 애써 외면하고 있었다.

아내는 결국 계획했던 물건들을 모두 구매했다. 그러나 약간의 소비를 더 한다면 만 원 상당의 냄비를 준다는 백화점 전단지의 내용을 기억해 냈다. 노비는 그게 다 상술이라며 만류했다.

"그 입 다물라!"

나의 만류에도 불구하고 기어이 냄비 하나를 들고 나왔다. 평소 나의 무절제한 소비행태를 타박하던 아내를 보며 나와는 계산법이 많이 다르다는 걸 알았다.

TV

봄비가 자주 오는 것, 돌담의 배가 불룩한 것, 사발의 이 빠진 것, 늙은이 떠돌아다니는 것, 어린이이 입비른 것, 중이 술 취한 것, 진흙 부처 내 건너는 것, 주부의 손 큰 것, 빈 도시락 소리 나는 것 등등을 무용지물이라 한다.

아내는 TV를 매우 사랑했다. 나는 아내가 TV에 빠져 있는 꼴이 보기 싫었다. 야근과 밤샘으로 집에 있는 시간이 많지 않은데도 아내는 자기 전까지는 언제나 TV에만 빠져 있었다. 특히 연예인을 여럿 앉혀 놓고 잡담하는 프로에는 아주 사족을 못 썼고, 혼자 TV를 보면

인다. 같은 레시피, 같은 재료, 같은 조리 기구를 쓰지만 된장찌개 맛은 그때그때 달랐다.

다리 없는 놈

사람이나 동물의 다리는 아무래도 2개 혹은 4개가 적당하다. 혹자는 수컷의 돌기를 다리에 포함해서 셈을 하는 경우도 보았지만, 그래도 다리는 2개 아니면 4개가 적당하다. 반면, 다리가 2개 이하이거나 4개 이상일 경우도 있지만 대체로 심미적으로는 좋지 않다.

우리 집에 다리가 없거나 여럿 달린 생명체들이 출몰했다. 아내는 그 생명체들을 대할 때마다, “으악!” 혹은 “꺅!”이라는 몹시 가식적인 비명을 질렀다. 평소에는 맨손으로 소도 때려잡을 여자가 말이다.

베란다에는 지난봄에 사다 둔 화분이 있다. 난초는 그냥 내버려 두어도 잘 자랐지만 진초록의 두꺼운 잎이 보기 좋았던 치자나무는 혼수상태에 빠져 있었다. 처음엔 황달 증세를 보이더니 결국 누드 치자나무가 되어 버렸다. 물도 줘 보고 박카스도 줘 봤지만 백약이 무효였다. 어느 날 물을 그득 부은 고무대야에 화분을 빠뜨려 두었더니 사흘 만에 치자나무가 부활을 했다. 역시 부활은 사흘 만에 해야 제맛인가 보다. 그 후로는 제법 나무 꼴이 났다.

베란다에서 귀에 익은 음성이 들렸다. 역시 맨손으로 소도 때려잡을 그녀가 질러 대는 소리였다. 나는 화들짝 놀라는 척하며 베란다로 나가 봤다. 달팽이였다. 골뱅이는 잘도 먹는 그녀가 달팽이를 보고 비명을 질러 대는 모습이 가증스러웠다.

그런데 가출한 달팽이였다. 집을 등에 지고 기어 다녀야 할 달팽이가 집을 팽개친 채 알몸으로 치자나무 가지를 기어 다니고 있었다. 다리도 없고 집도 없는 달팽이는 내가 보기에도 징그러웠다.

아내가 주방에서 떨그럭 소리를 내고 있었으나 하도 당해 봐서 이제는 속지 않는다. 처음엔 반나절을 떨그럭거리며 냄새를 풍기기에 신선로라도 만드는 줄 알았다. 그런데 반나절 만에 차린 상이 가관이었다. 달랑 국수 한 사발에 김치 한 접시, 그것도 매뉴얼 없인 만들지도 못한다. 다시 떨그럭 소리가 들렸다. 1시간 걸리면 미역국이고, 2시간을 부산 피우면 된장찌개다. 벌써 한 시간이 넘어가고 있었다.

"으악!"

그 가증스러운 비명소리가 또 들렸다. 이번엔 칼질이 서툴러 손을 다친 게 아닌가 하고 진짜로 깜짝 놀라서 주방으로 뛰어갔다. 하지만 손에 칼은 쥐어져 있지 않았다. 마늘을 까고 있었다. 마늘 속에 하얗고 다리 없는 벌레 한 마리가 요염한 자태로 누워 있었다. 고추를 파먹고 사는 놈은 봤지만 마늘을 파먹고 사는 놈은 처음 봤다. 고추를 파먹는 놈이나, 마늘을 파먹고 사는 놈이나 참 독한 놈들이다.

아내로부터 업무지시가 내려왔다. 마늘을 모두 까라는 것이었다. 내가 원래 까고 벗기는 데는 소질이 있다. 하지만 쪼그려 앉아서 한 시간을 까도 마늘은 줄어들 기미가 보이지 않았다.

아내는 마늘을 까지 않았다. 다리 없는 벌레가 나올까 봐 무섭다며 까는 소리를 하고 자빠졌다. 맨손으로 소도 때려잡을 그 여자가 말이다. 결국 토요일 늦도록 까고 또 깠지만 다 까지 못하여 다음날까지 까야 했다. 손끝이 맵고 아려 왔다. 몇 개만 더 까면 내가 금방 웅녀로 둔갑할 것만 같았다. 이번 개천절에는 웅녀로 변한 나를 만나게 될 것이다.

다리 많은 놈

다리 많은 놈들도 출몰하기 시작했다. 먹다 남은 과자에 개미가 꼬여 들었다. 맨손으로 소도 때려잡을 여자는 이젠 개미를 보고도 비명을 질러 댔다. 개미보다 그 비명소리에 짜증이 났다. 과자봉지를 버리고 와서 TV를 보고 있노라니 방바닥에 또 개미 한 마리가 꼬물꼬물 기어 다니고 있었다. 생김새로는 다리 없는 놈들보다야 훨씬 나았지만, 이놈들은 박멸하기가 훨씬 어려웠다.

개미를 잡을 때는 중국집에서 무차별로 살포하는 스티커가 아주 요긴하다. 중국집 스티커로 개미를 찍 누르면 바동거리다가 황천길로 간다. 다리 없는 놈들을 제거하기 위해 피눈물 나는 마늘 까기를 할 때는 옆에서 수수방관하던 그녀가 개미잡기에는 한 몫 거들기 시작했다. 그런데 그녀가 개미를 잡는 모양을 보니, 좀 모자라는 여자가 아닌가 싶었다. 개미를 한 마리 생포해서는 그대로 눌러 죽이지 않고, 잔인하게 다리 몇 개를 떼어 내더니 그대로 놓아주기를 반복했다. 뭔 지랄이냐고 물었더니, 그냥 죽이는 것보다 이렇게 불구를 만들어 놓으면 개미가 자기들 동료들에게 가서 이 집은 지독한 집이라고 알려줄 것이고, 그러면 개미들이 무서워서 다신 오지 않을 거라는 확신을 피력했다. 애들도 웃을 이야기를 듣고 나니 이 여자 한참 많이 모자란다는 확신이 섰다.

약국에서 개미잡는 컴베트를 사다가 덕지덕지 붙여 두었다. 그날 이후로 개미는 더 이상 나타나지 않았다. 나는 컴베트의 효과라 했으나 아내는 개미를 불구로 만든 효과라는 주장을 굽히지 않았다. 어쨌거나 개미가 사라져서 다행이다. 이젠 개미보다 더 많은 다리를 가진 놈들이 나타나지 않기를 바랄 뿐이다.

Part 03

경비원 이야기

불길에 사라져 간 국보 1호에 대해 저마다 한마디씩 거들었다.
어떤 이는 국화꽃을 바치기도 했고, 어떤 이는 제사상을 차리기도 했다.
모두가 사라진 국보 1호를 신실하게 사랑했기 때문에 비통함이 컸던
모양이었다. 나는 그저 아까웠을 뿐 그들처럼 분노하지도 슬퍼하지도 못했다.
오히려 오열하고 비통해 하는 사람들에게 슬쩍 물어보고 싶었다.
혹시, 고달사지부도가 국보 몇 호인지,
중원탑평리칠층석탑이 어디에 있는지는 알고 있는지?

경비원 이야기

예배당과 대웅전

요즘은 대부분의 교회에도 각종 도난 경보장치들이 설치되어 있다. 교회는 더 이상 누구나, 아무 때나 들어갈 수 있는 곳이 아닌 것이다. 삶이 고단한 사람이 교회 한편에서 잠들어 있기라도 하면 우리 경비원들에게는 날벼락이 떨어진다. 교회는 이제 수고하고 무거운 짐 진 자들도 헌금을 바치는 시간 외에는 들어서지 못하는 곳이 되어 간다.

새벽녘에 관제센터로 전화가 걸려 왔다. 우리 회사의 경보장치를 설치한 교회의 목사였다. 새벽기도 시간에 목사가 예배당에 들어서니 누군가가 잠들어 있더라는 것이었다. 노숙자였던 모양이다. 그 광경을 보고 분개한 목사는 관제센터로 전화를 걸어 욕을 하기 시작했다. 새벽부터 목사한테 듣는 욕은 그리 상큼하지 않았다. 좆과 씹으로 범벅이 된 목사의 거룩한 말씀을 찬찬히 해독해 보니, 교회에 노숙자가 자고 있는데도 너희 놈들은 왜 그를 쫓아내지 않았느냐는 것이었다.

그 교회는 전날 늦도록 경보장치를 작동하지 않아 관제센터에서 확인전화를 하였더니 아무개 전도사가 철야기도를 한다고 했었다.

나는 목사에게 경보장치는 일단 사용자가 작동을 시켜야 경비업체에서 대응조치를 취할 수 있다고 하였더니, 목사는 그런 게 어디 있느냐면서 대책 없이 욕을 퍼붓기 시작했다. 목사는 새벽부터 방언이 터졌는지 동이 트도록 욕이 그칠 줄을 몰랐다. 목사에도 여러 질質이 있었다.

목사에게 욕을 먹은 다음날은 모 사찰에 경보장치를 설치했다. 수고하고 무거운 짐 진 자들이 돈 없이 접근해서는 아니 되기는 사찰도 마찬가지였다. 그 사찰의 주지는 우리에게 은밀한 옵션을 주문했다. 불전함佛錢函에 사찰의 다른 식구들이 알지 못하도록 몰래카메라를 설치해 달라는 것이었다. 우리는 몰래카메라는 취급하지 않는다고 하였더니 그러면 불전함 위에 소형 CCTV라도 설치해 달라고 했다. 주지에게 사찰 내에 몰래카메라가 왜 필요한지 물어보았다. 그랬더니 기막힌 대답이 돌아왔다. 불전함의 시주가 주지의 기대 금액에 미치지 못했기 때문이라 했다. 웃기기는 욕쟁이 목사나 의심 많은 주지나 마찬가지였다.

대웅전 천정에서 불전함을 바라보는 CCTV… 부처님께서 보시기에 퍽이나 좋았겠다.

기계경비

앞으로 이어질 이야기를 위해서라도 현재 내가 밥을 벌어먹고 있는 직업에 대해서 소개가 필요할 것 같다. 나의 직업을 이야기하자니 세계에서 가장 우수하다는 우리말에 대해 아쉬움을 느낀다. 그 이유는 나의 직업에 대한 우리말 명칭에 만족할 수 없기 때문이다.

내 직업의 공식적인 명칭은 '경비원'이다. 공식적이라 함은 법률, 즉 경비업법에 규정되어 있는 것을 말한다. 법에는 경비업의 허가를 받은 법인이 채용한 고용인을 경비원이라고 규정하고 있다.

직업 자체에 대한 회의도 있지만 경비원이라는 명칭도 거슬리기 짝이 없다. 비록 F학점의 잔치였지만 4년제 대학을 마친 인재(?)의 직업이 경비원이라고 하니 아무래도 격이 떨어지는 느낌이다. 그래서 일부에서는 경비원을 보안요원이나 안전요원이라는 말로 대체하기도 하지만 옹색하기는 마찬가지다. 영어 'Security'는 안전산업 전체에 그 뜻이 두루 통하는 것 같은데, 한글로 옮기니 경비나 경비원이 되고 만다.

시큐리티 산업을 경비나 경비원으로 표기한 것은 일본이 먼저였다. 필시 시큐리티 산업이 우리나라에 처음 도입되었을 때 별 고민 없이 일본의 것 그대로 차용했을 것이다.

경비업법에는 경비 업무를 다섯 가지로 나누고 있다.

먼저 경비대상시설의 위험발생을 방지하는 '시설경비'와 운반 중에 있는 현금, 유가증권, 귀금속 등에 대한 위험발생을 방지하는 '호송경비'가 있다. 그리고 요즘 젊은 학생들이 선망하는 보디가드나 대통령 경호원처럼 사람의 생명이나 신체에 대한 위해의 발생을 방지하는 '신변보호'가 있고, 현재 내가 종사하고 있는 '기계경비'가 있다. 그리고 국가 중요시설의 경비를 담당하는 '특수경비'로 나누고 있다.

경비업이나 경비원이라는 말도 탐탁지 않은데 내가 몸담고 있는 분야인 기계경비라는 말은 더욱 못마땅하다. 기계경비라니, 기계가 경비를 한다는 건지 기계를 경비한다는 건지 원.

경비원이 금과옥조로 여기는 경비업법에는 '기계경비'란 경비대상시설에 설치한 기기에 의하여 감지, 송신된 정보를 그 경비대상시설 외의 장소에 설치한 관제시설의 기기로 수신하여 도난, 화재 등을 방지하는 업무로 되어 있다.

법적인 규정으로는 기계경비의 설명이 불충분하다. 법에 기술한 부분은 기계경비 중에서도 방범경보업무에 국한된 내용에 불과하다. 이외에 기계경비의 분야로는 CCTV, 출입통제시스템, 상품도난 방지시스템, 울타리 감지시스템, 폭발물에 대한 감지 · 검색 등 실로 다양하기 때문이다.

우리나라에서는 에스원의 세콤, ADT의 캡스, KT 텔레캅 등의 회사가 이 방면에 있어서는 두각을 나타내고 있다. 그리고 기계경비에는 현장에 출동하여 대처업무를 하는 '출동요원'과 이상신호가 접수되면 지령 등의 업무를 수행하는 '관제요원', 그리고 영업직과 기술직 등으로 역할이 나뉘어 있다. 나는 그 중에서도 관제업무를 주로 수행해 왔다.

2008년 말 현재 경찰청의 통계에 의하면 우리나라의 전체 경비업체 수는 3,000개가 넘고 종사하는 경비원의 수는 약 15만 명에 달한다고 한다. 그러나 경비원은 직업으로는 그리 권장할 만한 것이 못된다. 일의 고달픔에 비해 박봉이기 때문이다. 또한 야근과 휴일 근무를 피할 수 없다는 것도 기피 요인이 된다. 그리고 무엇보다 경비원의 직무에 따라서는 일반인의 상식을 넘어서는 육체노동을 감당해야 하기 때문이다.

육체노동뿐만 아니라 정신적 노동과 학습량 또한 만만치 않다. 경호의 경우 관련학과가 개설된 대학이 열 군데가 넘으며, 박사과정까지 있을 정도이니 전문경비원의 학습량을 짐작할 수 있다. 그뿐만 아니라 감정노동도 수행해야 한다. 감정노동Emotional labor이란 고객의 감정에 맞추기 위해 자신의 감정을 통제하는 일을 일상적으로 수행하는 노동의 형태를 말한다. 주로 식당, 상점, 놀이공원 등 서비스업종이나 소비자의 불만을 처리하는 고객센터 종사자 등의 업무가 해당된다. 기계경비업체에서도 특히 관제요원들에게 요구되는 감정노동은 일반인의 상상을 넘어선다. 일례로 고객은 부당한 사유로 경비원을 축생畜生으로 부르거나 경비원의 누이를 갈보라 해도 문제될 것이 없으나, 경비원이 그자에게 따지기라도 한다면 불친절 응대라는 중대과실이 된다. 감정노동을 수행하기 위해서는 여우같은 곰이 되거나, 소머즈의 청력을 가지고도 귀머거리가 되지 않으면 달리 도리가 없다.

모가지가 달랑달랑

스스로도 권장하지 못하는 직업을 나는 십 년이 넘도록 놓지 못하고 있다. 그것은 학창시절에 공부를 안 하였거나, 덜 하였거나, 소질이 없었기 때문일 것이다. 경비원은 대체로 출신 학교나 성적을 확인하지 않았다. 한참 공부를 해야 했을 때 숲 속에서 여체의 신비를 밝히는 일에만 매진한 결과였다. 이런 후환이 있을 줄 미리 알았더라면.

요즘은 불황을 이유로 기계경비 서비스를 중단하고자 하는, 즉 경비계약의 해지를 원하는 고객들이 늘고 있다. 불황이야 주기적으로 반복되는 일이지만 최근의 불황을 맞는 고객들의 양태는 예전과는 다른 면이 보였다. 이전까지는 불황으로 사업체가 쓰러져서 계약해지가 되는 경우가 많았는데, 요즘은 호황기가 돌아올 때까지 그냥 문을 닫는 사업체가 많아졌다. 즉, 망하지 않았는데도 문을 닫는 현상이다. 사업체들이 연쇄적으로 문을 닫으니 회사의 매출이 감소하고, 매출이 감소하니 사장의 수심은 깊어지고, 사장의 수심이 깊어질수록 내 모가지는 힘차게 달랑거리게 된다.

모가지는 달랑거려도 여전히 나에게 주어진 지상과제가 있다. 그것은 젊은 경비원을 채용하고 훈련시키는 일이다. 경비업체에 있어서는 청년실업이나 취업난 따위의 말들은 개소리다. 인력난은 내 밥줄을 연장시켜 주는 장점은 있다.

모가지가 달랑거리는 주기가 점점 짧아지고 있다. 처음엔 5년 만에 위협이 오더니, 이후에는 2년을 주기로 밥벌이에 대한 위협이 왔다. 앞으로는 나이가 들어 가니 그 주기는 더욱 짧아질 것이다.

경비원에서 벗어나고자 몇 번의 시도가 있었지만 그때마다 뜻을 이루지 못하고 다시 경비원으로 돌아왔었다. 이제 경비원으로 말뚝을 박고자 정진하고 있지만 나이와 생산력의 한계로 다시 모가지 달랑거림이 감지되고 있다.

지금 이 땅에 모가지가 달랑거리는 월급쟁이가 어디 나 하나뿐이겠는가마는, 남들이야 죽든 말든 알 바가 아니므로 내 모가지에만 신경이 쓰일 뿐이다

정전

마스드리엘의 기적

네덜란드 동쪽에 있는 작은 도시 마스드리엘에서 2007년 12월 혹한의 날씨에 이틀 동안이나 전기가 끊어지는 사고가 발생했다. 마을 위를 지나던 헬리콥터가 전기를 공급하는 고압선을 끊어 버렸기 때문이다. 하지만 9개월 뒤 이 도시는 뜻밖의 선물에 놀라게 되었다. 9월 마스드리엘에서 태어난 신생아 수가 지난해 같은 달의 신생아 수에 비해 44%나 증가했기 때문이었다.

마스드리엘시 대변인인 아넬리아스 반 아이케렌은 "집안에서조차 견디기 어려울 정도로 추운 날이었기 때문에 주민들은 모두 일찍 침대로 들어갔다. 그 결과 많은 아이들이 태어난 것 같다"고 말했다.

네덜란드는 일인당 출산율이 1.1명으로 다른 유럽 국가와 마찬가지로 출산율 저하가 심각한 사회 문제로 대두되고 있었다.

정전 사태로 출산율이 증가하자 정부가 나서서 인위적으로 전기 공급을 중단해야 하는 것 아니냐는 시민들의 의견이 폭주했다고 한다.

원시인

개인적으로 사모해 마지않는 성우 김세원의 내레이션이 들리기에 급히 TV 앞에 자리를 잡고 앉았다.

화면 속에는 21세기를 살아가는 어느 원시인들의 삶을 조명하고 있었다. 전화나 인터넷도 없었고 수도나 화장실, 목욕시설조차 변변히 갖추지 않은 채 나무땔감으로 밥을 짓고 군불로 겨울나기를 하는 원시시대의 생활방식을 볼 수 있었다.

강원도 어느 깊은 산골에서 엄마 아빠, 그리고 5남매가 살고 있었다. 5남매의 아버지는 전직 철학과 교수였다고 했다. 일찌감치 분필과 만년필, 그리고 사회적으로 보장된 여러 감투들을 벗어 던지고 산속으로 들어간 아버지의 선택이 흥미로웠다.

초로의 부부가 산속에서 농사지으며 황혼기를 보내는 일이야 멋스럽게도 봐줄 수 있겠지만, 비엔나소시지처럼 딸려 있는 어린 자녀들을 산속의 원시인으로 만든 결단은 수긍하기 어려웠다.

젖먹이부터 큰아이라 해야 열댓 살 정도의 어린 아이들이었다. 교과서보다 자연을 통한 학습이란 말도 그럴듯하고, 가정 내에서 이루어지는 학습으로도 많은 것을 얻을 수 있다는 주장도 말이 되는 듯하고, 스스로 노동하여 수확한 곡물로 감사하는 마음으로 음식을 섭취하는 모습도 시각에 따라서는 소중한 교육일 수도 있겠다 싶었다.

그래도 유년기 아이들의 교육을 학교에 위탁하지 않고 원시인으로 퇴화시키는 그 만용은 나로서는 도무지 헤아릴 수 없었다.

내 눈에 그 5남매가 원시인으로 보인 것은 전기가 없었기 때문이었다. 전기가 없으니 일체의 가전제품을 사용할 수 없었고, TV나 전화, 인터넷 등의 통신매체를 사용할 수 없으니 세상과는 일체 소통할 수 없는 환경이었다. 전기는 사람을 일순 원시인으로 만들어 버리는 위력이 있었다.

학교에서 주입되는 교육에 비해 심신이 더욱 단련되고 지식과 교양 역시 아름답게 성장하고 있다는 설명에 고개는 끄덕이고 있었지만, 그 아이들이 세상으로 다시 나와야 할 때엔 산속에서 그들이 쌓아온 에너지가 과연 얼마만큼의 힘이 될지는 의문이었다.

정전

퇴근 후 앰프에 전원을 넣고 만토바니의 LP를 집어 들었다. 깨끗한 물수건으로 정성껏 닦은 뒤 턴테이블에 얹었다. 조심스럽게 바늘을 올려놓자 할아버지의 시계Grandfather's Clock 연주가 따사롭게 흘러나왔다. 이 곡은 어린 시절의 추억 속으로 한없이 빨려 드는 느낌을 준다. 연주에 맞추어 노래를 따라 불러본다. 내가 누리는 유일한 교양이자 사치인 것이다.

> 할아버지의 고단했던 인생에 희망을 함께했던 시계
> 언제나 인자하시던 미소와 사랑도 알고 있는 시계
> 이제는 들리지 않는 시간을 얘기해 준다네.
> 할아버지 영혼이 떠나시던 날 밤 요란한 소리로 울던 시계
> 하늘에 오르신 할아버지를 따라 시계는 이별을 했다네.
> 이제는 헤어져야 할 때를 알았다네. 시계는 가지를 않네.

마지막 구절을 따라 부를 즈음 갑자기 음악이 멈추고 세상은 암흑으로 돌변했다. 정전이었다. 그리고 정적靜寂이었다.

순간적인 정전이겠지, 금방 다시 형광등 불은 밝혀지고 할아버지의 시계가 이어지겠지 하고 기다렸지만 5분이 지나도록 전기는 다시 돌아오지 않았다. 마지못해 랜턴이나 양초가 들어있을 만한 곳을 떠올려 보지만 그것마저 귀찮아 단념하고 잠시 어둠을 더 즐겨보기로 했다.

전기는 들어오지 않았지만 정적은 끝이 났다. 세상은 정전 이전보다 오히려 더욱 소란스러워졌다. 정전이 30분을 넘어가자 곳곳에서 고성이 들리기 시작했다. 어느 집에서는 어둠을 즐기는 남학생들의 환호소리가 있었고, 또 어느 집에서는 아기 울음소리, 한전에다 대고 항의전화를 하는 고함소리도 섞여 들렸다.

집 앞에 새로 개업한 구멍가게 여주인은 울부짖고 있었다. 냉장고의 아이스크림이 녹아내린다고, 김밥이 상하면 어쩌나 하며 울고 있었다. 나 역시 울고 싶었다. 답답하고 불편했기에.

한 시간여의 짧은 시간 만에 나 역시 강원도 산골의 철학 교수의 아이들처럼 순식간에 완벽한 원시인이 되어 있었다. 불을 밝힐 수 없었으며, 음악을 들을 수도, 세상과 소통할 수도 없었다.

전기가 없는 세상은 원시시대로 거슬러 갔고 아비규환이었다.

양초를 찾기 시작했다. 언제부터 있었는지 어디에서 난 것인지 모를 양초 하나가 서랍 속에 누워 있었다. 양초의 밑동에 연꽃 문양과 함께 '소원성취'란 글자가 새겨져 있었다.

양초는 찾았으나 촛대가 마땅치 않았다. 한 번도 펼쳐본 적이 없는 작은 책이 하나 눈에 띄었다. 포켓사이즈에 파란색 비닐 표지로 된 영한대조 신약성경이었다.

성경책 위에 올라앉은 연꽃과 '소원성취'의 네 글자.

자비로우시고 전지전능하심의 극치가 뒤엉키고 부처님과 하나님이 정상회담이라도 하는 형국인데 어쩐지 나는 금방이라도 벼락이 떨어지는 천벌을 받을 것 같은 기분이 들었다.

부처님과 하나님이 실제로 서로 사이가 나쁜지는 모르겠지만 사람 세상에서는 아직 부처님 계와 하나님 계가 서로 소원한 것이 사실이다.

그때 번쩍하고 번갯불 같은 섬광이 지나갔다. 두 정상 중 한 분이 내린 천벌이었을까 내심 뜨끔하였는데, 다행히 정전복구를 알리는 형광등 불빛이었다.

횟집의 정전

어버이날이었다.

출근하고 보니 대형사고가 나를 기다리고 있었다. 정전 때문이었다.

기계경비에서 정전은 여간 성가신 신호가 아니다. 정전이 되면 경비장치가 곧 작동을 멈추어 제 기능을 하지 못하기 때문이다. 배터리가 내장되어 있긴 하지만 버틸 수 있는 시간은 실제 얼마 되지 않는 경우가 많다.

또 업종에 따라서는 정전신호가 도둑이 들어왔음을 알리는 신호보다 더 예민해질 때도 있다. 횟집을 비롯하여 냉장제품을 취급하는 정육점이나 슈퍼마켓, 약국이나 병원 등이 대표적이다. 약국이나 병원은 고가의 주사제를 주로 냉장보관하고 있기 때문이다.

지난밤에 수원 장안구 일대에 지역적인 정전이 있었다. 그래서 그 지역의 계약처들로부터 일제히 정전신호가 발생되었다. 정전신호를 접수한 경우도 현장에 출동하여 확인하는 것이 일반적인 대처방법이다. 하지만 얼마 지나지 않아 정전이 복구되었다는 신호들이 접수되기 시작했다. 정전은 복구가 되면 그대로 상황이 종료되는 신호다.

그런데 유독 어느 횟집만이 정전이 복구되었다는 신호가 접수되지 않았다. 횟집의 정전대처는 통상 긴급출동을 하거나 주인에게 알려 직접 확인토록 하는 형태를 취하고 있었다. 그런데 긴급출동을 지시하거나 주인에게 연락을 취해야 할 관제요원이 정전이 복구된 것으로 짐작하고 후속조치를 취하지 않았던 것이다.

횟집 주인은 어버이날 대목을 기대하고 평소보다 훨씬 많은 횟감을 수족관에 확보해 둔 상황이었다. 주인이 출근하여 보니 정전으로 수족관의 산소발생기가 작동하지 않아 그 많은 물고기들이 모두 배를 뒤집고 죽어 있었다. 주인은 망연자실했다. 그리고 정전신호의 대처부실을 이유로 회사에 보상을 요구했다. 주인으로서는 당연한 처사였다.

기가 막히긴 나도 마찬가지였다. 당시 나는 관제요원들의 책임자였고 각종 사고에 대한 보상과 소송 그리고 보험 관련 업무를 겸하고 있었다.

회사의 과실로 사고가 발생하면 미리 들어둔 보험으로 손해를 본 고객에게 보상을 해주면 되는 일이었으나 횟집은 사정이 좀 달랐다. 경비업체는 통상 동식물 등의 생물에 대한 손해에 대해서는 보상을 제한하고 있었고 보험의 적용도 받지 못하고 있었다.

하지만 고객의 입장에서는 물러설 수 없는 일이었고 사고처리를 담당하는 나의 입장에서도 난감한 일이었다. 그 사고의 처리 과정을 생각하면 지금도 진땀이 흐른다.

불임

내가 살고 있는 처지나 환경도 비교해 보면 원시인이나 다를 바 없는데도 나를 일약 문화인으로 승격시켜 준 것도 다름 아닌 전기가 아닐까 싶다.

요즘 우리 부부의 고민은 불임에 있다. 현대의학으로 여러 검사를 시행해 본 결과 우리 부부는 일체의 신체적 하자가 없다는 판정이 나왔다. 그럼에도 불구하고 결혼한 지 여러 해가 지나도록 아직 반가운 소식이 찾아주지 않는다. 나는 우리 부부의 불행이 한전에 있다고 믿고 있다.

한전은 네덜란드 마스드리엘의 기적을 외면하지 말지어다.

뺀찌

최 이사

나는 최 이사를 직장생활의 모델로 삼고자 했다. 그는 내가 아무리 발버둥 쳐도 격차를 좁힐 수 없는 사람이며 나를 절망에 이르게 한 사람이었다.

뼈를 묻을 각오로 충성을 하고자 했던 나래시큐리티(주)가 2003년에 K업체로 넘어가고 말았다. 긍지와 자부심으로 충만했던 회사가 한순간에 무너지자 한동안 마음을 잡지 못했다. 하지만 다행히 나는 그 K업체로 흡수되어 밥벌이는 지속할 수 있었다.

최 이사는 K업체에서 나의 직속상사였다. 당시에는 과장인가 차장의 직급이었다. 나보다 어린 나이였고 학력이나 경력 또한 그리 내세울 만한 것이 못 되어 보였다. 그저 먹은 회사가 먹힌 회사의 직원을 지휘하기 위한 인사라고 생각했다. 다부진 체격에 커다란 눈이 인상적이었지만 업무를 진행함에 있어서는 별다른 점을 찾을 수 없었다. 눈이 크면 겁이 많다는 속설이 무색하게 최 이사는 제법 강단이 있었다.

시간이 지날수록 최 이사는 변신을 거듭했다. 실무의 요직을 두루 거치더니 드디어 회사의 경영에 참여하는 위치에 올라서 있었다. 그리고 지속적인 자기계발로 어느새 최고의 지식수준과 학위도 소유하고 있었다. 회사에서 승진을 하고 역할이 상승되는 일이야 어느 업체에서나 있는 일이지만 내가 최 이사를 모델로 삼았던 이유는 그가 뺀찌쟁이, 즉 현장 말단 기술직 출신이기 때문이다.

경비업체에서 뺀찌쟁이가 경영에 참여하는 일은 신라가 삼국을 통일한 것과 비교될 만큼 불가능한 꿈의 실현이기 때문이다.

뺀찌

'뺀찌'가 아무래도 표준어는 아닌 듯하여 알아보았더니, 영어 Pinch 또는 Pinchers의 일본식 발음에서 유래된 것이라 했다. 정식 명칭으로는 'Cutting Pliers'라고 나와 있다. 그리고 세종대왕께서 진노하실 일이지만 요즘 '거부'나 '거절'의 뜻으로 사용되는 용례도 소개되어 있다. 즉, 거부하는 것은 '뺀찌 놓는다'고 하고, 거부당하는 것은 '뺀찌 맞았다'고 한다는 설명이었다.

어느 쪽이든 뺀찌라는 말은 그리 아름답지도 권장할 만한 용어도 아닌 듯하다.

뺀찌쟁이

뺀찌라는 말에는 또 다른 의미가 있다.

공돌이, 잠바떼기 등과 더불어 기술직군, 즉 엔지니어들을 속되게 이르는 말로도 쓰인다. 기계경비업체에서도 기술직을 뺀찌, 또는 뺀찌쟁이라 부른다. 실제로 그들이 뺀찌를 사용하는 일이 많기는 하지만 그보다는 뺀찌라는 말의 강렬한 어감이 각별하게 다가오는 모양이었다. 그리고 공구로서의 의미와 거부나 거절의 의미도 경비업체 기술직의 실상과 동질성이 있어 보였다.

공구로서의 뺀찌는 우선 쓰임새가 많다. 주로 선을 자르거나 전선의 피복을 벗기는 등의 기본 용도 외에도 흉기(?) 등 여러 용도로 확장될 수 있다. 그래서 엔지니어들에겐 없어서는 안 될 중요한 도구가 된다. 하지만 폭 넓은 쓰임새에 비해 뺀찌는 그리 값나가는 물건이 아니다. 간혹 엔지니어들 중에는 명품 뺀찌를 고집한다지만 내 눈으로는 명품과 일반 제품의 차이를 구분할 수 없었다.

나는 어린 시절부터 공부에 소질이 없으니 기술이나 배우라는 소리를 많이 들어 왔다. 기술을 배우는 일이 책을 들추는 일보다 쉬워서가 아니라 특정분야에 대한 차별적인 기능을 소유하고 있으면 밥 굶는 일은 없으리라는 직업의 안정성 때문이었다.

실제로 고급 기술자들은 나라 사정이 어려울 때도 밥 굶는 일은 없어 보였다. 하지만 경비업체에서의 엔지니어는 그렇지도 않다.

경비업체 기술직들이 뺀찌라는 용어를 선호하는 데는 자신들의 처지와 닮은 면이 있어서다. 아무리 명품이라 하더라도 일단 뺀찌라는 물건은 파손되거나 날이 마모되면 고쳐 쓰는 일은 없다. 하자가 생기면 즉시 버려지고 신품으로 대체되는 것이 뺀찌의 운명인 것이다. 버려진 뺀찌는 그저 녹슬고 때 묻은 쇠붙이에 지나지 않는다. 그리고 뺀찌만의 고유한 용도도 제한적이다. 다시 말해서 뺀찌가 필요한 상황이라 해도 니퍼나 롱로우즈가 있다면 급한 대로 뺀찌의 역할을 대체할 수 있다. 경비업체 기술직의 역할도 경우에 따라서는 현장 출동요원이나 영업직으로 대신할 수 있는 부분이 많다.

기계경비의 발전은 경비장치의 발전이지 경비기법이나 기술운용의 발전은 아니었다. 경비장치의 발전에 비해 운용기법은 30년 전 이 땅에 처음 기계경비가 도입될 당시의 수준에 그대로 머물러 있다.

경비업체의 뺀찌쟁이들은 기술발전에 둔감했다. 전자와 통신의 발달을 등에 업고 있지만 하는 일은 30년 전이나 지금이나 전선을 자르거나 피복을 벗기는 일이었다.

그리고 경비업체 뺀찌쟁이들은 몇 가지 공통점이 있었다.

먼저 그들은 타 부서의 구성원들에 비해 그리 영악한 면을 보이지 않았다. 일신의 영달을 위해 셈을 한다거나 줄을 대기 위해 애쓰는 일도 없었다. 그저 묵묵히 주어진 일만 수행하는 소와 같은 미련한 면이 있었다. 그리고 몹쓸 전통이 고착화되어 있었다. 대가 없는 희생을 당연시하는 전통, 주로 정해진 업무시간을 초과하거나 휴일 혹은 야간에 이루어지는 업무에 대해서도 아무런 요구를 하지 못하는 벙어리가 되어야 하는 전통이었다.

기계경비업계의 기술직은 주로 낮은 수준의 통신공사를 하거나, 경비장치를 설치하고 사후관리하는 업무를 담당한다. 비록 고급 기술은 아니지만 전기를 다루거나 열악한 환경에서 작업해야 하기 때문에 위험이 따르기도 한다.

하지만 경비업무의 품질을 결정짓는 중요한 요소이기 때문에 언제나 긴장 속에서 작업이 진행된다. 업무량이 일정하지 않고 격무에 시달리는 일도 다반사다. 그런데도 엔지니어 고유의 업무에 다소 여유가 생기기라도 하면 영업활동이나 대처요원의 지원을 강요받는다.

경비업체만큼 이직이 빈번한 직종도 드물 것이다. 현장 출동직이나 관제요원과 마찬가지로 엔지니어들의 이직도 잦다. 주로 박봉을 면해 보고자, 또 불안한 장래를 예비하고자 고심한 선택들이었다. 경비업체를 떠난 엔지니어들은 CCTV 관련업으로 전향하는 경우가 많지만 그곳에서도 역할은 별반 다를 바가 없었다. 뺀찌는 자리를 옮겨도 뺀찌에 지나지 않았다.

경비업계에서는 뺀찌의 달인과 초보의 기술력 차이도 그리 커 보이지 않았다. 애환은 여기서 시작된 게 아닌가 싶다. 달인과 초보는 보수에 있어서도 차이가 없었다. 반면, 뺀찌 집단은 선후배 간의 위계질서가 엄격하고 의리를 강조하는 면이 있었다. 의리라는 것이 강조한다고 생겨지는 것인지는 모르겠지만. 그리고 그들은 몸으로 체득한 기술 외에는 학습을 게을리하는 집단적인 병폐가 있었다.

이러한 뺀찌쟁이의 환경 속에서 최 이사의 활약은 나에게 큰 자극이 되었다. 최 이사는 이제 내가 근접할 수 없는 거리에 가 있다. 그는 경비업계 뺀찌쟁이들 중 군계일학群鷄一鶴이었다.

뺀찌쟁이 김윤기

김윤기라는 걸출한 뺀찌쟁이가 있었다.

그때 나는 대학을 마치고 무작정 상경을 하여 여러 직업을 전전하던 시기였다. 마땅한 직업을 구하지 못해 다단계로 건강한 사람의 건강을 해치게 하는 건강보조식품 판매와 야간업소의 여성용 속옷과 가죽채찍 따위의 기구(?)를 팔러 다니며 한심한 세월을 보내고 있었다.

그러다가 어렵사리 얻은 일자리가 '나래시큐리티(주)'라는 신설 기계경비업체였다. 나래시큐리티는 당시 번성하던 나래 이동통신이라는 회사와 관련된 곳이었다. 비로소 내가 가족이나 친구들에게 명함을 꺼

낼 수 있는 회사였다.

당시 회사는 막강한 자금력으로 신규영업보다는 인수합병을 통해 사세를 확장하던 시기였다. 한 업체와 인수합병이 있었다. 그 업체의 고객과 함께 기술직원 일부도 합류되었고, 그 중에는 내가 지금까지도 각별히 사랑해마지 않는 뺀찌쟁이 김윤기도 포함되어 있었다.

김윤기는 나보다는 세 살 아래지만 이 바닥에선 이미 최고의 뺀찌니어 아니 엔지니어로 이름나 있었다.

회사는 창립 초기였기 때문에 행정이나 업무절차가 정비되지 않아 시행착오의 연속이었다. 어느 조직, 어느 구성원도 제 밥값을 하지 못하고 있었다. 하지만 기술팀만은 혼란이 없었다. 모든 업무는 김윤기로부터 시작되고 종료되었다.

기술 수준뿐만 아니라 김윤기는 후배들을 리드하는 데도 상당한 소질이 있었다. 그의 카리스마에 눌려 누구도 어설픈 수작을 걸지 못했다. 김윤기는 뺀찌쟁이들에겐 저만큼 높은 위치의 존재로 자리 잡고 있었다.

그는 매일 퇴근 무렵에 후배 엔지니어들에게 뺀찌학 개론에 대한 강의를 하고 있었다. 선진 뺀찌기법 소개와 실전 뺀찌질 필수 동작 등에 관한 내용이었다. 김윤기의 뺀찌학 강의는 내용의 충실도와 강의 기법에 있어서도 독보적이었다.

어느 날, 그가 뺀찌학 강의를 끝내고 휴게실에서 후배들과 담배를 나누고 있었다. 나는 그 즈음부터 김윤기와 가까이 지내야겠다고 마음먹고 있던 터였다.

그날 저녁 나는 술자리를 청했다. 이십 대 열혈청년 시절인지라 몇 순배의 술잔을 돌린 후 고온다습(?)한 업소에서의 한차례 질펀한 탈

선으로 우리는 절친이 될 수 있었다.

뺀찌를 당하지 않기 위해

김윤기는 다른 뺀찌들과는 확연한 차이가 있었다. 언제나 맹렬한 학습의욕을 불태우던 녀석이었다. 경비업무에 관한 기술력은 이미 경지에 올라 있었지만 부단히 학습의 영역을 넓혀 갔다.

그 후 10여 년의 세월이 지나자 비로소 김윤기의 학습은 효과가 나타났다. 같이 출발한 다른 뺀찌쟁이들은 여전히 전선을 자르고 피복을 까는 일에 머물러 있었지만 김윤기는 방송, 통신, 네트워크의 전문가가 되어 있었다. 더욱 두드러지는 차이는 이미 김윤기도 중산층의 반열에 올라 있다는 점이었다. 최 이사가 그랬던 것처럼.

경비업체는 어느 직군이나 박봉으로 인해 하층 서민의 삶을 면치 못하고 있다. 그래서 많은 사람들이 경비업계를 떠나거나 업계 내에서 새로운 역할을 모색하게 된다. 그럼에도 전선을 자르고 피복을 까는 일에 머물러 있는 뺀찌쟁이들은 여전히 한 발짝도 나아가지 못하고 있었다.

뺀찌쟁이들이 뺀찌를 당하는 일을 예비하기 위해서는 또 다른 최 이사와 김윤기의 탄생이 절실해 보인다.

경비업체 뺀찌쟁이들이 그렇다는 얘기다.

숭례문 화재

숭례문 화재를 이제 굳이 기억하려는 사람은 없을 것이다.

어느 노인이 토지 매입관련 보상에 대한 불만으로 불을 질렀다는 것이 보도된 화재의 원인이었다. 그 노인의 보상 요구가 과욕이었는지는 모를 일이다. 짐작컨대 그 노인도 자신의 손해를 상쇄하기 위해 법적, 행정적 절차를 먼저 시도했을 것이다. 그 과정에서 제법 진상이라는 소리도 들었을지도 모른다. 하지만 그 노인은 손해에 대한 만족할 만한 성과를 얻지 못했다. 그래서 숭례문 방화로 이어졌다고 한다.

물론 그 노인의 숭례문 방화를 옹호하는 것은 아니다. 단지 본인이 손해라 느꼈던 부분에 대해 행정적 절차를 밟아 뜻을 알렸으나 관철되지 못하였을 경우 어떠한 방편이 남아 있는지 궁금할 따름이다. 주면 주는 대로 받고, 닥치고 찌그러져 있어야만 하는지?

아마 나였더라면 중언의 여지없이 닥치고 찌그러져 있었겠지만….

화재 당시 숭례문이 불길에 무너지는 화면을 되풀이 보면서 나는 단지 '아깝다!'는 생각뿐이었다.

숭례문이 국보 1호라 배웠다. 국보 1호라는 것이 국가의 보물들 중에 제일 귀중하다는 의미는 아닐 것이다. 편의와 상징성을 위한 순서 매김일 것이다. 말하기 좋은 세상이다 보니 불길에 사라져 간 국보 1

호에 대해 저마다 한마디씩 거들었다. 어떤 이는 국화꽃을 바치기도 했고, 어떤 이는 제사상을 차리기도 했다. 모두가 사라진 국보 1호를 신실하게 사랑했기 때문에 비통함이 컸던 모양이었다. 나는 그저 아까웠을 뿐 그들처럼 분노하지도 슬퍼하지도 못했다.

오히려 오열하며 비통해 하는 사람들에게 슬쩍 물어보고 싶었다. 혹시, 고달사지부도가 국보 몇 호인지, 중원탑평리칠층석탑이 어디에 있는지는 알고 있는지?

국보 1호에 제단을 꾸리고 오열할 정도의 사람들이라면 다른 국보들에 대해서도 애정이 각별할 터이니 말이다.

비아냥거림이 아니라곤 말하지 못하겠지만, 나는 오열하고 제단을 꾸리는 그들이 존경스럽기도 했다. 그렇다면 그들은 대통령을, 서울시장을, 문화재청장을, 중구청장을, 소방서장을, 경비업체를… 비난할 자격이 있다.

방송에서는 소방관들에 대한 질타로 합창을 하고 있었다.

국보 1호의 화재를 진압했던 소방관들의 대처에 문제가 많았다는 지적이 대부분이었다. 초동 대처가 어쩌고, 사다리가 어쩌고, 기왓장을 뜯고 물을 뿌렸어야지, 아니 국보 1호 화재를 진압하는 소방관들이 국보의 구조도 모르고 도면도 갖추지 않았다고?

그리고 언젠가 유사한 상황에서 기왓장을 뜯고 물을 뿌리던 소방관을 슬쩍 끼워 넣은 장면도 연출했다.

아마 선진국에선 소방대원들이 도면을 지참하고 화재진압을 하는 모양이었다. 우리나라 소방관들도 숭례문의 구조나 도면을 지참했더라면 참사를 면했을 수도 있었을 텐데….

그런데 말이야, 건물 구조나 도면은 소방관들이 챙겨야 맞는 거야? 아니면 관리 주무부서에서 제공하는 것이 맞는 거야?

그런데도 방송은 며칠째 소방관들을 씹어 돌리고 지랄이었다. 총체적 부실이라고 떠들었지만 거기엔 소방관들은 제외되어야 마땅하다.

숭례문에서 불이 나자 속에서 천불이 난 사람은 또 있었다. 기계경비업체의 경비원들이다. 소방관을 씹어 돌리는 일이야 나와는 상관없는 일이지만, 경비원을 씹는 꼴을 보니 속이 거북해졌다.

기계경비의 업무가 명목상으로는 광범위하지만 주요 업무는 도난사고 방지와 그 사고의 확대 방지에 있다. 경비계약을 체결하고 도난이 발생하면 경비업체가 가입한 보험과 가입자가 부담한 소액보험 등에 의해 보상이 이루어진다. 물론, 경비업체에서 과실 없이 직무를 수행하였음에도 손해가 발생하면 소송이나 분쟁의 형태가 나타나기도 한다.

아무튼 숭례문 경비에 있어서도 주된 계약 내용도 도난 방지에 있었을 것이다. 즉, 누군가가 숭례문을 훔쳐가는 일에 대한 방어와 책임이 있는 것이다. 말장난처럼 들릴지도 모르겠지만 계약서에는 분명 그리 명시되어 있을 것이다.

그리고 이번처럼 화재가 난 경우는 어떨까?

화재는 어느 경비업체나 특약사항이다. 특약을 맺었다 하더라도 화재에 대해서는, 화재를 발견한 즉시 소방서에 신고하는 것이 경비업체의 책임한계다. 다시 말해서 숭례문에 불이 났다고 해서 경비원이 화재를 진압하거나 방화자를 체포하는 일은 경비원의 의무가 아닌 것이다. 그런데 왜 숭례문의 경비업체 직원들까지 비난을 받아야 하는지 이해할 수 없다.

숭례문 화재와 관련해서는 기계경비업체의 경비원은 어떠한 과실도 없었다. 누군가는 출동 소요시간을 문제 삼았다. 이게 좀 거북하긴 하지만, 경비업법상에 출동 소요시간에 대한 제한이나 규정은 없다. 그냥 빨리 가면 좋은 것이다. 내가 돌대가리에 가깝지만 내 밥벌이다 보니 경비업법과 시행령, 시행규칙은 다 외고 있으니 믿어도 된다(물론 시행규칙 한 귀퉁이에 25분 내로 판단할 수 있는 구절이 있긴 하다).

약 10분이 걸렸다. 10분은 경비원인 내가 보는 입장에선 늦었다고 볼 수 없다(그 말은 빨랐다고도 할 수 없는 아이러니가 있지만). 그래서 출동 소요시간에 대해서도 경비원은 과실이 없었다. 화재대응에 있어서도 과실은 없었다. 화재를 발견하면 소방서에 신고하면 되는데, 마침 시민제보를 받은 소방관들이 미리 와 있었기에 중복 신고는 무의미한 일이었다. 그런데 경비원들이 왜 도매금으로 비난을 받아야 하는가 말이다. 그들은 숭례문에 관해선 경비원으로서의 직무를 수행했었다. 숭례문을 누가 들고 간 것도 아니지 않은가? 그렇다고 영상CCTV 관련의 미숙에 대해서까지 옹호하는 것은 아니다.

나 동종업계 경비원이 이르노니, 최소한 숭례문의 경비를 담당했던 기계경비 업체의 출동요원과 관제요원은 그날 화재와 관련해서는 과실이 없었다. 그러니 그대들은 고개를 숙이지 말란 말이다.

김덕생과 부엉이 바위

김덕생

조선 태종 때의 일이다. 태종 이방원의 곁에는 김덕생이라는 걸출한 무장이 있었다. 그는 활을 잘 쏘는 명사수로서 왕실의 경호업무를 책임진 어영대장이었다.

어느 날, 태종이 경복궁 후원의 숲 속을 거닐고 있었는데 난데없이 표범(호랑이나 곰이었다는 설도 있다) 한 마리가 나타났다. 당시에는 인왕산과 북악산에도 표범이 있었던 모양이다. 김덕생은 동물적 감각을 발휘하여 독화살을 빼 들고 일시一矢에 표범을 명중시켰다. 위험에서 임금을 구해 낸 김덕생은 공신에게 내려주는 큰 상을 받아야 마땅했다. 그런데 김덕생은 화살을 날린 죄로 오히려 참혹한 죽임을 당하고 말았다. 아무리 선하고 정당한 목적일지라도 임금을 향해 활시위를 당긴 것은 대역무도한 죄에 해당된다는 이유에서였다. 김덕생의 이야기는 경호의 의전儀典을 설명하기 위해 자주 인용되고 있다.

노무현 대통령과 경호원

경비업계에 있어서 2008년과 2009년은 중대한 이슈가 발생한 해였다. 2008년에는 숭례문이 불에 타 무너져 내렸고, 2009년에는 전직 대통령의 서거가 있었다. 숭례문 화재는 이제 누구에게도 책임을 묻지 못한 채 잊혀지고 있다. 숭례문 화재와 관련하여 경비원을 비난하는 목소리에 대해서는 앞서 항변을 한 바 있다. 그러나 노무현 대통령의 서거에 대해서는 코멘트를 할 수가 없다.

노무현 대통령의 사고에 관해서 인터넷을 비롯한 여러 매체에서는 분분한 의견들을 쏟아내었다. 주로 경호원의 직무과실을 비판하는 기사였다. 심한 경우는 경호원을 범인으로 몰아가려는 억측도 있었다.

나는 이번 사고에 대해서 우리나라 경호학의 대부인 용인대학교 이상철 교수님의 의견을 들을 수 있었다. 이상철 교수님은 당시 노무현 대통령의 경호는 '실패한 경호'로 규정지었다. 또한 그 사고는 '불가항력'이었다는 의견을 피력했다.

당시의 경호원은 경호의 기본원칙을 위반한 것이 있었다. 경호업무를 수행하기 위해서는 각각 4가지의 일반원칙과 특별원칙이 있는데, 그 당시 경호원은 경호의 특별원칙 중 '자기 담당구역 책임의 원칙'과 '목표물 보존의 원칙'을 준수하지 않았다. 자기 담당구역 책임의 원칙이란 다른 구역에서 위급한 상황이 발생해도 자기 책임구역을 이탈해서는 안 된다는 원칙이다. 그것은 당시 비록 대통령의 지시가 있었더라도 경호원이 대통령의 곁을 떠난 것은 잘못이라는 비판을 야기했다.

그리고 목표물 보존의 원칙은 경호 대상자를 암살자 또는 위해를 가할 가능성이 있는 대상으로부터 멀리 떼어 놓아야 한다는 원칙이다. 즉, 경호원은 위험요소인 부엉이 바위에 대통령이 접근하지 못하도록 했어야 했다. 그리고 경호원은 부상당한 대통령에 대한 응급처

치에 있어서도 비난의 빌미를 제공했다.

강철중(영화 '공공의 적' 주인공)류의 경찰이 나오는 한국영화에는 비슷한 설정이 등장한다. 일개 교통경관이 경찰서장 혹은 그에 준하는 상급자에게 교통법규 위반을 단속하거나 과태료를 발부하는 설정이다. 그것은 영화에서만 가능한 일이지 현실에는 불가능한 일이다. 경찰청장에게 과태료 딱지를 발부하는 교통경찰이 있다면, 그자는 주어진 직무에 충실을 기하는 자가 아니라 미친놈이 되고 마는 것이 현실이다.

경호원에게 심부름을 다녀오라는 전직 대통령의 지시가 있었는데 자신의 직무를 이유로 그 지시를 거부하는 것이 현실적으로 가능한 일이었을까? 그리고 당시 노무현 대통령의 자살을 방지하는 경호의 방편은 없었을까? 근접경호를 담당하는 경호원이 1인 이상이었으면 가능했을지도 모른다. 결국 인력부족인 것이다. 인력은 곧 조직이고, 조직은 예산이며, 예산은 정책에서 비롯된다. 전직 대통령의 경호에 대해서 알아보니 경호 인력이 내가 예상했던 것보다 훨씬 소수였다.

전직 대통령의 경호에는 기본적으로 대통령을 근거리에서 수행하는 근접 경호요원이 있어야 하고, 숙소 경호를 담당하는 인력과 상황실 근무자와 야간근무 후의 휴무자로 편성된다. 내가 알기로는 당시 노 전 대통령의 경호인원은 그야말로 최소인원이었다. 그러니 대통령을 수행하는 근접경호에 있어서 복수의 경호원 배치는 애당초 가능한 일이 아니었다. 그렇다고 경호원을 더 늘리는 일도 고려할 수 없었다. 정책은 관례를 무시할 수 없다. 그간의 관례로 이 최소인원으로 전직 대통령의 경호에 무리가 없었고, 또한 수행경호 중 전직 대통령의 자살은 국내외적으로 사례가 없던 일이었기에 전직 대통령의 자살방지를 위한 프로그램을 기획하고 운영하지는 않았을 것이다.

물론 이러한 가상의 방비를 충분히 했다고 하더라도 노무현 대통령의 자살을 경호원이 방지하기는 어려웠을 것이다. 왜냐하면 어떤 사고를 방지하고자 하는 사람은 작심하고 이를 행하고자 하는 사람을 막을 수 없기 때문이다. 그래서 이상철 교수님도 이번의 경호 실패를 불가항력으로 보고자 한 것이다.

정치적인 견해를 떠나 나는 이번 사고를 돌아보며 노무현 대통령에게 깊은 존경을 보내게 되었다. 자살의 순간에도 경호원에게 업무지시를 내려 사고현장에서 이탈케 하였기 때문이다. 당시 근접경호원이 현장에 없었기 때문에 낯 뜨거운 가정도 가능하다.

'만일 경호원이 현장에 있었다면 초개와 같이 몸을 던져 대통령을 구했을 것'이라고.

노무현 대통령은 경호원에게 침묵할 수 있는 선물을 주고 떠났다. 당시에 경호원이 경호의 특별원칙을 준수하여 현장을 이탈하지 않았다 하더라도 노무현 대통령의 자살을 방지하지는 못했을 것이다. 그리고 목전에서 대통령을 보호하지 못한 경호원은 더 큰 비난을 면키 어려웠을 것이다. 노무현 대통령이 경호원에게 지시를 하여 현장을 이탈케 한 것은 경호원에게 피해를 주지 않으려는 인간적인 배려가 틀림없다. 그것이 그분의 인품이었다.

불가항력이라는 말은 업무에 있어서는 통용되지 않는 말이다. 때로는 과실이나 무능과 동의어가 되기도 한다. 불가항력은 결국 정책과 예산에 의한 인력부족에서 기인되었다. 나는 지금까지 예산부족과 인력부족이라는 말을 국가공무원을 조롱하는 용도로 자주 내뱉었다. 이제는 그 말로 조롱하기는 어렵게 되었다.

문상을 다녀와서

결근

"뭐야! 또 그 연놈들이 출근을 안 했다고? 이런 빌어 처먹을…."

아침 조회시간에 둘이나 결근했다는 보고를 받고 버럭 소리를 지르고 말았다. 또 김 대리와 미스 박이었다. 동료들은 한두 번 겪은 일이 아니었기에 시큰둥해 하면서도 이번에는 내가 그놈들에게 어떤 처분을 내릴 것인지가 궁금한 눈치들이었다. 개중에는 노골적으로 퇴사를 시키라고 나에게 압박을 가하는 놈도 있었다.

결근이야 어떤 조직에서나 있을 수 있는 일이라지만 우리 부서에서는 무엇보다 끔찍한 일이었다. 주야 맞교대로 24시간 연속근무가 이루어지는 업무구조라서 결근을 하게 되면 누군가는 그놈을 대신해서 쉬는 날에도 근무를 해야만 하기 때문이다.

나는 팀원들의 근태에 관해서는 엄중한 잣대를 들이댔지만 유독 근태불량의 정도가 심했던 두 사람만은 단죄하지 못하는 이중성을 보였다. 그놈들은 근태에 관해서는 아주 저질이었으나 일단 출근을 하면 밥값은 하는 놈들이었기에 내치기도 어려운 노릇이었다. 김 대리와 미스 박은 나의 위신을 갉아먹는 일등공신들이었다. 썩을 연놈들….

야간과 공휴일이 더 고달픈 직업 때문인지, 아니면 박봉이나 인간관계에 상처를 입은 탓인지는 모르겠지만 요즘 들어 유능한 인재들이 자꾸만 회사를 떠나갔다. 그에 반해 이 일을 직업으로 삼고자 하는 새로운 인물은 나타나지 않았다.

경비 실무자로 어느 정도 경력이 쌓이자 나에게 조직 관리자의 역할이 주어졌다. 실무자와 관리자의 역할이 판이한 것은 짐작하고 있었지만, 예상치 못한 일로 골머리를 앓게 되었다. 예상치 못한 일이란 신입직원을 채용하는 일이었다.

세상에는 청년실업이니 취업난이니 하는 말이 난무하지만 나는 일손을 구하지 못해 연일 죽을 맛이었다. 사정이 이러하여 당면한 프로젝트보다는 기존 직원의 단속과 신입직원의 채용에 온 정신을 쏟을 수밖에 없었다.

우리가 하는 일에 제대로 밥값을 하기 위해서는 최소한 반년 이상은 훈련과정을 거쳐야 한다. 이름이 개떡 같은 경비업이라 그렇지 결코 만만한 직업이 아닌 것이다.

신입직원의 채용도 괴로운 일이지만 숙련된 경력직원의 이탈은 더 큰 충격이었다. 경력직원이라고 해서 모두가 마음에 차는 것은 아니지만 업무를 연속하기 위해서는 마음에 차고 안 차고를 따질 처지가 아니었다. 내가 마음에 차지 않는 김 대리와 미스 박을 두고 전전긍긍하는 이유도 여기에 있는 것이다.

김 대리

김 대리는 무신경하고 무성의하며 무기력한 놈이었다. 그리고 참으로 한심하게 청춘을 허비하고 있던 놈이었다. 그렇다고 내가 그놈의 인생에 보탬이 될 것 같지는 않기에 '꿈은 이루어진다'라든가 '늦다고 생각할 때가 가장 빠른 때' 따위의 허튼소리가 튀어나올까 봐 늘 조심스러웠다.

김 대리에게는 한때 아티스트의 피가 흘렀다. 디자이너가 되기 위해 호주까지 가서 공부했던 유학파였다. 스펙으로 따지자면 경비업무를 하기에는 넘치는 조건이었다.

얼마 전까지만 해도 국가유공자인 아버지와 자상한 어머니, 그리고 여동생의 단출한 가족은 부족함이 없는 생활을 하고 있었다. 하지만 김 대리에게 시련이 찾아왔다. 몇 해 전 아버지가 고혈압으로 쓰러지신 것이다. 고혈압은 상식으로 알던 것보다 훨씬 무서운 병이었다. 중환자실에서 수차례 사경을 헤매더니 결국 아버지는 가족들을 남겨 두고 무심하게 떠나 버렸다.

그 후 김 대리는 심신이 메말라 갔다. 아버지의 오랜 투병생활로 주변은 온통 반 토막이 나 버렸다. 유복하던 살림이 반 토막 났고, 따사롭던 가족 간의 대화가 반 토막 났다. 그리고 김 대리의 얼굴에 가득하던 싱겁던 웃음마저 반 토막이 나 버렸다. 아버지가 늙고 병드는 일에 아들은 예비하고 있어야 함을 되새기게 했다. 그런데 얼마 지나지 않아 김 대리의 반 토막 난 웃음마저 완전히 소멸되어 버렸다.

어머니의 폐암 선고, 담배연기조차 질색하시던 어머니가 폐암 말기였다. 폐암은 담배와의 연상 작용밖에 할 수 없었던 내 아둔함을 비웃었다. 암세포는 엄청난 속도로 어머니의 온몸을 갉아먹었다. 삼단 같은 머리카락은 모두 사라졌고, 암세포가 뇌로 전이되자 치매가 찾아왔다. 결국 자신이 낳아 기른 남매조차 알아보지 못할 지경으로 병세는 악화되었다.

이제 김 대리에게 가족은 얼마 전 둘째를 출산한 여동생밖에 없었다. 여동생은 몸조리와 육아 때문에 어머니의 곁을 지킬 수가 없었다. 간병은 김 대리가 맡아야 했다. 조카의 탄생과 어머니를 보내드려야 하는 날을 기다려야 하는 잔인한 감정의 교차가 있었다. 긴 병치레에 효자 없다는 말이 있듯이 때론 여동생과 역할분담에 황금비율을 찾지 못해 의식 없는 어머니를 뉘어 놓고 언쟁도 있었다.

김 대리는 제대로 출근을 할 수가 없었다. 하지만 개떡 같은 경비업은 언제나 일정한 머릿수를 필요로 하는 일이었다. 김 대리의 잦은 결근이 두 달을 넘기자 동료들은 불평을 하기 시작했다. 그들도 김 대리의 사정을 모르는 바는 아니었지만 사람의 마음이란 쉬이 변하는 속성이 있었다. 나 역시 마찬가지였다. 동료들의 불평을 나무라며 버티고 있었지만 시간이 더 길어지면 어쩌나 하고 내심 고민이 깊었다.

유난히 볕이 좋던 날, 기어이 어머니마저 떠나셨다.

문상을 갔더니 이 녀석이 어머니를 보내고 실성을 했는지 자꾸 껄껄 소리 내어 웃다가 금세 눈가가 붉어지기를 반복했다. 아버지로 인해 반 토막 난 살림마저 날아가고 빚만 늘었다며 또 헛웃음을 지었다. 한 집안의 풍비박산은 짧은 순간이었다.

상주가 된 김 대리와 맞절을 하고 돌아오는 길이었다. 김 대리의 슬픔은 김 대리의 몫으로 돌렸다. 나는 더 이상 김 대리 대신 다른 사람을 채용해야 하나로 고민하지 않아도 된다는 사실에 안도했다. 문상을 마치고 돌아서는 발걸음이 가벼웠다. 나란 놈도 참 어지간히 역겨운 족속이었다.

미스 박

물론 사무실에선 미스 박이라 하지 않고 그녀의 이름을 부른다. 언제나 잠이 부족한 듯 충혈된 눈에 두꺼운 화장, 속살이 훤히 들여다보이는 난감한 차림새, 그리고 내 앞을 지나갈 때마다 화장품 냄새를 뚫고 나오는 진한 니코틴의 향기. 동료들은 미스 박을 두고 투잡 여성이 아닐까 하며 수군거렸다. 나도 언젠가는 미스 박을 단골집에서 만나게 될 것만 같은 생각이 들기도 했다.

개떡 같은 경비업무에는 여자와 어린아이 그리고 늙은이를 필요로 하지 않는다. 그런데 미스 박이 경력사원으로 입사를 했다. 미스 박은 여고시절 학교방송 아나운서를 한 경험이 있어서 무전기 사용에도 특별한 감각이 있었다. 그리고 고객응대에 있어서도 탁월한 소질을 발휘했다. 소도둑 같은 남자들만의 집단에 미스 박의 등장은 사건이었다. 무전기를 통해 미스 박의 목소리가 들리면 현장의 대원들은 환호했다. 하지만 요년도 김 대리에 버금가는 근태불량이었다. 미스 박 역시 나에겐 골치 아픈 놈이었다. 한 번만 더 근태문제로 주목을 받게 된다면 내치고 말겠다고 마음먹고 있었다. 김 대리와 마찬가지로 결근하는 데 있어는 달리 이유도 없었고 사전통지나 양해를 구하는 싹수도 없었다.

미스 박은 엄마, 언니와 함께 여자들만 셋인 가족이었다. 아버지는 40대의 나이에 사업에 실패한 충격으로 쓰러졌다. 그리고 끝내 재기하지 못했다. 술로 세월을 보내셨던 아버지의 심신은 황폐해져 있었고 당시에는 지병으로 요양원에 있었다. 세 여자는 아버지를 다시 일으키기 위해서 고군분투했었다. 엄마와 언니는 일찌감치 아버지를 대신해서 세상과 부대껴야 했고 미스 박도 고등학교 때부터 생업을 분담해야 했지만 세 여자의 정성과 눈물에도 불구하고 아버지의 병세는 좀처럼 나아지지 않았다.

김 대리의 어머니가 떠나신 뒤 한 달이 지나지 않아 미스 박의 아버지도 세상을 떠나셨다. 회사 동료들과 문상을 갔더니 미스 박은 아버지의 영정사진을 바라보며 서럽게 울고 있었다. 아들이 없는 데다 친척 중에서도 남자가 귀해서 문상객들도 대부분 여자들이었다. 집안에 남자가 필요한 이유는 여기에도 있었다. 빈소에 사내가 없는 풍경은 그리 볼 만한 것이 못되었다. 다행히 함께 문상을 간 회사의 동료들은 경비업체 직원들답게 모두 건장한 사내들이었다. 소복차림의 여인들 사이에 들이닥친 불한당 같은 시커먼 사내들이 그때처럼 보기 좋았던 적이 없었다. 눈물을 흘리며 시커먼 사내들의 방문에 일일이 손을 잡아주던 미스 박의 어머니를 보니 마음이 저려 왔다. 문상을 마치고 돌아오는 길에 다시 발걸음이 가벼웠다. 김 대리와 같은 이유에서였다. 역시 나는 역겨운 놈이었다.

김 대리나 미스 박에게 결근의 직접적인 이유가 소멸되었음에도 두 사람의 출근 성적은 나아지지 않았다. 나는 결국 둘은 내쳐야 했다. 퇴사를 시켰더라도 일손이 딸리면 제일 먼저 아쉬워지는 놈들이 그놈들이었기에 재입사도 코미디처럼 반복되었다. 더러운 것이 정情인지 경비업무가 빌어먹을 짓인지….

고객님과 고객놈

고객놈 1

— 감사합니다. 고객님! ○○시큐리티 관제팀 박순희입니다. 무엇을 도와….

"야! 이런 ×××아! 여기 카드 먹었어, 빨리 와봐!"

(번역 : 여보세요? 이런 짝짓기 할 여인아! 여기 현금지급기에 카드가 걸렸어요. 빨리 좀 와주세요.)

— 네, 고객님 카드가 걸리셨어요? 곧 처리해 드릴 터이니 10분만 기다려 주십시오.

"뭐? 10분, 이 좀마난 것들이 장난하나. 나 바쁜 사람이야! 30초 내로 튀어와!"

(번역 : 뭐라고요? 이런 고추처럼 앙증맞은 사람들을 봤나. 내가 몹시 바빠서 그러니 빨리 좀 와 주시오.)

— 네 고객님, 죄송합니다만 저희는 은행이 아니라 장애처리 업무를 대행하는 곳이라 이동하는 데 10분 정도 소요될 것 같습니다. 잠시만 기다려 주십시오.

"야! 조까는 소리 말고 30초 안에 오란 말이야!"

(번역 : 고추 껍질 뒤집는 소리 마시고 빨리 좀 와 주세요.)

— 불편을 드려 죄송합니다. 최대한 신속히 이동하여 조치해 드리….

"이 ×××아, 사장 바꿔! 빨리 오라면 올 것이지 뭔 말이 많아 썅!"

— 불편을 끼쳐 드려 죄송합니다. 고객님 그러시면….

"이 ×××, 말 존나게 많네. 아니 은행장 당장 나오라고 해! 가만 여기 본점 번호가 있구나. 딸그락!"

(번역 : 여인께서는 성별이 바뀔 만큼 말씀이 많으시군요. 은행장을 불러 주시오.)

잠시 후,

"여보세요! 여기 ○○은행 본점인데요. 역삼동 지점에서 고객 불만이 접수되었습니다. 내용을 알고 계신가요?"

— 아, 네, 그 고객께서 카드 걸림으로 출동 요청이 있었는데요. 상당히 급한 성격이셨습니다. 저희 직원이 10분 정도 소요되어 현장에 갔지만 고객께서는 계시지 않아 카드를 은행에 보관조치했습니다.

"그건, 그렇고요. 하여튼 고객께서는 경비원의 불친절 응대로 인해 불만을 제기하셨습니다."

— 불친절 응대라니요? 그런 일 없습니다. 필요하시다면 통화내용 녹취물을 보내드릴까요?"

"아니요, 필요 없습니다. 하여튼 고객 불만이 접수되었으니 담당자와 책임자의 경위서, 그리고 회사의 금융권 책임자를 내일 오전까지 저희 은행 본점으로 보내주시기 바랍니다. 그리고 그 고객께서는 현재 서울역에 계신답니다. 그곳으로 카드를 전달해 주십시오."

— 카드 걸림은 고객이 현장에 없을 경우 은행 측에 보관조치하는 것이 원칙이 아닌가요?

"하여튼 고객에게 카드를 전달해 주세요."

— 곤란합니다. 그건 저희 업무 범위를 벗어나는 부분입니다.

"정말 이렇게 나올 겁니까?"

— 네?

또 잠시 후,

"나, 부사장인데 관제팀장 바꿔 봐!"

— 네 관제팀장입니다. 부사장님.

"○○은행에서 무슨 일이 있었나?"

— 네? 아 네, 조금 전에 고객과 은행 측에서 무리한 요구가 있어서 거절한 내용이 있습니다.

"자네 정신이 있는 사람인가? 은행에서 하라면 해야지 거절이라니?"

— 네, 하지만 그것은….

"딸그락!"

또 잠시 후,

"나 본부장인데 관제팀장 바꿔!"

— 네, 관제팀장입니다.

"금방 부사장한테 한 소리 들었잖아. 무슨 일을 그 따위로 해!"

— 시발롬….

고객놈 2

"야! 해롱해롱 어쩌고 딸꾹! 저쩌고 카드… 딸꾹! 에이 18, 꺼억!"

— 네, 고객님, ○○지점이시군요. 카드가 걸리셨어요?

"야! 내가 누군 줄 알아? 딸꾹! 법이 어쩌고 해롱해롱 판사가 어쩌고 검사가 어쩌고 딸꾹!"

— 불편을 끼쳐 드려 죄송합니다. 10분만 기다려 주십시오. 금방 처리해 드리겠습니다.

목소리로 보아 술이 아주 떡이 된 고객이었다. 간간이 해독되는 낱말들을 조합해 보니 ATM기 이용 중에 역시 카드가 걸린 상황이었고, 직업은 판사인지 검사인지 하여튼 법조계에 종사하는 사람으로 보였다.

나는 주로 사람의 얼굴은 대면하지 않고 신호와 전화로만 고객응대를 담당하다 보니 여러 부류의 통화 매너를 가진 사람들을 접할 수 있었다. 하지만 이 고객이 구사하는 욕은 범상치 않았다. 한마디 한마디가 나의 심장을 찌르는 느낌이었다. 끊임없이 저주를 퍼부으며 욕을 하고 있었다. 현장에 있었다면 그 고객의 아가리에다 가스총을 쏴 버렸을 것이다.

10분이 지나서 현장에 출동대원이 도착했다는 보고가 접수되었다. 고객님은 출동대원에게도 거침없는 저주와 욕을 퍼 부은 모양이다. 다시 10분이 지나서 무전이 날아왔다.

"팀장님, 저 이 새끼 죽여 버리고 싶은데 어쩌죠?"

모두가 듣는 무전 교신 내용으론 매우 부적절한 말이었다.

— 강남 1호, 흥분하지 마라. 대체 무슨 일인가?

술이 떡이 된 그 법조계에 종사하시는 고객은 카드가 걸렸다고 하였으나 현장에 설치된 ATM기는 카드 삽입식 기기가 아니라 카드를 위에서 아래로 긁어 내리는 형식의 기기였다. 그러니 카드가 걸리고 자시고 할 것도 없었고 카드는 그 고객의 손에 쥐어져 있었다. 그러면서도 그 고객은 근무자에게 사과는커녕 오히려 더욱 거세게 저주를 퍼붓고 있다고 했다. 나는 무전기 버튼을 누르는 손가락에 힘이 들어갔다.

— 강남 1호! 그 새끼 아가리를 찢어 버려!

그랜드개년

"거기 경비회사지? 여기 아무개 사장님 댁인데 말이야."

— 네, 사모님. 무슨 일이십니까?

"응, 우리가 내일부터 한 열흘 해외여행을 떠나거든."

— 아, 그러세요. 그러면 문단속 잘 하시고 경비장치 정확히 작동하시고요, 혹시 부재중에 무슨 일이 생기면 연락드릴 연락처를 남겨 주십시오.

"아, 그런 건 필요 없고, 우리가 집 비우는 동안 아침저녁으로 신문이랑 우편물, 그리고 우유배달 온 거 좀 와서 치워 줘, 알았지?

— '이런 그랜드개년 같으니….' 네 알겠습니다.

하지만 이런 일은 간혹 있는 일이다.

"그리고 말이야, 마당에 우리 복실이 말이야."

복실이는 그 집 마당에서 키우는 개 이름이었다. 위세가 높은 고객님의 강아지 이름까지 파악하고 있어야 한다.

"하루에 두 번씩 와서 복실이 사료 좀 주고 가라, 알았지?"

— 네? 사모님, 저흰 그런 일은 해드릴 수 없습니다.

"뭐야? 오후 두 시까지 너희 사장 우리 집으로 오라고 해!"

회선장애

크리스마스캐럴이 들려오던 오후에 우체부가 왔다. 카드나 연하장이 올 리는 없으니 필시 각종 공과금을 기한 내로 납부하라는 지엄한 명령서려니 했는데 뜻밖에도 책이 든 소포를 건네주고 갔다.

정제호 선생의 '아빠, 죽으면 때릴 거야'라는 산문집이었다. 선생과는 실용오디오의 게시판을 통해 알게 되어 이번에 출판된 책을 보내주신 것이었다.

나는 책 읽기에 집중력이나 민첩성이 모자라는 편이다. 정독을 하는 것도 아닌데 단편소설 하나에도 여러 날이 걸린다. 하지만 선생의 책은 단숨에 읽혔다. 소아천식으로 고생하는 큰아이와 어린 둘째의 간병과 육아를 맡으며 생긴 일상들을 소개하고 있었다.

책장을 잠시 덮고 라이터 불을 댕겼다. 좋은 아버지가 되리라는 구절에서는 책장을 덮었다 펼치길 반복했다. 나에게도 좋은 아버지의 기억이 있는가를 되짚어 보게 했다.

자주 탈이 나는 큰아이를 바라보는 마음과 꼬맹이의 성장 이야기를 읽으면서 그 아이들은 참 복되구나 하는 생각이 들었다. 아이들이 자라서 숨결로만 느끼던 아버지의 사랑이 활자로 다가올 때면 부녀간의 묵은 정은 더없이 향기로울 것이다.

'자식 이기는 부모 없다'는 말은 나에겐 허튼소리에 불과했다. 언제나 내가 먼저 단념한 탓인지 아니면 이길 힘이 모자랐는지 아버지는 내게 져주는 일이 없었다.

나도 초등학교에 입학하기 전까지는 아버지를 아빠라고 불렀다. 아빠는 다른 아이들과 마찬가지로 세상에서 제일 힘세고 나를 사랑하는 존재였다. 하지만 아버지라고 부르면서부터 결코 닮고 싶지 않은 대상으로 변했다.

아빠는 아들에게 무엇이든 이루어 주었지만, 아버지는 아들이 이루려 하는 모든 일을 가로막았다. 아버지가 원하는 대로 성장했고, 아버지의 뜻이라면 따라야 했다. 아버지와 내가 바라보는 방향은 언제나 반대편이었다.

지금은 세상을 떠난 아버지에 대해서 미사여구로 포장하지는 못할망정 불편한 기억을 반추하는 일은 괴롭다. 하지만 변하지 않는 생각은 나에게 그리 좋은 아버지가 아니었다는 사실이다. 그래서 나는 기필코 좋은 아버지가 되거나, 좋은 아버지가 될 자신이 생기지 않는다면 내 삶에서 아버지라는 역할은 갖지 않으리라 마음먹었다.

아버지와 내가 끝내 불편한 관계를 해소하지 못했던 이유는 서로 소통할 수 없었기 때문이다. 아버지와의 커뮤니케이션은 한쪽 방향으로만 흘렀다. 상대의 소리는 서로 듣지 못하는 고장난 구조였다. 자식 이기는 부모 없다는 말이 사실이라면 아버지가 나에게 져야만 했다.

엄마라는 보조 소통장치가 있었지만 아버지의 고집을 다스리기에는 역부족이었다. 소통불가에는 상대방도 절반의 책임이 있다고 볼 수 있지만 나는 전적으로 아버지의 방식을 재고했어야 한다는 생각을 버릴 수 없다.

불행하게도 아버지의 소통방식이 내게도 전이되어 있었다.

그 덕에 귀한 사람을 놓친 상처를 입었다. 깊은 인연이었지만 결국 나의 미련함으로 등을 돌리게 된 사나이가 있다. 언젠가는 반드시 관계를 회복해야 할 사람이다. 사람과의 소통은 쌍방향으로 이어야 한다. 소통의 부재가 길어지면 상처만 커질 뿐이다.

어느 대학교에 모 은행에서 설치한 ATM(자동입출금기)이 설치되어 있었다. 그 ATM의 경비를 우리 회사가 담당하고 있었다. ATM의 경비는 도난방지 등의 방범업무와 ATM을 사용할 때 발생하는 제반 장애현상을 처리하는 일이었다.

어느 날 그 ATM에 설치된 단말기와 관제센터 간의 통신이 끊어졌다 이어지기를 반복했다. 관제요원은 즉시 해당지역 대처요원에게 확인시켰지만 특기사항이 없다고 했다. 그 후로도 통신의 불안정은 계속되었고 수차례 반복 출동을 하였지만 특이한 점은 없었다. 끝내 통신이상 신호는 멈추지 않아 대처요원에게 주기적인 순찰지시만 하고 더 이상의 조치는 하지 않았다. 다음날 낮에 기술요원에게 의뢰할 생각이었다.

하지만 그때 더 이상 경비원이 출동하지 않는 것을 확인한 도둑은 과감하게 ATM을 절취하고 달아났다. 나의 경비생활 중 최악의 사고였다. 과정이야 어찌되었건 결과는 근무자의 과실이었다.

은행권에서 사고가 발생하자 가장 먼저 나타난 것은 기자들이었다. 그들은 굶주린 하이에나같이 달려들어 카메라와 마이크를 경비원에게 들이대었다. 회사는 발칵 뒤집혔다. 담당 근무자는 징계를 받아야 했고, 회사는 사고가 발생한 은행과는 경비용역 계약이 파기되는 엄청난 데미지를 입었다.

기계경비는 전자와 통신의 발달과 함께 발전해 왔다. 우리나라의 전자기술은 삼성이나 LG라는 이름만으로도 이미 국제적으로 공인된 수준이고, 통신 인프라 역시 세계 최고를 자랑한다. 따라서 우리나라의 기계경비는 세계적인 수준에 근접해 있다. 물론 세콤이나 캡스 등의 유명상호에만 해당하는 일이긴 하지만.

계약 상대방과 경비업체 간의 소통은 통신매체로 이루어진다. 계약 상대방에서 발생한 이상 정보는 통신매체를 통하여 경비업체의 관제센터로 전송된다.

이러한 통신매체는 초기에는 전적으로 일반 전화회선에 의존했으나 지금은 전용회선, 무선망, 인터넷, CATV망 등으로 다양해졌다. 설치도 간편하면서 저렴한 전화회선에는 치명적인 약점을 지니고 있다. 그것은 전화회선이 끊어지거나 통신의 장애가 발생해도 경비업체에서는 그 사실을 즉시 인지하기 어렵다는 점이다.

도둑이 들어왔는데 그 사실을 즉시 인지하지 못한다는 것은 경비업체로서는 치명적이다. 그래서 요즘은 비용이 더 발생하더라도 전용회선이나 CDMA, 인터넷회선 등으로 대체하고 있다.

나는 기계경비업체의 관제센터에서 꽤 오랫동안 일했다. 관제센터에서는 시시각각으로 접수되는 이상신호와 고객들의 요청사항을 처리한다. 모든 이상신호에 대해 소홀히 할 수 없는 것이지만 그 중에서도 우선순위가 있기 마련이다.

먼저, 업종별로는 은행에 우선순위를 두고 있다. 아무래도 은행에서 사고가 발생하면 해당 은행이나 경비업체가 입을 피해가 엄청나게 크기 때문이다. 다음으로 일반 가정집에서 발생되는 비상벨이나 의료구급 신호에 순위를 둔다. 그 다음이 금은방 및 다량의 현금 취급소, 그리고 사고 이력이 있었던 가입자의 순으로 우선순위가 매겨진다.

하지만 최우선 순위의 신호는 따로 있다. 그것은 '회선장애'나 '통신이상' 또는 '단선' 등으로 표현되는 통신장애를 알리는 신호이다.

은행에 강도가 침입한 경우나 고관대작의 집에서 인질극이 벌어지는 경우보다도 더욱 피 말리는 신호가 바로 '회선장애'다. 칼부림을 확인한 경우보다 현장에서 도대체 무슨 일이 벌어지고 있는지 알 수 없는 상태가 우리에겐 최상급 비상사태에 해당한다. 현장에서 아무런 신호도 아무런 소식도 들려오지 않는 상태, 그것은 카오스에 다름 아니다. 무소식이 희소식이라는 말은 기계경비업체에선 칼 맞을 소리다.

소통은 사람 간이나 경비업체에서나 쌍방향으로 이루어져야 한다. 나는 웬만한 회선장애는 직접 해결할 수 있다. 하지만 회선장애의 능숙한 처리에 비해 사람과의 소통에는 여전히 미숙하다. 아버지와는 끝내 소통을 이루지 못했다. 그리고 소중한 인연을 잃는 어리석음도 반복하고 있다.

회선장애를 경비업계에서는 '먹통'이라고도 부른다. 내가 장기간 먹통상태로 방치하고 있는 그 사나이가 다시 생각난다. 인간관계가 먹통이 되면 처절한 후회가 동반된다. 회선장애나 소통장애는 빠른 시일 내에 복구를 시켜야 한다. 먹통상태가 길어질수록 상처는 깊이 남는다. 그 사나이를 생각하니 무소식이 희소식이라는 말을 쪽지에 적어 두고 외던 요절처럼 믿고 싶어진다.

말뚝 박느니 자살한다

격세지감

> 님하! 나를 꾹 뽀봐 주3 ㅎㅎ
> 님하! 월급은 마니 주3 ㅋㅋ
> 떨어지면 대략 난감!
> 즐~

초등학생들이 주고받은 문자메시지가 아니다. 사원모집 공고에 어느 지원자가 제출한 자기소개서의 전문全文이다. 요즘은 이런 꼬락서니의 자기소개를 흔히 볼 수 있다.

과거에도 취업이 쉬웠던 때는 없었겠지만 요즘 구직자들은 낙타의 바늘구멍을 통과하기가 더욱 어려워졌다고 절규하고 있다. 하지만 경비업체에서는 청년실업이나 취업난이란 말은 통 알아먹을 수 없는 외계의 언어에 불과하다.

신입사원 면접이 있는 날이었다.

군대에서 중사로 복무하다가 갓 전역한 지원자가 들어왔다.

"요즘은 군대에서 중사로 있으면 먹고 살만 하지 않나요?"

— 그렇습니다.

"그런데 왜 전역을 하셨죠?"

— 밀렸습니다.

"네?"

— 요즘은 군에 말뚝 박으려는 병사가 너무 많아서 하사관도 경쟁이 치열합니다. 저는 경쟁에 밀려서 원치 않는 전역을 하게 되었습니다.

격세지감이었다. 나의 군대시절만 해도 '말뚝 박느니 자살한다'고들 했는데 지금은 많이 달라진 모양이다. 그 지원자는 면접이 진행되는 동안 군인정신이란 말을 몇 번이고 들먹이며 무슨 일이든 잘 해낼 각오가 되어 있다며 연신 비장한 표정을 지어 보였다. 그는 채용이 되었고 이튿날부터 출근을 하게 되었다.

출근 첫날은 가볍게 경비원의 업무에 대한 소개로 하루 일과를 마쳤다. 그런데 그 다음날은 출근하지 않았다. 전화로 어찌 출근을 않느냐고 물었다. 그는 근무시간 내내 근무를 해야 하는 직장은 다닐 수 없다며 취업을 포기한다고 답했다.

나로서는 일찍 포기를 결심해 줘서 다행이고 전화를 받아 줘서 고마울 따름이었다. 바로 포기하지 않고 몇 개월 근무하다가 업무를 분배할 만하면 퇴사하는 얄미운 놈들을 많이 보아 왔기 때문이다.

대부분의 지원자들은 경비원이라 하여 종일 경비실에 앉아 시간만 보내면 되는 줄로 알고 있었다. 그리고 그들이 원하는 직장은 근무시간 중에도 일이 없거나 일을 하지 않는 곳을 찾고 있었다.

여직원을 채용할 경우에는 좀 더 곤란한 경우가 많았다. 그녀들에게 직장은 오전에 메신저로 시간을 보내고 두 시간에 걸쳐 점심식사를 한 뒤, 오후에는 미니홈피를 꾸미다가 퇴근하는 곳이었다. 회사에서 필요한 업무를 맡기면 이튿날부터 나오지 않는 일이 흔했다.

면접

언제부터인가 관제센터에서 근무할 신입사원을 채용하는 일이 나의 중요한 일과가 되어 버렸다. 관제요원의 업무는 머릿수와 체력에 대한 의존도가 높은 데다 모니터링, 고객응대, 각종 보안 기기나 무전기 등의 사용량이 많은 일이다. 여자와 어린아이 그리고 서른 넘긴 사람들에겐 아무래도 버거운 일이다. 그래서 주로 이십 대의 젊은 남자들을 원하지만 그들은 이런 일을 하려 들지 않았다.

아침에 일어나니 입술이 터져 있었다. 누구에게 맞아서가 아니라 입술 주변에 물집이 터져 딱지가 앉는 증상이었다. 입술이 터지는 일은 보통 피로나 스트레스에 원인이 있는 법이다. 나의 스트레스의 요인은 언제나 통장의 잔고와 마누라의 잔소리였는데 지금은 부서의 인력부족이 대신하고 있다.

인터넷에는 사시사철 관제요원을 모집한다는 구인광고가 떠 있다. 관제센터는 인원이 스무 명이 넘을 정도로 상당히 많은 편이지만 그만큼 입사와 퇴사가 빈번하다.

가지 많은 나무 바람 잘 날 없다더니 한 부서에 스무 명이 넘는 인원이 우글거리다 보니 하루도 순탄하게 지나가는 일이 없었다. 업무상의 과실은 다반사고 결혼식, 돌잔치, 부고 등 경조사도 끊일 날이 없다. 그리고 그들 중에는 마음에 차지 않는 녀석들도 있지만 업무능력은 짬밥과 경험에 정비례하는 관계로 내치기도 어려운 현실이다.

채용사이트에 올라온 지원자를 검토하고 있었다. 20대 남자를 원한다고 게시하였으나 지원자의 대부분은 중년의 아저씨들이었다. 성별과 나이, 그리고 이력서에 사진첨부 여부로만 면접 대상자를 정하려 해도 몇 명 남지 않았다. 그만큼 채용사이트의 공해가 심한 것이다.

최소한의 조건을 갖춘 지원자에게 면접통보를 위해 전화를 걸었다.

"○○○씨! 서류전형에 통과되셨습니다. 모월 모일 모처에서 면접이 있습니다."

— 그날은 안 돼요!

"그러면 언제가 괜찮으시겠습니까?"

— 뭐, 시간 나면 한번 들러 볼게요.

"……."

요즘은 학교에서 예절이라는 것은 아예 가르치지 않는 모양이다. 그리고 면접의 풍경도 가관이다. 면접관이 지원자를 면접하는 것인지 지원자가 면접관을 면접하는지 헷갈릴 지경이었다.

"간단한 자기소개를 부탁드립니다."

— 아, 그건 됐고요. 월급이 얼마죠?

"얼마를 원하십니까?"

— 저는 최소한 월 200은 되어야 합니다.

"저흰 신입사원에게 그 정도는 지급하지 않습니다. 모집공고에 밝혔듯이…."

— 아, 그럼 이만 가보겠습니다.

"……."

펑클

독하게 추웠던 어느 겨울 아침에 전화벨이 울렸다.

"여보세요. 관제팀장님 좀 부탁드립니다."

아름다운 목소리를 가진 여인이었다.

— 네, 제가 관제팀장입니다만….

"그러세요? 저 면접 좀 보려고 하는데요, 어디로 가면 되죠?"

— 네? 저흰 여직원 채용계획은 없는데요? 그리고 면접은 우선 구인 사이트에 서류를 등록하시면 저희가 검토 후 대상자에게 연락을 주고 있습니다.

"알고 있어요. 하지만 지금 제가 회사 근처에 와 있거든요. 면접 좀 보게 해 주세요."

— 아니, 입사지원서도 넣지 않으시고 면접 연락도 드리지 않았는데 회사로 찾아오셨다고요?

"네, 그리고 지금 밖에서 너무 떨어서 추워 죽겠거든요. 빨리 위치나 좀 알려 주세요!"

— 네? '또라이닷!'

그 여자는 면접 대상으로는 어떠한 조건도 갖추지 못하였고 통화만으로도 다분히 독특한 정신세계의 소유자란 걸 직감했다. 그러나 단지 여자라는 이유만으로 만나보기로 했다.

— 추운 날 고생이 많으시군요. 자 그럼 시작해 볼까요? 성함이….

“핑클입니다.” (실은 여성그룹 핑클의 한 멤버와 이름이 같았다.)

— 이름은 같은데 얼굴은 많이 다르군요. 허허.

“네, 제가 좀 더 예쁘지요. 하하.”

— ‘또라이 맞네!’ 우리 회사가 어떤 일을 하는 곳인지는 알고 오셨습니까?

“아뇨!”

— ‘그럼, 그렇지 또라이가 뭘…’ 상당히 어려 보이시는데 금년에….

얼핏 보기에도 그녀는 중학생으로 보였다.

“서른다섯입니다.”

— 깜짝! 그럼 이전에는 어떤 일을 하셨습니까?

“네, 얼마 전까지 호프집을 경영했었고, 그전에 홍대 앞에서 빠를 운영하기도 했고요, 인터넷 쇼핑몰도 창업했다가 접었고요.”

— ‘미쳤잖아!’ 아니, 사업가 출신이 왜 이런 저임금 단순 노무에 지원을 했나요?

“사료값 벌려고요.”

— 네?

“네, 제가 개를 다섯 마리 키우고 있는데요. 요새는 수입이 없어서요. 하여튼, 개 사료값 때문에 취직하려고요.”

대화 중에 그녀는 또라이와 미친년의 경계를 쉴 새 없이 넘나들고 있었다. 얼른 대화를 끝내고 돌려보내야 할 텐데….

— 자, 장시간 수고하셨습니다. 저희가 검토 후에 연락을 드리도록 하겠습니다. 이제 돌아가셔도 됩니다.

“안 됩니다.”

계약과 해약

범죄의 기술이 발전함에 따라 경비기법도 발전하게 된다. 하지만 순서는 분명히 정해져 있다. 언제나 창이 먼저이고 방패가 나중인 것이다. 경비원 세계에는 모순矛盾이 성립하지 않는다.

기계경비 분야에서는 나는 꽤 유능한 경비원이다. 믿거나 말거나. 유능한 경비원은 경우에 따라서는 유능한 절도범도 될 수 있다. 나는 당장이라도 집 앞에 있는 은행을 털 수 있는 방법을 32가지나 알고 있다. 빈곤의 칼날이 목구멍을 향해 돌진할 때마다 그 방법들 중 한 가지를 시험해 보고 싶은 충동에 사로잡힌다. 하지만 인내하고 포기할 수밖에 없는 이유 또한 내가 경비원이기 때문이다.

한때 역종, 즉 병역의 구분을 현역과 방위(보충역)로 나눈 적이 있었다. 현역에 비해 방위의 복무는 상대적으로 고단함이 덜했기 때문에 방위출신을 업신여기는 일도 있었고, 또 방위를 소재로 한 우스갯소리도 많았다.

현역과 방위는 용어에 있어서도 차이가 있었다. 이를테면, 현역이 군대에 가는 일을 입대라고 하는 반면, 방위에게는 '소집'이라 했다. 현역의 제대에 해당하는 말 역시 방위에게는 '소집해제'였다. 내가 복무했던 부대에서는 방위가 복무 중 부상당하는 일을 두고 '파손'이라 했고, 방위가 제시간에 출근하지 않거나 현역의 탈영에 해당하는 경우에는 '분실'이라 했다. 용어로 본다면 방위는 분실할 수 있고 파손될 수 있으므로 군인은커녕 사람으로서의 대우도 받지 못하는 존재였다.

용어의 불편부당함은 방위뿐만 아니라 경비원도 마찬가지다. 모든 경비원은 채용과 퇴직에 관한 내용을 경찰에 신고해야 한다. 그런데 경비원의 채용과 퇴직을 경찰에 신고할 때에는 채용이나 퇴직이란 용어는 사용하지 않는다. 공식적으로 '배치'와 '폐지'만 있을 뿐이다. 새로이 경비원을 채용하게 되면 경비원을 배치하는 것이고, 그 경비원이 퇴사나 기타의 이유로 직무를 수행할 수 없게 되면 폐지처리를 한다. 배치라는 말은 그렇다 치더라도 폐지라는 말은 어쩐지 사람이 아닌 대상에 어울리는 것 같아 더러운 기분을 유발한다.

경비업은 크게 두 가지로 분류된다. 사람의 노동력에 의존하는 '인력경비'가 있고 인력과 각종 기계장비의 운용으로 경비업무를 수행하는 '기계경비'로 나누어진다. 나는 십수 년간 기계경비업체에 배치되었다. 기계경비업체의 경비원들은 배치되어 있는 동안 여러 가지 기술을 연마하게 된다. 주로 각종 감지, 송신장치 등의 방범장비를 다루는 방법과 출입통제시스템, CCTV 등을 운용하는 방법을 배우게 된다. 그리고 고객 중 소위 진상이라 불리는 더러운 족속들을 상대하는 훈련도 하게 된다.

그 말은 기계경비업체 경비원이라면 어떠한 방범장치도 무력화시킬 수 있고, 어떠한 출입통제시스템도 통과할 수 있으며, 각종 카메라와 녹화장치를 못 쓰게 만드는 기술을 습득한다는 뜻도 된다. 하지만 내가 익히 알고 있는 은행을 터는 32가지의 방법은 그다지 소용에 닿지 못한다. 왜냐하면 은행에서 도난이나 강도사고가 발생할 때마다 용의선상에 1순위로 오르는 사람이 해당 은행의 직원과 더불어 우리 경비원들이기 때문이다. 또한 경비원들은 경찰에 배치신고가 되어 있기 때문에 경찰은 쉽게 경비원의 소재와 정보를 파악할 수 있다. 누군가가 은행을 대상으로 범행을 시도할 때마다 우리들은 경찰로부터 의심의 눈길을 감내해야 한다.

어느 은행에서 강도사건이 발생했다. 그 강도는 나름대로 잘 준비된 시나리오와 놀랄 만한 담력을 소유하고 있었다. 하지만 그가 시도한 방법은 내가 알고 있는 32가지 중의 하나가 아니었다. 그래서 은행을 습격하여 현금을 탈취하는 데는 성공했으나 금세 검거되는 수모를 겪어야 했다. 그가 나한테 한 수 배웠더라면 소기의 목적을 달성했을 텐데….

그 강도는 너무 많은 흔적들을 남겼고, 도처에 설치된 카메라들을 너무 가벼이 여겼다. 자신을 지켜보고 있는 눈은 생각보다 훨씬 많다는 것을 인지하지 못했기 때문에 결국 실패한 거사로 끝이 났다.

뉴스를 보면서 나는 안도와 연민의 한숨을 쉬게 되었다. 사고가 발생한 은행의 경비담당이 우리 회사가 아니었음에 안도했고, 비록 다른 업체지만 해당 경비원들이 겪었을 고초를 생각하니 연민의 한숨이 나왔다. 동병상련인 것이다. 상대가 은행이었기에 나의 한숨은 더욱 깊어졌다. 기계경비업체에 있어서 은행은 경비원들의 생사여탈권을 거머쥔 권력집단이었다. 은행은 경비 대상 중 높은 용역료를 청구하고 수월하게 수금이 되는 대상이지만 가장 위험하고 까다로운 대상이기도 하다.

기계경비의 탄생으로 가장 큰 수혜를 입은 곳이 바로 은행이다. 이전에는 은행마다 숙직을 하거나 야간 당직을 세워야 했지만, 기계경비의 등장으로 그들은 편안한 밤 시간을 누릴 수 있게 되었다. 그럼에도 불구하고 은행은 경비원에게 고마움을 표시하기는커녕 오히려 저승사자 노릇만 하고 있다. 은행이 갑이고 경비원이 을이기 때문이다.

내가 보기에는 강도사고 당시 경비업체의 과실은 없었다. 하지만 해당 은행은 경비업체를 물고 늘어졌을 것이다. 그리고 필시 터무니없는 꼬투리를 잡고 해약을 운운하며 위협했을 것이다.

내가 은행전담 경비원으로 일할 때, 은행 관계자로부터 매우 특이한 논리를 경험한 적이 있다. 은행원이 경비장치를 작동하지 않고 퇴근한 날 도둑이 침입했었다. 그때 은행 관계자가 내게 요구한 말은 이러했다.

"은행 측의 과실은 일체 거론하지 말고, 너희 경비업체 쪽에서 뭔가 문제점을 만들어 오라. 그리고 그 만들어진 문제에 대해서 책임을 지라"는 요구였다. 나는 심히 곤란한 처사라 거부의 뜻을 비쳤더니, 그렇지 않을 경우 해약하겠다는 말로 엄포를 놓았다.

해약하겠다는 말 앞에서는 잘잘못이나 계약서의 조항, 책임 한계나 법률 따위는 무용지물이었다. 해약통지는 고객에겐 만병통치약이고 경비원에겐 청천벽력이었다.

기계경비업은 인건비와 초기 투자비 외엔 그다지 많은 비용이 소요되지 않는 사업이다. 게다가 기술의 발전 또한 다른 산업에 비해 더딘 편이라 주로 중소기업에서 담당해 왔다. 한때는 서울에서만 50여 개의 기계경비업체가 있었지만 지금은 경비업마저도 대기업이 싹쓸이를 하고 있다.

경비업체보다 더 영악하게 진화하는 것은 사용자들이었다. 업체 간의 피 터지는 경쟁의 결과로 사용자들은 어부지리를 누리고 있다. 그리고 경비 용역료는 물가상승에 반비례하는 경향을 보이고 있다. 반면 경비원에게 요구되는 일은 이제 경비뿐만 아니라 식모, 정원사, 사육사, 청소원의 역할까지 당당하게 요구하는 실정에 이르렀다. 거절하지 못하고 항의하지 못하는 이유는 경비원에 대한 사용자들의 만병통치약인 해약이란 카드의 위력을 맛보았기 때문이다.

직장에서는 두 가지 부류의 사람이 있다. 하나는 직장에 돈을 벌어다 주어야 하는 사람이고, 다른 하나는 벌어온 돈을 집행할 수 있는 사람이다. 후자는 주로 회사의 대표자나 경영자에 해당되는 사항이므로 대부분의 직장인은 전자, 즉 회사에 돈을 벌어다 주는 역할을 하게 된다. 그런 까닭에 회사에서는 이윤을 가져다 줄 능력이 없는 사람은 언제나 퇴출의 대상이 된다. 나도 물론 회사에 이윤을 남겨주지 않으면 퇴출의 공포 속에서 떨어야 하는 처지에 속한다.

경비원들은 계약과 해약을 매일 접하게 된다. 둘 다 경비원을 돌덩이처럼 짓누르는 말이다.

계약이란 경비서비스를 제공할 신규 고객을 창출한다는 말이다. 신규 고객의 창출은 어느 직종이든 주로 영업담당자의 역할이지만 경비업체에서는 모든 부서에 강제적으로 적용되는 경우가 많다. 엔지니어나 출동 담당자, 관제요원, 심지어는 경리를 담당하는 여직원들도 신규 고객의 수주를 강요받기도 한다.

영업실적에 대한 평가기간이 다가오면 경비원들은 일제히 소화불량에 걸린다. 신규 영업에 대한 스트레스로 위산이 콸콸 쏟아지기 때문이다. 할당된 실적을 달성하지 못하면 가족이나 친지, 친구들에게 아쉬운 소리를 하기도 한다. 지인에게 경비계약을 부탁할 때는 거지가 따로 없다. 그럴 형편도 되지 못한다면 최후의 방편으로 자기 집에 회사의 경보장치를 설치해야 한다.

영업실적은 다른 직원들과 쉽게 비교되기 때문에 소관업무가 아니라 해도 외면할 수 없다. 인사고과라도 있을 때면 소관업무에 대한 성과보다 영업실적으로 평가되지 않을까 노심초사하게 된다. 반면 어렵게 신규 고객을 유치하였을 때는 세상을 다 얻은 기분에 사로잡힌다. 경비원에게 계약은 흉측한 말이다.

흉측하기는 해약도 마찬가지다. 해약은 경비원에게 도난사고보다 더 무서운 말이다. 우리는 해약이라 쓰고 그것을 개지랄이라 읽는다. 간혹 해약의 사유로 서비스불만이 제기되면 경비원들은 진땀을 빼게 된다.

은행을 터는 32가지 방법을 연마해 두었지만 나는 연일 경비원으로 고군분투 중이다. 은행 강도보다는 그래도 경비원이 낫다고 믿기 때문이다. 그리고 앞으로도 한동안 폐지되지 않고 배치상태를 유지하기 위해 지금도 관제센터에서 눈을 부라리고 있다.

근무 중 이상 무!

경찰과 면죄부

경비원과 경찰

옛날부터 범죄예방은 경찰이 담당해 왔다. 하지만 현대사회에서는 경찰만으로는 효율적인 범죄예방에 한계가 있어 민간경비의 막대한 자원을 활용하여 다양한 경비수요를 충족시키고자 나와 같은 경비원이 탄생했다. 고로 나의 밥벌이는 경찰에 의해 창출되었으므로 경찰에 대한 감사의 마음을 지녀야 마땅하다.

경비업을 하려면 먼저 허가를 받아야 한다. 허가를 담당하는 기관은 경찰이다. 그리고 경찰은 경비업자나 경비원에 대한 지도감독의 권한도 행사한다. 경비원에게 경찰은 매우 불편한 존재가 될 수밖에 없다.

경찰은 경비원이나 경비업체에 과실이나 문제가 생기면 허가 취소나 벌금 등의 행정처분을 할 수 있다. 그런데 경비는 주로 사람이 하는 일이라서 과실이 생길 수도 있고, 기계를 활용하는 경우에는 고장이 나기도 한다. 경비업무에 과실이나 고장은 사고로 이어진다.

내가 종사하는 기계경비에서는 사람과 기계가 함께 운용되기 때문에 과실이나 고장의 유형은 실로 다양하게 나타난다. 이는 추적 60분이나 PD수첩 같은 프로그램의 고발 소재로 제공되기도 한다.

당장 검색창에 '경비업체'를 입력해 보면 참으로 능지처참할 경비업체에 대한 기사들이 쏟아질 것이다. 도둑이 들어 재산을 모두 털어갔는데도 경비원은 오지 않거나 늦게 왔다는 내용을 비롯하여 현장 확인이나 후속조치의 소홀을 문제 삼는 기사로 넘쳐난다. 경비장치가 제대로 작동하지 않았다는 등의 기계운용에 대한 불만 기사도 셀 수 없이 많다. 그리고 경찰신고를 하지 않았다는 기사도 볼 수 있다.

경찰신고

현행범이라면 경찰이 아니더라도 국민 누구나 체포할 수는 있지만 그 외의 경우에는 일반시민에게는 권한이 없다. 이는 경비원도 마찬가지다. 경비원은 경보가 발생하면 침입자로 간주해야 하고 침입자를 체포하려면 경찰이 있어야 한다.

기계경비업체에 접수되는 경보의 95% 이상은 오경보誤警報였다. 대부분의 경보는 실제 침입이 아닌 고객의 장비 조작 미숙이나 환경상의 문제로 발생되는 것이었다. 그렇다 하더라도 경비원은 어떠한 경우에도 오경보라고 임의 판단해서는 안 되기 때문에 모든 경보는 실제상황이라는 가정 하에 대처요원에게 출동지령과 더불어 경찰에 신고를 하게 된다. 경찰신고는 경찰에서도 권장하는 항목이다.

그런데 이 경찰신고가 경비원에게는 참으로 고달픈 일이다. 경비원의 입장에서는 경보만을 근거로 신고하기가 심히 부담스럽다. 경보가 아니더라도 경찰이란 대상과는 어떠한 접촉도 원치 않는 것이 일반적인 정서가 아닌가. 게다가 경비원이 경찰을 동원하는 형태가 지시나 명령이 아니라 '협조요청'이다 보니 경찰의 반응에 따라 신고

자체가 스트레스가 된다.

신고의 접수 또한 지역별로 천태만상이다. 서울과 인천에서는 신고를 하면 일단 접수가 된다. 그런데 중소도시의 경찰은 경비업체의 신고에 노골적인 불만을 표시하기도 한다.

〈서울시경 112 상황실〉

"112 경찰입니다."

— 수고 많으십니다. 여기는 ○○경비업체입니다. 비상경보가 접수되어 협조요청을 드리고자 합니다. 주소는 어디 어디입니다.

"네 알겠습니다. 접수번호는 ○○○○번입니다."

〈벽촌의 어느 경찰서〉

"112 경찰입니다."

— 수고 많으십니다. 여기는 ○○경비업체입니다. 비상경보가 접수되어 협조요청을 드리고자 합니다. 주소는 어디 어디입니다.

"그래서? 뭐 어쩌라고?"

— 네? 저희 고객 중에 비상경보가 접수되어 이동 중인데요, 협조를 좀 받고자 합니다.

"당신네들 돈벌이에 우리가 왜?"

— 아니, 그러지 마시고요. 실제상황일 수 있으니까 지원 좀 부탁드리겠습니다.

"돈은 지들이 받아 처먹고 왜 우리보고 오라 가라야! 범인 잡으면 그때 연락해!"

내 경험으로는 경비업체의 출동요원이 현행범을 검거한 경우는 있었지만 신고를 받고 출동한 경찰관이 범인을 체포한 사례는 보지 못했다. 물론 나의 경험에 한하여 그렇다는 것이지 경찰이 범인을 잡지 못한다는 뜻은 아니다. 그리고 경찰은 범인을 잡지 못해도 문제될 것이 없지만 경비원이 범인을 놓치면 고객과 회사로부터 원성을 들어야 한다.

지금까지 나는 크고 작은 사고들을 경험했다. 경비원에게 사고란 주로 도난사고를 말한다. 사고는 은행, 금은방 등 대상을 가리지 않고 발생했다. 그때마다 경비원은 회사로부터 공과功過가 칼날같이 가려졌다.

사고가 확인된 경우에도 경찰에 신고를 한다. 경찰은 사고조사를 하는 과정에서 신고를 즉시 하였는지를 먼저 확인한다. 만약 경보발생 당시 관제요원이 경찰신고를 하지 않았다면 중대 과실로 여긴다. 그래서 관제요원들은 경보를 접수하면 필사적으로 신고를 하려는 것이다. 하지만 신고를 하게 되면 경찰로부터 원성을 들어야 하고, 신고를 하지 않으면 경찰로부터 과실혐의를 받아야 된다.

면죄부

경찰은 신고가 접수되면 반드시 현장에 출동하게 되어 있다. 그런데 경비업체의 신고는 대부분이 오경보이다 보니 헛걸음을 하는 일이 허다하다. 경찰이 경비업체의 신고라면 진절머리를 치는 것도 당연해 보인다. 신고를 받고 출동한 경찰관은 그 결과를 보고해야 하므로 오경보라 판단되더라도 경비원을 만나거나 현장 확인을 마치기 전에는 철수하지도 못하는 제약이 있었다.

가톨릭에서는 죄를 참회하고 다시는 범하지 않을 결심으로 고백할 때 용서받는다고 가르친다. 그래도 벌은 남게 되므로 기도나 선업善業으로 갚을 것을 권했다. 중세 말기에는 성당 건설과 포교를 위해 많은 돈이 필요해지자 속죄증명서, 즉 면죄부를 발행했다. 면죄부는 경비원에게도 존재한다.

기계경비업체에서는 사고가 발생하면 명백한 사용자의 과실이 아닌 이상 경비원은 죄인이 된다. 회사는 사고가 발생한 고객에게 손해배상을 해야 하기 때문이다.

경비원에게는 과실만 존재한다. 도둑을 잡거나 직접적으로 피해를 방지한 경우를 제외하고는 경비원에게 일체의 공功은 없다. 사고가 발생하면 경비원들의 과실여부가 도마 위에 오른다.

경보 없이 사고가 발생하면 경비기획 담당자에게 화살이 돌아가고 경보신호를 접수한 경우에는 출동요원과 관제요원에게 잘잘못을 따진다. 그런데 경우에 따라서는 면죄부가 주어지기도 한다. 출동요원은 신속한 출동과 지침에 의한 순회점검을 마쳤다면 면책이 될 수 있다.

관제요원에게는 경찰신고가 면죄부가 된다. 관제요원은 어떠한 상황이라도 출동지령과 경찰에 신고조치를 했다면 사고의 경중에 관계없이 면죄부를 부여받는다. 관제요원에게는 경찰신고가 면죄부이자 생명줄이 되는 셈이다.

경비원에게 면죄부가 주어진 사건은 이제 보험의 몫으로 넘어간다.

경찰은 민중에게는 지팡이가 된다지만 경비원에게는 몽둥이도 되고 면죄부도 되는 셈이다.

Part 04

도롱이 보내신 뜻은

나도 사람에게 상처받고 돈에 눌려 신음할 때 자살을 생각해 본 적이 있었다.
그러나 나로 인해 더 큰 상처를 입을 피붙이를 생각하니 엄두가 나지 않았다.
그런데 동기생 중에는 이미 둘이나 자살을 결행했다.
죽음이 그토록 싱거운 일인지, 삶의 무게가 버거웠었는지,
아니면 그놈들이 무책임하거나 못난 놈들이었는지에 대한 판단은 유보한다.
자살 또한 그들의 삶이었으므로.

지하철에서

하루 중에 가장 무용無用하고 유해有害한 시간이 출퇴근에 소요되는 시간이라고 여기고 있다. 그래서 총각 때는 사무실 이전이 있을 때마다 거처를 회사 부근으로 옮겨 다녔다.

지금은 출퇴근에 왕복 두 시간이 소요된다. 아내의 직장 부근으로 집을 정했기 때문이다. 하루 두 시간을 지하철에서 보내는 일은 끔찍한 짓이었다. 게다가 지하철이라는 공간에서는 할 수 있는 일도 별로 없다. 신문을 보거나 이어폰을 끼고 음악을 듣는 정도가 고작이다. 출근길에는 지하철역 앞에서 무료로 배포하는 신문이 있어 지루함을 달랠 수 있지만 퇴근길의 한 시간은 참으로 막막했다. 그래서 궁리 끝에 평소 흉측한 물건이라 여기던 책이란 놈을 읽어볼 생각을 하게 되었다.

나에게 좋은 책이란 얇은 책을 말한다. 학창시절에는 교과서도 그날 수업 분량만큼만 찢어서 가지고 다녔다. 그래서 내 책장에는 사전을 제외하고는 성한 책이 별로 없었다. 특히 수업교재는 죄다 갈기갈기 찢겨져 있었다. 선생들 중에서는 그 꼴을 몹시 못마땅하게 여겨 나무라는 사람도 있었다. 그러거나 말거나, 내가 어디 선생이란 종자들의 말을 들어먹는 놈이던가.

어쨌거나 지하철에서 읽을 뭔가 작고 얇은 책이 있었으면 싶었다. 그래서 성지순례를 하는 심정으로 서점에 갔다. 두껍고 고급스러운 치장의 책들로 넘쳐났다. 나는 그 화려한 책들을 외면하고 문고판을 찾고 있었다. 학창시절 제법 읽었던 마당문고가 떠올랐기 때문이다. 마당문고라면 휴대가 용이한 크기라 지하철에서 읽기에도 좋겠다는 생각이 들었다.

당시에는 마당문고뿐만 아니라 삼중당, 학원서림 등의 출판사에서도 문고판을 발행했었다. 그런데 모두 없어졌는지 대형서점인데도 문고판은 범우사의 그것밖에 눈에 띄지 않았다. 아쉬운 대로 그 중에서 몇 권을 집어 들었다. 전혜린, 양주동, 변영로, 김승옥 등의 문고판과 여러 권으로 조각 낸 성경책이 눈에 띄어 그것도 한 권 얹었다.

아내가 감기로 밤새 앓더니 오늘 아침에는 통 일어나지 못했다. 나는 출근준비를 서둘렀다. 머리를 말리고 스킨, 로션을 얼굴에 문질렀다. 이놈의 얼굴은 아무리 비싼 화장품을 처발라도 결코 미남으로 변하는 일이 없다. 그리고 옷장을 열었다. 잘 다려진 셔츠들이 걸려 있었다.

'뭘 입지?'

늘 셔츠와 넥타이를 골라주던 아내의 직무유기에 불편을 느낀다.

오늘은 옷을 챙겨 입는 데 시간이 지체되었다. 서둘러 지하철역으로 걸음을 재촉했다. 지하철을 타면 가장 먼저 좌석을 차지한 승객의 동태를 살핀다. 할매, 할배들은 일단 패스, 대체로 장거리 이동을 하는 경향이었다. 말쑥한 정장차림의 아저씨들도 패스, 나보다 멀리 가는 경우가 많았다. 예쁜 아가씨가 앉아있는 쪽도 패스, 그녀들의 봉긋하거나 미끈한 신체부위를 흘끔거리다 보면 아침부터 고추가 설 때가 있어 곤란하다. 교복차림의 학생이 제일이다. 대체로 두어 정거장 이내에 그 학생들이 앉았던 자리를 내가 차지할 수 있기 때문이다.

좌석에 앉아 출근하는 날은 왠지 재수가 좋을 것만 같아 욕심을 내게 된다. 그래서 빈 좌석이 보이면 좌청룡 우백호처럼 좌할배 우할매가 포진하고 있어도 양보를 주저하는 일은 없다. 오늘은 운 좋게 지하철을 타자마자 바로 좌석을 차지했다. 한 삼십 분은 책을 읽을 수 있을 것 같았다. 어제 산 얇은 성경책을 펼쳐 들었다. 틀림없이 나는 천당에 갈 것이다.

얇은 성경책은 구성도 아주 마음에 들었다. 본문이 굵은 활자로 인쇄되어 있었고, 각 장마다 줄거리 요약과 중요 구절에 대한 해설이 있었다. 그리고 하단에는 국어사전식의 어휘풀이로 구성되어 있었다.

행간에 숨은 뜻이야 바라지도 않지만, 도무지 이해할 수 없었던 낱말이나 문장들의 표면적인 의미가 해독되니 성경 읽기가 그리 괴로운 일도 아니었다.

시편 한 자락을 읽고 있는데 어디선가 거룩한 음악이 흘러 나왔다. 내가 성스러운 책을 읽고 있는 것을 어찌 알고 지하철 공사에서 배경음악을 깔아준 것일까? 음악을 자세히 들어보니 찬송가였다. 그런데 찬송가의 음질이 매우 저급했다.

저급한 음질의 실체는 곧 드러났다. 작은 카세트를 앞으로 둘러맨 중년의 시각 장애인 아줌마가 보였다. 초췌한 행색에 흐리고 탁한 눈빛, 어떠한 기대나 희망도 남아있지 않은 표정이었다. 그녀는 허공을 향해 플라스틱 바구니를 들이대고 있었지만 누구도 호주머니 속의 남는 사랑을 나누려 하지 않았다. 그런데 아줌마는 혼자가 아니었다. 그녀의 뒤춤을 붙잡고 따라오는 소년이 있었다. 아들인 모양이다. 그 소년은 언뜻 보기에도 다운증후군이었다. 낯빛은 앞장 선 아줌마보다 더욱 절망적이었다.

"♬하늘 가~는 밝~은 길이 내 앞~에 있~으니♪"

카세트에서 흘러나오는 찬송가였다.

모자母子는 조금씩 나에게로 돌격해 오고 있었다. 그리고 내 얼굴을 향해 바구니를 뻗어 사랑을 요구했다. 찬송가는 계속 흘러나오고… 나는 성경책이란 물건을 펼쳐 들고 있었다. 누가 봐도 독실한 크리스천의 형상이었다. 승객들은 일제히 기대에 찬 표정을 지었다.

내 겨드랑이에서는 땀이 폭포처럼 쏟아졌다. 왜냐하면… 나는 바구니에 동전 한 닢도 나눌 의사가 없었기 때문이다. 하지만 승객들의 눈에는 내 손의 성경책이 그 바구니 속에 동전이 아니라 수표라도 털어 넣을 것이란 기대를 심어 주었다.

나는 끝내 바구니를 외면했다. 승객들이 술렁이는 것 같았다. 당장 내일 아침 조간신문에 비정한 크리스천이라는 제호 아래 내 얼굴이 실릴 것만 같았다. 뒤통수가 근질거렸고 겨드랑이 땀은 주책없이 계속 흘러내렸다. 그때 내가 취할 수 있는 선택은 하나뿐이었다. 목적지가 어디건 당장 지하철에서 내리는 것이었다.

성경책은 결코 지하철에서 읽을 만한 책이 아니었다.

새우젓은 내가 쏜다

천박한 미각

일체의 육류는 국으로 끓이거나 수육으로 제사상에 올리는 용도로 제한되던 시절을 살았다. 이후 집안경제의 눈부신 발전으로 지금은 원산지 확인에 열을 올리기도 하고, 섭취 방법도 불에 굽거나 하는 등으로 다양해졌다. 하지만 나는 여전히 천박한 미각 때문에 육류는 국이나 수육 등 일단 물에 빠트리는 조리법을 선호한다. 숯불에 굽거나 철판에 볶는 등의 조리 방식이 내키지 않는다고 하면 필시 고기 맛을 모르는 놈이라 핀잔을 놓을 것이다.

태생이 이러하다 보니 조리법뿐만 아니라 고기의 섭취 부위 또한 지극히 제한되었다. 비싼 쇠고기는 제쳐두고라도, 돼지고기에 있어서도 그저 삼겹살이나 목살이 아니면 입에 대기 어려운 혐오식품이나 마찬가지였다.

지금이야 굳이 찾아서 먹진 않더라도 피하지는 않는 항정살, 가브리살, 갈매기살도 당시에는 이름이 주는 막연한 거부감 때문에 입에 대지 않았고, 토시살이나 뽈살 또한 마찬가지였다.

미각이 이 모양이다 보니 순댓국이니 껍데기니 하는 음식들은 가히 몬도가네의 섭생이라 재단했던 적도 있었다. 그 혐오식품 중에 족발도 포함되었음은 부연이 필요 없겠다. 하지만 지금은 그 족발이라는 물체가 혐오식품에서 사랑해마지 않는 대상으로 바뀌었으니 천박한 미각이 간사함까지 갖춘 꼴이다.

족발

족足이나 발이나 같은 말인데 굳이 둘을 갖다 붙인 단어의 구성이 이채롭다. 족에다 발이면… 발발이?

돼지가 독감에 걸렸다는 말은 들어보았으나, 겨울철 날씨가 아무리 춥더라도 동상에 걸렸다는 말은 들어본 적이 없으니 혹시 돼지 족에는 어떤 신비한 효능이 있지 않을까?

문헌에 의하면, 족발에는 젤라틴 성분이 풍부하여 피부미용과 노화방지에 효과가 있고, 모유 분비를 촉진하는 작용을 하므로 임산부에 좋다고 한다. (말 그대로라면 만병통치약?) 돼지고기에는 메티오닌이라는 아미노산이 들어 있어 간을 강하게 하므로 알코올 해독과 숙취예방에 효과가 있다고 한다. (소주로 취하고 족발로 해장하라는 말?)

그리고 납, 수은 등의 중금속 중독과 폐질환이 걸렸을 때 독소를 체외로 배출하는 효과가 있다고 하니 황사 철 돼지고기가 잘 팔리는 현상에 제법 설득력이 생긴다.

족발은 우리나라뿐 아니라 중국에서도 즐겨 먹는 음식인데, 생일상에 장수를 비는 국수와 함께 올린다. 돼지의 육중한 몸체를 지탱하고 있는 조그마한 다리의 막강한 힘을 얻고자 유래된 것이다.

독일에도 훈제 족발 요리인 슈바인학세Schweine Haxe가 있다. 어쨌거나 족발은 전 세계가 애호하는 식품임은 분명해 보인다.

족발을 만들기 위해서는 먼저 돼지 족의 털을 제거해야 한다. 간혹 털이 덜 제거된 상태에서 조리된 족발을 만나는 수가 있는데 보기에나 먹기에도 여간 고약한 일이 아니다. 그러고 나서 잘 씻어 건져 둔다.

큰 냄비에 돼지 족이 잠길 만큼 물을 넉넉히 붓고 파, 마늘, 생강, 청주를 넣고 끓인다. 여기에 족발을 넣고 센 불에서 끓이다가 중불에서 살이 무르도록 푹 삶아 건져 놓는다. 냄비에 설탕, 물, 간장을 넣고 끓이면서 삶아 놓은 족발을 넣고 굴려 가며 조린다. 알맞게 조려지면 뼈를 발라내고 적당한 크기로 썬다. 그리고 새우젓을 곁들여 먹는다. 역시 족발의 완성은 새우젓과 소주에 있다.

족발을 다 먹고 난 후 후식으로 깔끔한 메밀 막국수를 먹으면 족발의 맛을 더욱 살려준다. 족발집 중에는 간혹 족발보다 막국수의 솜씨가 나은 집도 눈에 띈다. 이 저주받은 미각으로는 장충동의 여러 유명 족발집보다 동네에서 배달시키는 족발 맛이 더 나았다. 역시 족발의 진미를 모른다 할 것이다.

신당동에 떡볶이가 별 볼일 없듯 나는 장충동의 족발도 시원찮게 여긴다. 장충동에서 수년간 밥벌이를 하며 문지방 닳듯 드나든 끝에 내린 결론이다. 그럼에도 불구하고 족발은 장충동이 유명하다.

족발이 보통 저녁 술안주나 야식, 즉 밤에 어울리는 음식인데 장충동에는 24시간 영업을 하는 집도 있다. 그래서 아침부터 소주에 돼지 발톱을 물어뜯는 풍경을 흔히 볼 수 있다.

아침에 족발… 내겐 족발에 케첩을 발라 먹는 것만큼이나 어색하다.

장충동에는 족발집 간판도 어지럽다. 한결같이 'TV에 나온 집'이라거나 '족발의 원조'라 씌어 있다. 대체로 손님이 많아 부산한 음식점이 맛있는 집이라는데 장충동에서 손님이 많은 집은 그저 시끄럽고 번잡할 뿐이었다. 천박한 나의 미각은 장충동의 무수한 '원조'보다 그저 가지런히 썰어 담아 단정하게 포장한, 게다가 재수 좋으면 꽤 맛깔스런 막국수가 덤으로 나오는 동네 배달 족발을 선호한다.

중국 음식이 '불 맛'이고, 일본 음식은 '칼 맛'이라지만, 나는 족발도 '칼 맛'에 승부가 갈린다고 본다. 앞발인지 뒷발인지도 중요하고, 어떤 재료를 넣어 삶았는가도 중요하지만, 역시 족발은 어떻게 썰어 담는가 하는 칼질에 품질이 좌우된다. 되도록 얇게 썰어, 가지런히 접시에 담아 놓은 족발이 먹기도 좋다.

또 족발은 갓 삶아 낸 것이 오히려 맛이 떨어진다. 적당히 식고 굳은 족발이 제격이다. 장충동 족발집은 대량소비를 하는 탓에 갓 삶아 건져 낸 족발의 그 물컹한 식감이 내키지 않고, 역시 하루 저녁에 돼지발 수백 개를 썰어야 하는 고단함 때문인지 살점의 크기가 고르지도 얇지도 못하다.

새우젓이나 된장 그리고 상추쌈도 장충동에서는 그리 특별한 것도 없다. 그런데 어쩌자고 사람들은 장충동 족발에 환호하고 몰려드는지 알 수 없는 일이다. 경험컨대 '맛'이 이유는 아닐 것이다. 그렇다면 '원조' 때문일까?

원조

만화가 허영만은 그의 작품 '식객食客'에 장충동의 수많은 일명 '원조'들 중에서 진짜 원조를 명시했다. 장충동 족발거리에서도 골목 후미진 곳에 위치한 '평안도 집'이라 했다.

불행히도 나는 장충동에서 밥벌이를 하는 동안 평안도 집만은 가 보지 못했다. 대신 가장 번잡하면서도 언제나 만족하지 못했던 '뚱뚱이 할머니 집'이 단골이었다. 평안도 집은 워낙 입구가 후미지고 침침하여 추저분하거나 별맛 없으리란 선입견 때문이었다. 물론 당시에는 식객의 족발 편을 대하지 않았던 때였다. 식객에 소개된 뒤론 평안도 집이 문전성시를 이룬다고 한다.

그 집은 돼지 족을 삶을 때 넣는 재료가 단출하기로 유명했다. 다른 집은 갖은 약재나 심지어 커피까지 쏟아 붓는 반면, 평안도 집은 양파 등 몇 가지 야채를 제외하곤 첨가물이 없다는 자랑이었다.

인근에서 일하는 아내를 통해 평안도 집 족발을 포장해 오도록 했다. 일단 빛깔은 옅은 편이었다. 족발은 껍질이 거무튀튀한 빛깔이라야 어울리는데… 하지만 깔끔하고 담백한 맛이었다. 장충동이 족발로는 대단치 않은 동네지만 과연 그 동네의 족발 중에는 단연 평안도 집을 쳐 주는 데 동의하게 되었다. 허영만 만화의 영향이 아니라곤 못하겠지만.

내가 맛본 족발 중엔 양재동 '영동회관'이 으뜸이었다. 그런데 뭔 놈의 족발집이 툭하면 족발이 품절이란다. 문을 닫는 시간도 야박했다. 밤 10시면 파장이었다. 평안도 집에 비하면 훨씬 진하고 강한 맛이었다. 하지만 매번 족발 한 점 맛보자고 줄 서서 기다려야 하는 고역 때문에, 그리고 번잡한 풍경 때문에 아쉬움이 남는 집이다. 영동회관의 족발을 집 주변에서도 맛볼 수 있으면 좋으련만.

어이, 말난 김에 오늘 저녁엔 족발에 소주 한잔 하세!

새우젓은 내가 쏜다! 원한다면 새우… 젖(?)도 내가 쏜다!

왜곡歪曲

출생의 비밀

나의 출생에 대해 심각한 고민에 빠진 적이 있었다.

부모님은 자주 내가 당신들의 친자親子가 아니라고 했다. 그리고 나는 모 교량 아래에서 누군가가 분실 혹은 방기放棄한 습득물이라는 충격적인 사실을 말해 주었다. 그러나 나를 습득했다는 교량에 대한 부모의 증언에 일관성이 결여됨을 발견했다. 즉, 아버지는 나를 수성교 아래에서 주웠다고 했으나 어머니가 주웠다는 다리는 대봉교였다. 출생에 대한 진실을 확인한 후 비로소 나는 하河씨 집안의 장자로 태어났음을 믿게 되었다.

당시에는 왜곡된 사실에 대한 상처로 그 길로 봇짐을 짊어지고 '친엄미 찾이 삼만리'리도 떠날 생각이었다. 사실에 대한 왜곡은 나쁜 일이었다. 선의의 거짓말이란 말도 온당치 않다.

선천성 수학 등신 증후군

왜곡된 출생의 비밀에서 자유로워진 후로도 나를 압박하는 물상들은 끊임없이 나타났다. 먼저, 저질적인 신체능력을 비롯하여 산술적,

정서적 능력뿐만 아니라 나를 둘러싼 모든 환경에 대한 환멸의 시기가 있었다. 그 중에서도 현저히 뒤처지는 학습능력은 현재까지도 내 인생의 장애물로 작용하고 있다. 특히 수학과 국사에 대한 학습능력은 지진아遲進兒 수준이었다.

'선천성 수학 둥신 증후군!'

나에게 수학은 불치병이자 공포의 대상이었다. 이 세상에 수학이란 것이 없었다면 내 인생도 진작 모양새가 달라졌을 것이다. 대입학력고사도 그놈의 수학 때문에 두 번이나 응시했다. 가장 많은 시간을 투자하고 가장 용하다는 수학선생을 찾아 다녔지만 두 번의 학력고사에서 자력으로 풀 수 있는 문제는 하나도 없었다. 당시의 학력고사는 4지선다형이었으나 나의 수학점수는 100점 만점이라면 25점을 밑돌았다.

수학만 아니었어도 나는 유신학원을 다니지 않았을 것이며, 수학만 아니었다면 출신학교가 바뀌었을 것이다. 그때부터 나는 인생의 찌글찌글한 시기에 직면할 때마다 모든 원인을 수학에서 찾는 버릇이 생겼다. 하지만 '선천성 수학 둥신 증후군'은 다소 흔한 질병이라 위로가 되는 경우도 있었다. 동병상련, 같은 병에 걸린 환자는 주변에서 어렵지 않게 찾아볼 수 있었다. 특히, 수업에 거의 참석하지 않는 체육특기생들에게는 집단적으로 발병했다.

이런 전차로 현재 학교에서 수학을 가르치시는 큰 처형妻兄 배숙희 선생님을 막내 제부弟夫가 각별히 존경하고 있음을 밝히는 바이다.

후천성 국사 등신 증후군

나는 '선천성 수학 등신 증후군' 말고도 '후천성 국사 등신 증후군'이라는 합병증을 앓고 있었다. 학계 전문가들은 이런 증상이 문과출신들에겐 발병하지 않는 매우 희귀한 질환이라 했다.

두 번의 학력고사에서 나의 수학과 국사 점수는 대동소이했다. 그래도 국사는 100점 만점에 50점은 맞춘 셈이었으나 문과 고3에게는 용인되지 않는 점수였다. 문과에선 보기 드문 점수이며 이 역시 체육특기생들의 평균에 해당하는 점수였다. 하지만 국사가 수학에 비해 쉬워서 점수가 나은 것은 아니었다. 그것은 교과서 때문이었다. 수학과는 달리 국사는 국정교과서 한 종류만 있었기에 가능한 일이었다.

지금은 어떻게 변했는지 모르겠으나 내가 학력고사를 준비하던 시기에 몇 과목은 국가에서 지정하는 한 가지 교과서로만 수업이 이루어졌었다. 국어, 국사, 국민윤리, 사회 등의 과목이었다. 국어시험의 지문은 교과서를 벗어나지 않았으며, 사회와 국민윤리는 어떤 중대 이슈가 발생하더라도 교과서에 실리지 않은 내용은 시험에 출제되지 않았다. 그래서 국어는 한샘출판사의 자습서만 암기하면 고득점을 보장할 수 있었고, 국민윤리와 사회는 교과서만 암기하면 시험 준비를 마칠 수 있었다.

국사도 사정은 마찬가지였지만 나는 도무지 국사 교과서가 암기되지 않았다. 교과서의 내용에 믿음이 가지 않아서였다. 그렇다고 수험생 된 자가 시험준비를 안 할 순 없는 관계로 그저 그림책 보듯 국사책을 하염없이 넘기고만 있었다. 분류사적 문제는 어느 정도 맞출 수 있었지만 시대별 국가 간의 역학관계 등은 도무지 정답을 찾을 수가 없었다.

왜곡

수학과 국사 등신 증후군이라는 불치병과 싸운 끝에 나는 지방대학 일어일문과에 진학했다. 전공 필수라는 압박 때문에 삼국유사나 조선왕조실록도 읽어 보지 못한 내가 팔자에 없는 니혼쇼기日本書紀를 읽어야 했고, 만요슈萬葉集와 겐지모노가타리源氏物語도 읽어야 했다. 한국사도 이해하지 못하는 놈이 다른 나라의 역사를 공부하는 꼴은 내가 보기에도 가소로웠다.

일본사나 일본문학사의 수업 후에 도서관에 가보았다. 지방대의 도서관임에도 텍스트에 나왔던 서적들이 원문은 물론이고 구어체와 문어체의 번역본까지 구비되어 있었다. 나는 일본인들의 기록과 분류, 보존 그리고 번역과 전승에 대해 감탄했다.

국사에 대한 강한 거부감으로 나는 역사책을 읽는 일은 없었다. 그런데 한겨레신문의 신간서적 소개에 혹하여 처음으로 역사관련 책을 한 권 집어 들었다. 역사의 왜곡에 대한, 정확히 말해서 한일관계에 있어 한국 측의 역사 교과서 왜곡에 대한 사례를 소개한 책이었다.

대강 기억을 더듬자면 특히 고대사에 대한 부분은 우리 교과서가 대단히 낯 뜨겁게 기록되었다는 내용이었다. 우리나라에서는 증빙할 만한 기록이 남아 있지 않아 중국의 삼국지 위서 동이전이나 일본의 니혼쇼기의 기록을 구미에 맞게 취사선택하여 수록하고 있다는 내용이었다.

왕인과 아직기에 대한 내용은 전적으로 니혼쇼기에 의존한 내용이나 출처를 밝히지 않은 채 자랑스러운 역사로 소개되어 있고, 연나라 사람 위만을 조선인으로 둔갑시키기도 했다는 것이었다. 또한 권력의 하수인이었던 삼별초가 호국의 화신으로 묘사되어서는 곤란하다는 지적과 신라의 화랑도에 대한 기술 역시 정권의 유지와 강화를 위한 창작물에 가깝다는 지적들이 흥미로웠다.

사실관계를 확인하고픈 생각은 없었다. 단지 일정 부분만 선택하여 확대하고 재생산한 우리나라 교과서도 일본의 왜곡과 궤가 다르지 않다고 생각되었다. 뒤엎고 거부감이 있는 주장들이 많아서 오히려 흥미로웠다. 그런데 현대사에 대한 교과서의 누락 부분에 대해서는 그만 책을 덮어 버리고 말았다.

이승만 정권 시절, 보도연맹 등의 어휘들이 나오자 나는 그 책의 기술들을 믿고 싶지 않았다. 한국전쟁 전후에도 정권유지와 집단에 속한 개인의 안위를 위해 무고한 사람들을 너무나 많이 희생시켰다고 했다. 교과서로는 배운 적이 없는 내용이었다.

신문 읽는 방식은 대학을 졸업하고 나서야 바뀌게 되었다. 당시에는 무릇 신문이란 발행회사만 다르지 모두 같은 내용을 동일한 시각으로 만드는 줄 알았다.

나에게 신뢰의 확고부동한 매체는 TV 뉴스였다. 하지만 지금에 와서야 스포츠 뉴스를 포함한 모든 뉴스는 일단 화면을 시청하고 나서 스스로 판단하고 여과하는 과정을 거치게 되었다. 모든 보도에는 이면이 있고, 모든 참사에는 이익을 취하는 자들이 있었다. 맹목적 신뢰는 재앙이었다.

아직도 현대사를 제외한 국사 교과서는 한 종류뿐인지도 모른다. 시각을 달리하는 단체에서 편찬한 국사 교과서와 국정 교과서를 함께 비교하고 선택하기에는 아직도 이른 것일까? 나에게는 일본인들의 교과서 왜곡만큼이나 그들이 다양한 역사 교과서를 선택할 수 있음도 자극적이었다.

밥상머리의 진실

오늘 아침, 밥상머리에서 아내에게 소리를 지르고 말았다.

콩나물국이었다. 간도 적당하고 먹을 만했다. 몇 술 뜨다가 아내는 도저히 안 되겠다 싶은 표정을 짓더니 싱겁다고 자기 국그릇에 소금을 더 치고 있었다. 나는 괜찮다고 손사래를 쳤다. 그런데 아내는 자기의 입맛을 기준으로 내 국그릇에도 소금을 치는 극악무도한 범죄를 저질렀다.

아내는 밥상머리의 내 쫀쫀함만 탓할 뿐 나의 의지에 반하는 천인공노할 대역범죄인 남의 국그릇에 임의로 소금치기에 대한 반성은 조금도 없었다. 필시 아내는 시누이를 만나면 아침 풍경에 대한 왜곡된 사실을 확대하고 재생산할 것이 확실하다.

아무튼, 왜곡이란 좋지 않다.

도롱이 보내신 뜻은

본데없다

이제 5형제 중 막내였던 아버지마저 세상을 떠났으니 마땅히 물어볼 데도 없다. 민망한 이야기지만 나는 핏줄의 근원에 대해 잘 모른다. 진주 하河가 성으로 태어났지만 어느 파派에 속하는지 몇 세손인지조차에도 자신 없다. 당장 아버지 대의 작명이 항렬과 일치하지 않았다. 사촌들의 이름에도 항렬과의 연관성은 없었다. 어쩌면 아버지 대에서부터 항렬을 염두에 두지 않았거나 정확히 인지하지 못했을 가능성도 있다.

“본데없이 보이건 말건 어른이 수저도 들기 전에 밥을 먹기 시작했다.” (박완서, 미망)

“본데없이 자란 놈이니 행동이 그 모양이지.”

‘본데없다’는 것은 이처럼 행동이 보고 배운 바 없이 예의범절에 어긋날 때 꾸중하거나 멸시하면서 쓰는 말이다. 불혹을 넘기고도 파계와 항렬을 대지 못하는 스스로를 돌아보면 ‘본데없다’는 말이 절로 나온다. 보고 배운 게 없으면 일을 만들어 갈 줄도 모르는 법이다. 하지만 나는 장인어른이나 다른 누군가의 물음에는 단계공파丹溪公派 33세손이라 답을 했다. 유일한 근거는 안동에 계셨던 큰아버지께서 나를 두고 하위지의 자손이라 자주 하셨던 말씀에 대한 기억이다.

진주 하씨

진주 하씨는 세 파로 갈리어 족보가 형성되어 있다.

먼저, 시랑공파侍郎公派로 시조는 고려 현신賢臣의 한 사람인 하공진이다. 조선 개국공신이며 태종 때 영의정을 지낸 문충공 하륜이 그의 후손이다. 두 번째는 사직공파司直公派로 시조는 고려 정종에서 문종대에 사직을 지낸 하진이고, 세종 때 영의정을 지낸 문효공 하연이 그의 후손이다. 세 번째는 단계공파丹溪公派로 시조는 고려 때 주부를 역임한 하성이다. 사육신의 한 사람인 충렬공 하위지河緯地의 집안이다. 흔히 하위지의 호를 따서 단계丹溪 하씨로 일컫기도 하지만 역시 진주 하씨다. 그런데 나뿐만 아니라 또래의 다른 하河가들 중에서도 파계를 대지 못하는 자를 볼 수 있었다. 진주 하씨는 서로 계통을 대지 못하는 채로 족보가 이루어져 있는지도 모른다. 사실 여부는 큰집에 있는 족보를 확인하고 사촌형님들의 고증으로 알아보기로 하고, 내가 조상으로 믿고 있는 단계 선생을 사숙私淑해 보자.

단계 하위지(1387~1456)

조선 전기의 문신으로 사육신의 한 사람이며 침착하고 과묵한 성품의 청백리였다. 세조의 녹을 먹는 것을 수치로 여겨 국록國祿을 손대지 않고 고스란히 따로 저장해 두었다는 이야기는 유명하다. 성삼문 등과 단종 복위를 꾀하다가 실패하여 친국親鞫 끝에 동료들과 함께 거열형車裂刑에 처해졌다. 거열형은 수형자의 두 팔다리 및 머리를 각각 매단 수레[牛車]를 달리게 하여 신체를 찢는 형벌로 환형轘刑이라고도 한다. 하위지는 거열형으로 죽으면서도 두려워하지 않고 오히려 세조에 대해 조카를 몰아내고 왕위를 찬탈한 것에 대한 질타를 멈추지 않았다.

謝人贈蓑衣	도롱이를 보내신 뜻은
男兒得失古猶今	남아의 득실은 예나 지금이나 마찬가지고
頭上分明白日臨	머리 위의 해는 밝게 빛나고 있네.
持贈蓑衣應有意	도롱이 보내신 뜻을 내가 알고 있으니
江湖烟雨好相尋	강호에 함께 묻혀서 살자는 뜻이리라.

박팽년이 하위지에게 도롱이를 선물하였다. 어려운 세상을 등지고 차라리 도롱이나 입고 낙향하여 유유자적하며 지내는 것이 좋지 않겠느냐는 의미였다. 이에 단계는 세상이 어지럽다고 해서 피할 수는 없다고 대답하고 있다.

세조 1년, 명나라의 사신이 조선에 오셨다는 통보를 계기로 창덕궁에 초대하여 연회를 베풀 때 거사할 것을 계획하였는데, 마침 이날 세조 제거의 행동책을 맡은 별운검別雲劍이 갑자기 폐해져서 실행되지 못했다. 이에 계획이 탄로되었음을 두려워한 김질이 정창손에게 거사계획을 누설하고, 정창손과 함께 세조에게 고변함으로써 주동자인 단계 등 사육신은 모두 붙잡히게 되었다.

세조가 단계의 재주를 아껴 은밀히 타이르기를 "네가 만약 처음

음모에 참여한 것을 숨긴다면 죽음은 면할 수 있다"고 하였으나 단계는 웃기만 할 뿐 대답하지 않았다. 그리고 국문을 받을 때 단계는 이렇게 대답했다.

"신하로서 이제 역적이란 이름을 썼으니 그 죄가 응당 죽음일 것인데 다시 무엇을 물을 것이 있습니까?"

노기가 풀린 세조는 유독 단계에게만은 작형灼刑 : 단근질을 하지 않았다. 단계가 처형되자 두 아들 호琥와 박珀도 연좌되어 사형을 받았다. 작은아들 박은 어린 나이였으나 죽음 앞에서 조금도 두려워하는 기색이 없었다. 그는 금부도사에게 어머니와 결별하기를 청하여 이를 허락하자 어머니에게 "죽는 것은 두렵지 않습니다. 아버님께서 이미 살해되셨으니 제가 홀로 살 수는 없습니다. 다만 시집갈 누이동생은 비록 천비가 되더라도 어머님은 부인의 의를 지켜 한 남편만을 섬겨야 될 줄로 압니다" 하고 하직한 뒤 죽음을 받자 세상 사람들이 그 아버지의 그 아들이라며 감탄하였다.

신숙주가 뜻을 바꾸어 세조의 집권에 손을 들어준 변절자였다면, 단계는 '忠臣은 不事二君'이라는 지조를 택한 절개의 선비였다. 하위지의 호가 단계丹溪인 것은 출생하는 날부터 사흘 동안 집 앞의 시냇물이 붉게 물들었기 때문이라는 말이 있다. 태어날 때 벌써 슬픈 운명이 예견되었던 것일까?

돌아오는 명절에는 큰집 형님께 족보 열람의 청을 넣어봐야겠다. 나야 그렇다 치더라도 조카들까지 본데없다는 소리를 들어서는 아니 될 일이다.

퀵서비스

서울대병원 어린이 병동.

엄마가 퀵서비스를 부릅니다.

아기를 낫게 해 줄 천사를 빨리 보내 달라고.

아기는 이제 울지도 못합니다. 엄마를 알아보지도 못합니다. 기계가 없으면 혼자 숨을 쉬지도 못합니다.

엄마는 퀵서비스가 아기에게 천사를 너무 늦게 보내지 않을까 애를 태웁니다.

결국 뒤늦게 도착한 퀵서비스는 그저 아기를 데리고 가기만 했습니다.

여기는 서울대병원 어린이 병동.

장비나 의술에 대한 기대가 사라지자 세호엄마도 퀵서비스를 부릅니다. 세호를 낫게 해 줄 천사를 속히 보내 달라고 애원합니다.

근화병원에서 불렀을 때도, 중앙병원에서 불렀을 때도 천사를 보내지 않았던 그 퀵서비스를 다시 부르고 있습니다.

서울대병원 어린이 병동.

퀵서비스가 가장 절박한 그곳은 소리 내어 천사를 부르는 일도 금지된 곳입니다. 그저 속울음으로 기약 없는 천사의 도착을 기다려야 합니다.

서울대병원 어린이 병동.

그곳에서는 끝내 천사를 만나지 못하는 가여운 생명이 너무 많았습니다. 퀵서비스에 대한 기대를 접는 엄마들도 있습니다.

잦은 입원으로 응급실 의사보다 장비를 더 능숙하게 다루던 보람이엄마도, 낳고서는 목욕 한번 시켜 보지 못했다는 재현이엄마도, 10년을 어린이병동에서 지내고 있다던 민희엄마도 이젠 퀵서비스를 기다리지 않습니다.

서울대병원 어린이 병동.

날마다 병상의 주인아기가 바뀌는 곳입니다.

일반 병실로 옮기거나 퇴원을 하는 복된 경우도 많지만, 온 지 얼마 되지 않아 다시 먼 그곳으로 되돌아간 아기들도 많았습니다.

그리고 천사의 퀵서비스.

영업을 그리하시면 아니 된다고 주인장에게 따지고 싶습니다.

인간사처럼 거래처를 바꿀 수도 없고….

병원

어머니의 안색이 좋지 않았다. 집안의 근심거리는 상당 부분 해소되었는데 또 무슨 일이 생긴 것일까? 아니면 건강이 더 나빠지신 것인가?

어머니가 계시는 집은 경사진 언덕에 위치해 있다. 언덕이라고는 하지만 얼마 전까지만 해도 어머니는 리어카도 끌고 다니셨고 아버지의 휠체어도 밀고 다니시던 길이다.

그날 어머니와 함께 언덕길을 오르고 있었다. 리어카도 휠체어도 아닌 비닐봉지 하나를 들었을 뿐인데도 어머니는 그 길을 단숨에 오르지 못해 대문을 이십여 미터 앞두고 전봇대에 기대어 숨을 고르고 있었다.

며칠 뒤, 어머니가 입원했다는 연락이 왔다.

수성구의 H병원. 도무지 신뢰할 수 없는 병원인데도 어머니는 또 그곳에 누워 계셨다. 언제나 그 중환자실, 빈 병실이 남아돌아도 그 병원은 입원 환자를 모두 중환자실에 수용했다. 어머니는 손발과 얼굴이 많이 부어 있었고 온몸에 소변 주머니를 비롯하여 각종 주사제가 주렁주렁 달려 있었다.

이제 의사에게 무슨 병이냐고 묻지 않는다. 한 번도 시원한 대답을 들은 적이 없었기 때문이다. 내가 대구를 내려간 이유는 병원을 옮기기 위해서였다. 담당의사로부터 환자 보호자 호출이 있었다. 나는 담당의사가 누군지 잘 알고 있다. 그는 헛다리짚기의 명수였다.

"방금 초음파검사 결과가 나왔습니다."

— (당신이 뭐라고 해도 나는 신뢰하지 않는다.) 그래요? 어떤가요?

"환자가 복통을 호소하기에 맹장염이 아닌가 하고 검사를 했습니다."

— (그럼 그렇지, 어머니는 신부전증에 의한 폐부종을 앓고 계신다 이놈아!) 검사 결과는 어떻습니까?

"글쎄, 내과 전문의 말로는 맹장염이 아닐 가능성이 높다고 하더군요."

— (맹장염이 아닐 가능성…) 맹장염 판정이 그리 어렵습니까?

"글쎄요, 일단은 CT를 찍어봐야 알 수 있습니다."

— (예라이…) 그럼 호흡곤란과 가슴 통증은요?

"글쎄요. 신부전증이 있어 수술을 해야 하는데 환자가 맹장염까지 있어서 한꺼번에 두 가지 수술을 하기가… 거 참."

— (당신한테는 맹장이 아니라 쌍꺼풀 수술도 안 맡긴다.) 수술이라고요?

"네, 그런데 환자가 심장이 약해서… 그렇다고 재미로 째볼 수도 없고."

— (이런 개새끼를 봤나) 당신은 환자를 재미로도 째보십니까?

하마터면 나는 그 의사 놈을 환자로 만들 뻔했다.

어머니가 이 병원에 미련을 두는 것은 아무래도 간호사 때문이 아닌가 싶다. 담당의사는 개떡 같은 놈이었지만 그 병원의 수간호사는 과연 나이팅게일의 후예였다.

〈A 병상〉

"할매! 마이 아푸나? 주사 한 방 주까?"

― 끄덕 끄덕

"알따, 내 주사 한 방 주께. 자, 궁디 대바라!"

― 훌렁

"됐다. 인자 안 아풀끼다. 또 아푸다카마 꾀병이데이. 알았제?"

〈B 병상〉

수간호사의 목소리가 유난히 커졌다.

"할매! 이 머꼬, 와 또 밥 안 묵었노?"

― 입맛이 없어서….

"여기 병원 밥 입맛으로 묵는 사람이 어딨노? 잔소리 하지 말고 빨리 무라!"

― 지랄하지 마라 이년아!

"내 할매 땜에 몬 살겠다. 밥 안 묵을라꺼덩 집에 가라 집에 가!"

― 와이카노 입맛 없다 카는데….

"몰라! 밥 안 무마 나 할매캉 얘기 안 한다. 옆에 할배도 집에 가라 칼끼다."

― 몇 술 뜬다.

〈C 병상〉

"할매, 주사 맞자. 궁디 대라."

— 홀렁.

"에헤이~ 이기 머꼬, 똥 아이가 똥! 와 똥을 옷에 묻히고 댕기노!"

— 와이카노 우사시럽꾸로….

"하이고 할매! 우사시러븐 것도 아는 거 보이 인자 다 나샀구나, 보호자 어딨노?"

— 이따 즈녁에나 올 끼다.

"머어? 에이 씨, 보자 내가 옷 갈아 입히 주께."

— 됐다. 나또라.

"되기는 뭐가 돼! 똥 묻히고 그냥 누버 있을래? 아이고 이 추저븐 할매야~"

— 훌러덩 벌러덩, 쓱싹 쓱싹!

〈D 병상〉

— 야이야! 와 그 할마시만 맨날 들다 보고 내한테는 와 안 와보노?

"와? 할매 어데 아푸나?"

— 아푼 기 아이고 딴 할마시한테는 곰살맞게 하민서 내한테는 와 안 와보노?"

"하이고, 할매 질투하나? 아프지도 않고, 주사도 잘 드가고, 밥도 잘 묵고, 보호자도 있는데 내가 말라꼬 가노?"

— 그래도 어데 그기 그런나….

그 간호사는 환자들에게 존댓말을 쓰는 일이 없었다. 하지만 아무도 그녀의 무례함을 지적하거나 불쾌감을 표시하는 사람도 없었다. 그녀가 진심으로 환자를 대하고 있다는 것을 알기 때문이다. 게다가 미모까지 갖추었기에 나는 병상에 누운 어머니보다 그 간호사를 훔쳐보는 시간이 더 많았다.

어머니의 퇴원을 보지 못하고 서울로 올라와야 했다. 며칠 후 누나로부터 전화가 왔다. 어머니가 컨디션이 좋아졌다는 소식이었다. 병세가 나아도 큰일이다. 어머니는 기운을 차리면 온 동네 간섭을 하시는 양반인데….

아니나 다를까 어머니는 오늘 아침 간호사들을 간섭하고 의사를 간섭하고 청소아줌마를 간섭하고 옆 침상의 환자를 간섭하더라고 전한다.

뭐, 그런 간섭이야 괜찮으니 얼른 자리를 털고 일어나시라.

의관을 정제하고

깻잎머리는 이제 수명을 다했는지 요즘은 거의 볼 수가 없었다. 그다지 단정해 보이지 않았던 터라 나는 깻잎머리 유행의 소멸을 환영하는 바이다. 얼마 전까지만 해도 여학생들에게는 깻잎머리뿐만 아니라 해괴한 교복의 착용방식이 유행했다. 그녀들에게 제대로 정제한 의관이란 깻잎머리에 체형보다 한 치수 작은 상의, 그리고 과도하게 줄인 치마에 옷핀으로 장식하는 것이었다. 다행히 그 유행은 오래가지 않았고 곧 그 얄궂은 차림새의 여학생들은 볼 수가 없게 되었다.

얼마 전 의정부에 갔더니 그곳에선 아직도 터지고 찢어진 자리에 옷핀이 더덕더덕 붙은 치마가 눈에 띄었다. 유행에는 시차가 있었다.

군복이나 교복은 아무런 가공도 장식도 없이 원형 그대로를 잘 다려 입은 모습이 좋아 보였다. 하지만 군복이나 교복을 입는 주인공들은 원형 그대로만 입기엔 채워지지 않는 허전함이 있는 모양이다. 하긴 나도 군대시절에 휴가를 받으면 군복 상의에 세 줄로 날을 세워보기도 했고 어깨엔 초록색 견장을 붙여 보기도 하지 않았던가?

군복을 입은 사람이 장군이건, 동사무소 방위건 간에 거리의 아가씨들에겐 그저 세상에서 제일 재수 없는 군바리로만 인식하는데도 말이다.

민방위 교육이 예정되어 있었다.

나의 악덕기업주는 직원들의 민방위 교육에 노골적으로 못마땅한 반응을 보였다. 민방위 교육 따위는 불참을 강요했기 때문에 나도 몇 번은 참석하지 못했다.

그러나 이번에는 벌금이 나온다는 설과 보충교육이 있다는 설이 있어 오후에 조퇴를 감행했다. 교육 불참으로 인한 벌금도 부담스러웠고, 교육 통지서가 집으로 배달되기 때문에 아내도 알게 되어 참가하지 않을 수 없었다.

결혼 전에 적성검사를 미루다가 운전면허가 취소된 사실이 아내에게 발각되어 심히 고초를 당했던 전과가 있었다. 이번에 교육 불참으로 벌금이라도 나온다면 필시 아내는 입에 거품을 물고 작두라도 탈지 모를 일이었다.

봉천동에 살던 때는 교육장소가 관악구 민방위 교육장이었는데 양재동으로 이사를 와서는 서초구민회관에서 교육을 받았다. 지역의 차이는 민방위 교육장에서도 나타났다. 관악구 교육장에 비해 서초구 교육장은 훨씬 규모도 크고 훌륭한 시설이었다.

교육장에 들어서자 민저 집채만 한 JBL 스피커가 눈에 띄었다. 오디오를 취미로 하는 나의 시선을 붙잡기에 충분했다. 교육내용 또한 기대 이상이었다. 노련한 강사가 잘 준비된 내용으로 열강을 했고, 좋은 음향시설의 힘인지 으레 교육시간에 취해야 할 취침자세가 잡히지 않았다.

교육내용은 민방위 교육 때마다 무한 반복되던 인공호흡법이나 방독면 사용법이 아닌 지진에 관한 것이었다. 지진 전문가가 한반도에서 곧 대형 지진이 일어날 것이라고 경고했다. 그것도 서울과 경남 양산이라는 지역을 지목했다. 서울에서 진도 5정도의 지진만 발생해도 수백만의 사상자가 나리라 예언했다. 충실한 자료와 과학적인 지식으로 풀이하는 강의에 나도 그만 겁을 먹고 말았다.

지진에 대한 두려움에 사로잡혀 있다가 내 옆에 앉아있는 한 민방위 교육생을 보자 킥킥 웃음이 나오고 말았다. 그 교육생은 첫눈에 보기에도 그다지 총명해 보이지 않았다.

아마 민방위 교육 1년차였던 모양이었다. 그야말로 제대로 의관을 정제하고 있었다. 민방위 교육을 예비군 훈련으로 착각했는지 군복에다 전투모를 쓰고, 전투화에 고무링까지 차고 온 녀석이었다. 사태를 파악한 그 녀석은 창피함이 휘몰아쳤는지 강력 냉방 속에서도 연신 땀을 흘리고 있었다. 식은땀을 흘리는 모습이 애처롭기도 했지만 그래도 그 녀석만 쳐다보면 새어 나오는 웃음을 멈출 수가 없었다. 혹시 모른다. 저 녀석은 총도 가지고 왔을지도….

뽕짝

이시카와 사유리

"미국에는 재즈가 있고 일본에는 엥카演歌가 있다"는 말로 일본인들은 엥카에 대한 자존심을 표현한다. 그렇다면 우리나라에는… 뽕짝?

지금은 비록 꿀 먹은 벙어리에다 까막눈이 되고 말았지만 대학교 졸업 증명서에는 여전히 내가 일본어를 전공했다고 되어 있다.

나의 대학시절만 해도 일본의 영화나 드라마는 물론이고 유행가조차 공식적인 경로로는 접할 수가 없었다. 하지만 일본어를 전공한 덕에 어둠의 경로를 통한 왜색倭色 문화를 접할 기회가 많았다.

당시에는 미야자키 하야오宮崎駿의 애니메이션과 밤새 잠을 설치게 했던 일본판 훌러덩 무비(?)에 심취했었다. 그리고 안전지대, X-JAPAN, 아무로 나미에 등으로 대표되던 유행가에도 큰 흥미를 느끼고 있었다.

어느 날 담당교수의 소개로 한편의 뮤직비디오를 보게 되었는데 그때부터 나는 한 여성 엥카가수의 열혈 팬이 되고 말았다. 그 뮤직비디오는 훌러덩 무비보다 더 큰 감동으로 다가왔다.

뮤직비디오의 주인공은 이시카와 사유리石川さゆり라는 엥카가수였다. 뽕짝과 비슷한 느낌의 노래였는데 나는 화면에서 눈을 뗄 수 없

었다. '쓰가루해협의 겨울 풍경津輕海峽 · 冬景色'이라는 곡을 부를 때에는 나는 그 자리에서 굳어 버리고 말았다.

그 후론 틈만 나면 이시카와 사유리의 음반과 영상을 구하러 다녔다. 음반은 국내에서도 구할 수 있었지만 영상은 현지에 가지 않고서는 도리가 없었다.

꿩 대신 닭이라고 당시에는 매주 화요일이면 NHK의 애청자가 되었다. 가요무대와 흡사한 프로그램이 있었는데 간혹 그녀를 만날 수 있었기 때문이다.

일본을 수시로 드나드는 선후배가 있지만 부담이 될까 싶어 청을 넣어 보지도 못한 채 몇 해가 흘렀다. 그런데 뜻밖에도 실용오디오의 최광일 선생으로부터 이시카와 사유리의 영상을 구하게 되었다. 최 선생께 자장면이라도 한번 대접해야 하는데 호의에 대한 표현이 서툴러 걱정이다.

최 선생께서 택배로 보내셨다 하여 기다리고 있었다. 오후 늦은 시각에 사무실로 택배가 도착했다. 그런데 그 택배 맨은 물건을 건네주며 야릇한 웃음을 흘렸다. 나를 곁눈질로 아래위로 슬쩍 훑어보기까지 했다. 배달된 것이 비디오테이프 때문이었을까? 그 택배 맨의 얼굴에서 '멀쩡하게 생긴 회사원들도 많이 주문을 하는구나'라는 표정을 읽었다.

그 당시에는 이 땅에도 '빨간 마후라' 같은 국산 홀러덩 무비가 태동하던 시기였다. 동료들이 궁금히 여겨 채근하는 바람에 바로 포장을 뜯어야 했다. 비디오 케이스에는 짙은 감색 기모노를 차려입은 중년의 여인이 있었다. 비디오테이프라는 소리를 듣고 주변 사내들이 개떼처럼 몰려들었다. "와!" 하는 탄성과 함께 이리저리 그 비디오를 살폈다. 녀석들은 저들끼리 순서를 매겨 임대를 당부하기도 했다.

인터넷에서 내려받기를 해도 되고 동영상 CD도 흔한데 웬 비디오냐고 핀잔하는 녀석도 있었고, 케이스 디자인이 너무 건전하다며 홀러덩 무비가 아닐 것이라는 의구심을 나타내는 녀석도 있었다. 홀러덩 무비에 조예가 깊은 녀석이 한마디 거들었다.

"원래 저런 표지가 훨씬 더 야해!"

이시카와 사유리의 데뷔 30주년 기념 콘서트 비디오였다.

퇴근하자마자 테이프를 넣었다. '숨바꼭질隠れん坊'이란 곡으로 콘서트는 시작되었다. 대학생 때 들었던 것과 같이 여전히 맑고 고운데다 우아하고 기품 있는 목소리였다. 두세 곡을 부르고 나서는 기모노를 바꿔 입었다. 아름다운 자태였다. 단정하게 손질한 머리 모양, 기모노 사이로 드러나는 하얀 목덜미가 인상적이었다.

내가 그녀에게 환호하는 이유는 가창력보다는 노래할 때 연출하는 '연극적인 몸짓' 때문이었다. 표정 하나, 손짓 하나로 슬픔과 희열, 기다림 등의 감정을 표현해 내고 있었다.

과장되지 않고 절제된 몸짓에 넋이 빠질 지경이었다. 뽕짝에서는 찾아볼 수 없는 독특한 장치였다. 이시카와 사유리는 어느 음악 프로그램에서나 라스트 게스트였다. 그리고 언제나 마지막 곡으로 '쓰가루해협의 겨울 풍경'을 불렀다. 비디오에서도 이제 그 노래의 전주가 시작되었다. 콘서트가 끝이 났다는 의미였다.

그날 밤 나는 테이프를 한 번 더 재생시켰다. 감동은 두 번째에서도 전혀 줄어들지 않았다. 비디오 속에 비춰진 관객들의 눈빛에서 그녀를 향한 애정을 읽을 수 있었다. 유행가 가수를 바라보는 눈빛이 아니었다. 뭐랄까, 판소리 명창이나 위대한 예술가를 우러러 보는 눈빛이었다. 이시카와 사유리는 그들에게 존경과 연모의 대상이었다.

나훈아

나훈아의 공연을 TV로 중계한 적이 있었다. 나도 뽕짝이 몸에 맞는 나이가 되었는지 두 시간여를 지루함도 느끼지 못한 채 시청하였다.

이튿날 실용오디오에 접속했더니 많은 음악 애호가들이 나훈아 공연에 대한 관전평을 했다. 대체로 부정적인 의견들이었다. 노래를 불러 온 세월에 비해 삶의 관조나 높은 격조를 느낄 수 없었다는 아쉬움이 많았다. 그리고 찢어진 청바지와 윗도리를 벗어 던진 퍼포먼스에 대한 비난도 있었다. 더러는 나훈아가 화면에 자주 출연하지 않는다 하여 저급한 신비주의 전략이라며 매도하기도 했다.

내가 보기에는 많은 시간과 공을 들인 공연이었다. 동원된 인원이나 기획도 보기 드문 구경거리였다. 곰삭은 노래들을 다시 듣고 나왔지만 새로이 보이기 위해 애쓴 흔적이 역력했었다.

그날 공연에서 나는 나훈아의 용기와 도전에 박수를 보냈다.

변화를 불편해하는 경향 때문이었을까? 특히 공연 도중 윗도리를 벗어 던진 퍼포먼스에 대해 의견이 많았다. 물론 윗도리를 모두 벗어 던진 모양새나 찢어진 청바지의 나훈아는 충격이었다. 하지만 손가락질과 환호의 공존을 나훈아인들 예측 못했을까?

치마저고리를 입고 테크노댄스를 춘다면 볼썽사나운 일이겠지만 하와이안 송으로 편곡한 노래에 윗도리를 벗어 던지고 꽃다발을 목에 건 모습을 애정으로 보아줄 수는 없는 일일까?

나 역시 꺾기 창법이나 틀에 박힌 고향타령, 사랑놀이 따위의 케케묵은 소재들은 식상했다. 하지만 적지 않은 나이에 윗도리를 벗어야 했던 나훈아보다 그날의 관객들이 애처로웠다. 늘 듣던 뽕짝에다 랩을 가미한 노래에는 당황하는 기색이었다.

'찔레꽃'은 간드러진 꺾기로 부르거나 아니면 국악의 요소를 섞어야 안심하는 관객들에게 보란 듯이 재즈반주를 선택했다. 노래가 끝나자 당황한 관객은 박수 칠 타이밍조차 맞추지 못했다.

누더기에 찌그러진 깡통밖에 생각해 내질 못하는 관객 앞에 현대적 퍼포먼스나 세련된 창작의상을 입고 노래하는 '각설이 타령'에는 관객들이 어찌할 바를 몰랐다.

나훈아는 분명 뽕짝의 발전적 시도를 보이고 있었다.

다시 나타날 나훈아에겐 그 빌어먹을 꺾기 창법마저 벗어 던지길 주문해 본다. 공연이 끝나자 나는 나훈아에게 한없는 박수를 보냈다. 반면 공연장에서 기어이 핸드폰을 울리고, 뽕짝 가락에서 조금만 벗어나도 인상을 구기던 관객 몇 사람에게는 가운데 손가락을 힘차게 뻗어 무한한 뻑큐를 날렸다.

뽕짝

뽕짝보다 적절한 명칭이 없을까 혼자 궁리해 보지만 결국은 뽕짝으로 낙찰된다. KBS 가요무대와 같은 프로그램에서 뽕짝에 대한 재조명의 일환으로 전통가요나 성인가요 같은 이름을 붙이기도 했지만 썩 만족스럽지는 않다는 생각이다. 차라리 천박한 어감이긴 하나 입에 감기는 맛이 있는 뽕짝이라는 말이 마음에 든다.

맨드라미 피고지고 몇 해이던가
물방앗간 뒷전에서 맺은 사랑아
어이해서 못 잊느냐 망향초 신세
비 내리는 고모령을 언제 넘느냐

'비 내리는 고모령'은 나의 애청 뽕짝이다. 뽕짝은 삶의 저변을 담고 있는 음악이다. 음악 감상을 취미로 하는 사람들 중에는 서양 고전음악만이 감상의 가치가 있는 것처럼 말하지만 그들 역시 가슴에 뽕짝 한 곡씩은 품고 산다. 그러면서도 드러내어 표현하지 못하는 허상이 보일 때가 있다.

뽕짝과 엥카의 음악적인 차이는 거의 없어 보이지만 내겐 엥카가 조금 더 나은 이미지로 다가온다. 음악적인 우열을 말하는 것이 아니다. 이름난 엥카가수는 깊은 존경과 대우를 받는다. 그러나 뽕짝가수는 밤무대나 지역행사 도우미의 이미지가 강한 것이 사실이다.

쇠락하던 뽕짝이 장윤정이라는 가수가 기폭제가 되어 지금은 하루가 멀다 하고 신세대 뽕짝이 생산되고 있다. 하지만 뽕짝 애호가들 중에는 신세대의 뽕짝에 대해 냉담한 반응이다.

나 또한 최근 유행하는 신세대 뽕짝을 듣노라면 특히 노랫말에 심한 불편을 느낀다. 뽕짝인지 코믹송인지 구분이 어렵고, 설사 코믹송이라 하더라도 노랫말의 저급함은 도를 넘는다는 생각이다. 그러나 한편으로는 이러한 시각차이가 존재하는 것은 시대적 상황이 다르기 때문이 아닌가 싶다. 일제 강점기와 해방된 지 얼마 되지 않았던 시절의 뽕짝은 한恨의 정서를 지니고 있었지만 이제는 풍요의 시대이기 때문에 뽕짝도 접근방식이 달라진 것이다.

그래서 기존의 정통 뽕짝을 가볍고 경쾌하게 변화시켰다고 해서 저급하다는 표현은 아집일 수 있다.

하지만 모처럼 형성된 뽕짝 활성화의 기회에 단편적인 멜로디 라인과 부족한 가창능력을 자극적인 노랫말과 화려한 비주얼로 승부하려는 뽕짝 가수들의 창궐을 막기 위해서라도 일정 수준을 담보하고 있는지는 따져 볼 필요가 있을 것이다.

뽕짝의 환경이 아무리 변화했다 하더라도 노랫말만큼은 예전처럼 곱씹는 맛이 나게 붙였으면 좋겠다는 바람이 있다. 내가 좋아하는 '비 내리는 고모령'의 노랫말처럼.

버스와 기차

휴게소

대구 본가에는 1년에 대여섯 번은 왕래하게 된다.

내려갈 때는 주로 고속버스를 타고, 돌아오는 길은 열차를 이용해 왔다. 대구와 서울을 운행하는 고속버스가 정차하는 휴게소는 언제나 금강휴게소였다. 그런데 한동안은 금강휴게소에 들어서지 않고 그 다음 휴게소 또는 직전휴게소로 들어가는 일이 많았다. 금강휴게소 입구에 '공사 중'이란 푯말로 보아 신축이나 개축 공사 중이었던 모양이다.

휴게소야 어디에 정차하든 상관없지만 나는 금강휴게소의 우동 맛에 익숙하여 다른 휴게소에 정차하면 적잖게 서운했다. 반갑게도 이번 하행 길에는 버스가 다시 금강휴게소로 들어갔다.

휴게소 건물이 현대식으로 깨끗하게 단장되어 있었다. 화장실도 다른 휴게소에 비해 나은 점이 있다. 용무를 보면서 금강의 풍광도 볼 수 있기 때문이다. 방광의 묵직함도 해소되고 시원한 물빛도 보기 좋았고, 무엇보다 지린 화장실 냄새가 사라져서 좋았다.

이젠 우동을 먹으러 가야지. 오호, 식당코너도 새 단장이 되어 있었다. 강 쪽으로는 테라스도 만들어 놓았다. 금강을 바라보며 식사도 할 수 있는 멋진 공간이었다.

건물이 새롭게 단장되어 좋았으나 음식의 가격도 따라 인상되어 있었다. 나로서는 새 건물의 화려함보다 인상된 우동 값이 더 큰 변화였다. 화장실에 지린 냄새가 좀 나더라도, 식탁엔 묵은 때가 좀 남아 있더라도 저렴했던 음식 값이 유지되었더라면 좋았을 것을.

앞으론 금강휴게소에서 우동 한 그릇을 두고도 망설여질 것 같았다.

무궁화 열차

무궁화 열차를 탔다. 열차를 탈 때마다 이름들이 너무 촌스럽다는 생각이 들었다. 새마을, 무궁화, 통일, 비둘기… KTX도 마음에 차지 않기는 마찬가지다.

주말에는 무궁화 열차의 좌석표를 구하기가 어려웠다. 그 까닭이야 KTX가 증설되고 무궁화의 배차가 줄어들었기 때문이다. KTX가 좋긴 하지만 나는 무궁화를 타는 데도 큰 불편은 없었다. 하지만 이번의 무궁화는 옛날 통일호나 비둘기와 닮아 있어 불편한 여정이었다.

금년은 집안행사가 겹쳐 대구를 왕래할 일이 부쩍 잦았다. 상경길에 무궁화나 새마을호의 열차표를 구하지 못해 울며 겨자 먹기로 비싼 KTX를 계속 이용했다. 그래서 이번에는 미리 부지런을 떨어 무궁화 좌석을 구했다.

좌석표가 1번이어서 열차의 출입문 바로 앞이었다. 좌석에 앉자마자 밀려드는 입석 승객들로 열차 안은 북새통이었다. 게다가 큼지막한 보따리를 들고 탄 아줌마들은 좌석에 앉은 사람들에게 일말의 양해도 구하지 않고 좌석 승객의 발밑으로 짐을 쑤셔 넣다가 실랑이가 벌어지기도 했다.

내가 앉은 좌석에서도 오른쪽 팔걸이에 코끼리만큼 어마어마한 크기의 궁둥이를 가진 아낙네가 걸터앉았다. 그 아낙네가 걸터앉은 궁둥이의 용적만으로도 이미 내 좌석의 절반을 침범했다. 일어서라고 말하고 싶었지만 쫀쫀하다 싶어 온몸을 왼쪽으로 기울이며 버티고 있었다. 시간이 흐를수록 코끼리 궁둥이는 점점 더 압박해 들어왔다.

입석 승객들은 대부분이 노인들과 아줌마들이었다. 그리고 동남아 쪽으로 보이는 외국인들도 제법 있었다. 아줌마들과 외국인들은 그렇다 치더라도 노인들이 모습이 계속 눈에 밟혔다.

어떤 노인은 KTX를 표를 사고도 무궁화를 타서 낭패를 보고 있었다. KTX와 무궁화의 플랫 홈을 구별하지 못해 생긴 일이었다. 열차는 이미 대전을 지났기 때문에 달리 연계할 KTX의 차편도, 환승할 역도 마땅치 않았다. 그 노인은 결국 무궁화 입석으로 서울까지 가야만 했다.

김천쯤을 지날 때부터 한 노인이 눈에 띄었다. 그 노인은 입석으로는 아무래도 목적지까지 가기가 힘겨워 보였다.

갈등, 어떻게 구한 좌석표인데… 저 영감한테 자리를 양보하기는 싫고, 힘겨워하는 영감을 세워 두기도 괴로운 일이었다. 한참 동안 그 영감과 눈을 마주치지 않으려 애를 썼다. 하지만 도저히 버틸 수 없어 일어서려는 순간, 같은 고민을 하고 있었는지 앞좌석의 총각 하나가 먼저 그 노인을 앉혔다.

나는 안도의 한숨을 쉬었다. 사방의 다른 입석 영감들은 부러운 눈길로 그 노인을 바라보더니 각자 자기 앞에 앉아 있는 승객들을 노려보는 것 같았다. 저 많은 영감들은 왜 좌석표를 끊지 않아 사람을 이렇게 불편하게 만든담.

몇 주 뒤 다시 대구행이 예정되어 있어 무궁화호를 인터넷으로 조회했다. 그러나 이미 좌석은 없었다. 대부분의 무궁화호의 좌석은 젊은 사람들이 인터넷으로 예매하여 선점하는 까닭에 당일 매표소에서 표를 구하려는 노인들에게는 순번이 돌아가지 않았다.

객실 사이의 공간에서는 술주정과 고성방가가 이어졌고, 좌석 뒤에 서있던 동남아인들은 끊임없이 쏼라쏼라 하는 바람에 아주 괴로운 여정이었다. 게다가 KTX의 1시간 50분에 비해 무궁화의 4시간도 고역이었다. 이젠 웬만해선 무궁화를 타진 않게 될 것 같다. 한때 무궁화는 새마을호 다음으로 고급 열차였는데….

설날 귀성길

방송마다 짧은 설 연휴로 인한 최악의 교통체증을 예고하고 있었다. 평소 동작이 굼뜬 나는 금년에도 기차표는 다른 귀성객에게 양보하고 고속버스를 타야 했다. 그것도 우등이 아닌 일반버스였다. 버스에 오르기 전에 지난 추석의 고행이 생각나서 여러 가지 먹을거리를 준비했다.

지난 추석에는 대구까지 버스로 9시간이 걸렸다. 휴게소에 도착했지만 버스를 세울 공간조차 없어 갓길에 정차해야 했다. 보통 15분 정도의 휴식시간이 주어지지만 그날은 지치고 배고픈 승객들을 위해 30분간의 정차를 알렸다.

휴게소의 식당이나 편의점은 물과 음식을 사려는 사람들로 아수라장이었다. 식당 입구에서부터 차례를 기다리는 행렬에 질려 우동 따위는 엄두도 내지 못하고 편의점으로 갔다. 편의점에도 빵이나 과자류는 이미 동이 나 있었다. 먹을거리라곤 마른 오징어밖에 없었다. 그리고 계산을 하기 위한 기나긴 행렬 속에서 부동자세로 서 있어야 했다. 내 앞의 사람들은 줄잡아 50명은 넘어 보였다. 하지만 서른 명도 계산을 끝내기 전에 휴게시간이 모두 흘러가고 말았다. 나는 들고 있던 마른 오징어를 도로 제자리에 내려놓고 버스를 향해 똥줄이 빠지도록 달려야만 했다.

버스로 돌아오자 극심한 허기와 갈증이 밀려왔다. 내 허벅지라도 뜯어 먹을 지경이었고 도랑물이라도 있으면 마실 태세였다.

건너편 좌석에는 갓난아기와 젊은 아낙네가 타고 있었다. 그 아낙네는 젖병에 우유를 타서 아기에게 먹이고 있었다. 젖병을 쪽쪽 빨고 있는 그 아기가 너무 부러웠다. 나는 주린 배를 움켜쥐고 괴로워하고 있는데 그 아기는 젖병 빠는 소리를 더욱 우렁차게 내고 있었다. 배가 고프니 별게 다 탐이 났다.

내 옆자리에는 미모의 아가씨가 타고 있었고 봉긋한 가슴을 하고 있었다. 건너편에서 아기가 젖병을 쪽쪽 빠는 소리가 들릴 때마다 옆자리의 그 봉긋한 가슴을 흘끔거리며 마른 침을 삼켜야 했다. 꿀꺽!

그날의 굶주림을 되풀이하지 않으려고 이번 설에는 전투식량을 챙기듯 이것저것 준비를 하고 버스에 올랐다. 피난민의 행색이었지만 나는 닥쳐올 차량정체를 기대하며 식량 보따리를 신주단지처럼 끌어안고 있었다. 그런데 명절이면 7~8시간 걸리던 대구행이 이번 설에는 4시간 만에 도착했다. 고속도로가 정체되지 않음에 억울하긴 처음이었다.

추석 귀경길

결혼하고 처음 맞이하는 명절이었다. 차를 가지고 가자는 아내를 설득하여 다시 고속버스를 탔다. 언제부터인가 명절에도 대구행 고속도로가 정체되는 일이 없어졌다. 새로 도로가 생겨나고 우회할 수 있는 길이 많아진 데다 전용차로 때문이다.

처음엔 고속버스에 베개를 들고 타는 것이 쑥스러웠다. 아내와 나는 고속버스를 탈 때면 이제 베개를 빼놓지 않는다. 좌석에 앉자마자 베개를 꺼내 목덜미에 받치는 일이 우스꽝스럽게 보이겠지만 장시간 버스를 타 본 사람이라면 버스 등받이의 불편함을 경험했을 것이다. 습관이 되고 나면 베개가 주는 그 안락함에 주변의 눈총과 킥킥거림쯤은 감내할 수 있다.

차례를 마치고 나는 서둘러 터미널로 나섰다. 아내는 처가로 가고 혼자 서울행 고속버스에 올랐다. 연중행사처럼 이번 추석에도 다수의 직원들이 회사를 떠났다. 업종의 특성상 가장 많은 인력이 소요되는 시기지만 가장 많은 인력이 빠져나가는 시기이기도 하다. 극심한 인력난으로 나도 실무에 보탬이 될까 해서 귀경길을 서둘렀다.

15:20 대구발 강남터미널행 버스를 탔다. 원래 17:00 표를 샀으나 한시라도 일찍 도착하기 위해서 예매한 표를 급히 바꾸었너니 우등이 아닌 일반버스였다. 서울에서 대구 정도의 장거리라면 우등과 일반의 승차감 차이는 상상을 초월한다.

승차를 하자마자 베개를 꺼냈다. 옆 좌석은 아직 비어 있었다. 출발시각이 임박해도 옆 좌석은 채워지지 않았다. 드디어 출발시각이 되자 빈 좌석에 대기자를 승차시켰다. 버스가 출발하자마자 옆 좌석의 원래 승객으로 보이는 자가 달려들었다. 그자는 출입문을 거칠게 두드리며 버스를 세웠다. 버스기사는 일단 출발했으면 돌아보지 말았어야 했거늘 그자의 기세에 밀려 다시 정차하고 말았다. 잠시 실랑이 끝에 결국 그자가 내 옆자리를 차지했고 대기 중 승차를 했던 승객은 얼굴을 붉히며 내려야 했다.

나는 그자가 처음부터 마음에 들지 않았다. 소란을 피우고도 사과 한마디 없었다. 그자는 제법 덩치가 있었다. 좁은 일반버스에서 덩치가 큰 승객과 나란히 앉아 가는 일은 고역이었다. 그런데 그놈은 큰 덩치에다 가랑이마저 쩍 벌리고 있었다. 좁은 공간에서 큰 가랑이를 벌리고 있으니 자연히 나의 자세는 위축되었고 불편하기 짝이 없었다. 몇 번 눈치를 주고 주의를 당부했지만 그놈은 가랑이에 대한 조심성을 보이지 않았다. 다행히 불의를 보고도 매우 잘 참는 나의 거룩한 성품은 금세 그놈의 가랑이를 용인하기로 마음먹었다.

상행길은 정체가 심했다. 평소 1시간 남짓 걸리는 금강휴게소에 3시간 만에 도착했다. 휴게소가 극도로 혼잡한 것을 확인한 버스기사는 20분의 휴식시간을 선포했다. 평소에는 15분이었다. 나는 서둘러 우동 한 그릇을 해치우고 담배 한 대의 행복을 만끽했다.

20분이 지났지만 좌석 하나가 차지 않아 출발이 지연되었다. 30분이 지나자 승객들의 원성이 터져 나오기 시작했다. 방송을 아무리 내보내도 소용없었다. 한참이 더 지나 기사가 전화 한 통을 받더니 버스를 출발시켰다. 버스 안은 다시 소란스러워졌다. 기사양반 잘 했다는 소리와 어떻게 승객을 버리고 가느냐는 의견들이었다.

버스기사가 차내 방송을 했다. 승차하지 못한 그 승객은 버스를 잘못 타서 다음 휴게소에서 기다리고 있으므로 들러 태우고 가겠노라고 했다. 승객들의 소란은 잦아들었지만 개중에는 뭣하러 차를 또 세우느냐고 소리를 내는 사람도 있었다. 잠시 후 버스는 다음 휴게소에 도착했고 그 사람을 태웠다.

나 같았으면 몹시 죄송했을 일이었지만 그 사람은 도리어 기사에게 고함을 질렀다. 왜 말도 없이 차를 옮겨 나를 이리 고생시키느냐고(그 차는 주차된 자리에서 움직이지 않았었다). 기가 막힌 승객들은 일제히 그 사람에게 소리를 질렀다. 어디서 되레 소리를 치느냐고, 여러 승객을 기다리게 했으면 사과를 해야 할 것 아니냐고. 하지만 그 사람은 소리치는 승객들을 향해 당신들은 나설 일이 아니며 전적으로 기사의 잘못으로 비롯되었으므로 기사가 사과해야 할 일이라고 받아쳤다.

세상에는 더러 이런 유의 망종이 있음을 익히 체험한 터였다. 버스는 다시 출발했고 운행 중에도 버스 안에서는 승객과 그 사람의 실랑이로 소란했다.

출발한 지 다섯 시간이 지났지만 아직 대전도 지나지 못했다. 그때, 학생으로 보이는 승객이 사색이 된 얼굴로 기사에게 다가갔다. 설사를 만난 모양이었다. 기사는 다시 안내방송을 했다.

"승객 중에 몸이 불편하신 분이 계셔서 이번 휴게소에서 5분간 정차하겠습니다. 승객 여러분의 양해를 바랍니다!"

멋진 안내방송이었다. 나 같았으면 '똥 쌀 놈이 있어…'라고 했을 텐데, 똥 쌀 놈과 승객을 모두 만족시키는 '몸이 불편하신 분'은 참으로 적절한 표현이었다. 그런데 승객들은 예상외의 반응이었다. 그렇잖아도 차가 막히는데 왜 또 정차를 하느냐는 항의가 대부분이었고, 누군가는 추석 때 무얼 그리 처먹었기에 배탈이 나느냐고 노골적으로 모욕을 주는 놈도 있었다. 참으로 나와는 다른 세상에 사는 사람들로 보였다.

차는 휴게소에 다시 정차했다. 5분간의 정차를 강조하는 기사의 말에 나도 서둘러 내렸다. 남자 화장실인데도 입구에서부터 줄이 서 있었다. 여자 화장실 쪽은 상태가 더 심각했다. 입구에서 주차장까지 순번을 기다리는 여성들로 장사진을 이루고 있었다. 남자 쪽에 비해 행렬은 훨씬 길었고 진행은 훨씬 더디었다.

남자 화장실에서 나의 순번이 되자 짧은 시간에 짧은 물건을 꺼내 짧은 용변을 마쳤다. 그리고 서둘러 승차를 했으나 1분여를 지체하고 말았다. 나는 승객들에게 보란 듯이 사과를 할 작정이었다. 하지만 버스 안의 좌석은 절반도 차지 않았다. 여성 승객들은 용무를 마치는 데 상당 시간이 소요되었다. 5분이 주어졌지만 시간은 다시 30분이 더 흘러갔다. 버스 안의 원성은 다시 높아졌다.

기사양반 그냥 출발하라니깐, 어떤 놈들인지 얼굴이나 한번 봐야겠다, 기사양반이 밖에서 기다리니깐 더 늦게 오는 것 아냐… 저마다 한마디씩 거들고 있었다.

한참이 더 지나서야 마지막 승객이 승차를 했다. 승객들은 일제히 그 사람을 성토하기 시작했다. 당신 혼자 타는 차가 아닌데 그렇게 늦으면 어떻게 하냐고. 하지만 그 사람 역시 늦을 수도 있는 일을 가지고 뭘 그리 지랄들이시냐며 적반하장이었다. 이번에는 내 옆에 앉았던 그놈도 걸쭉한 욕설을 곁들여서 한마디 거들었다. 결국 버스는 자정이 되어서야 서울에 도착했다. 불편한 여정이었다. 다음 명절부터 대구행은 KTX가 될 것이다.

My boy

씨름

씨름은 이제 몰락했다고 해도 허언虛言은 아닐 것이다.

몰락하기 전 몇 년 동안 씨름판에는 더 이상 이만기 같은 선수는 나타나지 않았고 최홍만이나 김태현 같은 거인들이 그 자리를 대신했다. 거인들은 시합에서 이겨서는 안 되는 존재다. 거구에 괴력의 소유자들이 작은 덩치를 이기는 장면은 재미를 주지 못하기 때문이다. 이만기가 이봉걸을 쓰러뜨렸기에 재미가 있었던 것이지 반대였다면 이만기 시절에 씨름은 절명했을 것이다.

거인들이 연승을 하고부터 씨름이 시름시름 앓기 시작하더니 결국 식물인간이 되어 버렸다. 씨름을 외면하자니 전통을 들먹이며 방아 찧는 사람들이 있고, 다시 불을 붙여 보려 해도 이미 열기는 식어 버렸으니 관계자들도 참 골치 아픈 일이겠다. 그렇다고 허구한 날 오일장에 나온 할매, 할배들만 앉혀놓고 힘자랑 하는 꼴도 머쓱한 일이고.

공영방송에서는 명절이면 시청하는 이가 없어도 중계는 해 주고, 한복 입은 소리꾼들이 천하장사 만만세를 불러 주고 있는데도 구경꾼들은 갈수록 시큰둥해졌다.

선수들의 사정도 말이 아니게 되었다. 실업팀의 해체로 호구지책을 잃어버렸으니 샅바를 쥘 이유도 사라졌다. 강호동은 방송계에서 맹활약을 하고 있고 최홍만은 격투기로 자리를 옮겼지만 다른 선수들은 샅바를 매만지며 무슨 생각들을 하고 있을까.

나는 스포츠라면 젬병이었다. 그래도 일상의 대화에 소외되지 않기 위해 스포츠에 정을 붙여 보려는 시도는 있었다. 어차피 저주받은 육체라 직접 몸으로 하는 운동은 엄두도 내지 못하고 그저 중계를 시청하는 쪽으로 방향을 잡았다. 하지만 그조차도 만만한 일이 아니었다. 나도 학교에서 체육수업을 받았고 군대를 마친 대한의 사나이지만 스포츠에 대해서는 등신이었다.

농구라는 운동은 경기의 규칙조차 몰라 심판이 호루라기를 불면 도대체 무엇이 문제인지 알지 못했고, 히딩크의 월드컵 때문에 오프사이드를 알게 되었고, 김연아로 인해 피겨스케이트의 득점 규칙을 짐작하는 수준이었다.

그런데 어느 날, 스포츠 등신이었던 나에게 TV 중계에 넋을 놓게 하는 경기가 나타났다. 내가 K-1이라는 격투기에 입문한 것은 동생 때문이었다. '반다레이 실바'와 '표도르'란 이름에 열광하여 생업에 지장을 초래하던 동생을 보고, 형이랍시고 타박을 쏟은 일이 있었다. 동생은 연일 새벽까지 프라이드라는 격투기에 빠져 있었다.

동생은 나무라는 형에게 '프라이드'를 이해하기 전에 K-1이라도 접해 보는 게 어떻겠냐며 오히려 격투기 시청을 권유했다. 기가 찼지만 대관절 격투기가 무엇이기에 싶어 잠시 구경해 보았다.

링 위에서 실신이 난무하고 로우킥을 맞아 다리뼈가 골절되어 살갗을 뚫고 나오는 피범벅의 경기였다. 그 순간부터 나는 동생을 계도하려던 본연의 임무를 망각하고 그 잔인한 경기에 매료되고 말았다.

그로부터 한동안 주말저녁은 TV 앞에서 격투기를 보기 위해 미동도 하지 않게 되었다. 그리고 가슴 설레며 화면에 나타나기를 기다리는 선수도 생겼다.

피터 아츠Peter Aerts

나는 그를 영웅으로 숭배하고 있었다. 화면에서 나의 영웅을 만나면 울컥해졌다. 그는 우선 외모가 주는 매력이 대단했다. 다부진 몸매에 선한 듯 강인한 눈매, 그리고 성큼성큼 상대 선수에게 다가서는 걸음걸이, 그리고 후퇴나 방어를 모르는 피터 아츠의 경기 스타일에 열광했다. K-1의 태동과 함께 정상의 자리에서 내려오는 법이 없었고 15년이 지나서도 여전히 결승전에서 그의 모습을 볼 수 있었다.

격투기의 또 다른 관전 포인트는 선수들이 등장할 때 울려 퍼지는 음악에 있었다. 선수들이 입장할 때 저마다 일정한 음악을 시그널처럼 사용한다. 웅장한 클래식 음악을 사용하는 선수도 있고, 격한 헤비메탈 사운드를 즐겨 쓰는 선수도 있고, 음산한 분위기를 연출하는 선수도 있었다. 등장 음악만으로도 상대방의 기를 꺾어 놓는 효과도 있었다. 하지만 피터 아츠가 등장할 때엔 엘비스 프레슬리의 'My boy'가 흘렀다.

그 노래는 내가 평소에 즐기는 곡으로 서글픈 감정을 자아내는 선율이다. 노랫말 또한 예사롭지 않았다. 이혼한 아버지가 잠든 아들을 보며 애틋한 정을 표현하는 노래였다.

격투기와 엘비스 프레슬리의 발라드는 언뜻 수긍이 가지 않는 조합이지만, 화면에 등장하는 피터 아츠의 얼굴을 보고 경기장에 울려 퍼지는 My boy를 듣자 나는 또 울컥하고 말았다. 예선에서 제롬 르 밴너를 꺾었을 때 나는 그에게 진심으로 축하를 보냈고 속으론 그가 본선에서는 기권하길 바랐다. 상당한 부상을 입은 것으로 보였기 때문이다. 백전노장이 당대 최강의 선수를 이겼고, 이미 과거 몇 차례나 차지했던 챔피언 벨트에 그리 의미가 있겠나 하는 마음에서였다.

나의 바람대로 그는 본선에서 부상을 이유로 기권을 했다. 이제 피터 아츠는 격투기를 접고 떠날 나이가 되었다. 그리고 나는 팬으로서 그가 고꾸라지는 장면을 보고 싶지 않았다.

더 이상 My boy가 경기장에 울리지 못할 때가 오더라도 그대는 서러워 마시라. 그대는 내 마음속에 이미 영원한 My boy로 자리 잡았으니.

피가 많이 나는 상처가 오히려 덜 아픈 경우가 많다. 피터 아츠에게는 어떤 상처가 있었기에 이 노래를 선택한 것일까? 혹 부모가 이혼하여 불행한 유년의 기억이라도 안고 있었던 것일까?

My Boy

— Elvis Presley

You're sleeping son, I know but, really, this can't wait
I wanted to explain before it gets too late
For your mother and me love has finally died
This is no happy home but God knows how I've tried
Because you're all I have, my boy
You are my life, my pride, my joy
And if I stay, I stay because of you, my boy…
(후략)

최홍만의 경기가 있는 날이었다. 상대는 일본 스모선수 출신으로 2미터가 넘는 키에 220kg라는 가공할 체중의 '아케보노'라는 선수였다. 한일전의 의미도 있었고 두 괴물의 결투라는 타이틀이 걸려 있었다. 중계가 시작되고 3시간 만에 시작된 시합이었지만 결과는 1회전에 너무나도 싱겁게 최홍만이 이기면서 끝나 버렸다. 장신의 최홍만이 거구의 하와이 출신의 스모선수였던 아케보노를 때려눕힌 것이다.

아케보노는 격투기에서 불필요한 존재, 계륵이 되어 버렸다. 격투기의 재미 역시 씨름에서와 마찬가지로 다윗이 골리앗을 쓰러뜨리는 것처럼 왜소한 체구의 선수가 거구의 괴물 선수들을 쓰러뜨리는 데 있다. 그 골리앗에 가장 적합한 신체조건과 역할을 했던 선수가 아케보노였다. 격투기의 관계자들은 아케보노가 상대적으로 왜소한 선수들에게 쓰러지는 장면에 포커스를 맞춘 마케팅을 펼쳤고, 한때 놀라운 결과를 내기도 했다.

아케보노가 출전하는 경기엔 관중이 몰렸고 아케보노를 때려눕힌 선수에겐 집중적으로 플래시가 터졌다. 괴물 같은 아케보노가 쓰러지는 장면은 대단한 볼거리였다. 하지만 아케보노의 수명은 진작부터 예견되어 있었다. 아케보노는 이제 누구나 쓰러뜨릴 수 있는 선수가 되어 버렸고, 거구의 괴물이 쓰러지는 장면도 피에 열광하는 관중들의 관심에서 사라졌다.

최홍만은 아케보노보다 더욱 해괴한 신체조건을 타고났다. 더욱 큰 키에 더욱 괴물 같은 신체, 다음 K-1의 들러리는 최홍만이 될 것이다. 어쩌면 생각보다 훨씬 빨리 수명이 끝날지도 모른다.

거구의 최홍만이 이기게 되는 경기는 볼거리가 없기 때문이다. 아마도 K-1은 최홍만이 지는 시합을 위해, 쓰러지는 최홍만을 밟고 일어서는 영웅을 만들기 위해 최홍만이 필요했을지도 모른다.

씨름의 부활은 요원한 일로 보인다. 원인이야 여러 방송을 통해 많은 전문가들이 분석하고 대책에 고심하고 있지만 나도 생각을 하나 보태 본다. 씨름의 승패 결정 방식에 나는 불만이다. 씨름의 승부는 단 한 번으로 결정되어야 한다. 우리는 가위 바위 보를 할 때나 장기를 둘 때에도 삼판 양승제를 선호하고, 커피 내기 바둑을 두더라도 3번은 겨루어 2번을 이겨야 비로소 승패를 인정한다. 반면, 격투기나 일본의 스모는 승부의 일회성에 강한 매력이 있다. 단 한 번의 승부로 승자와 패자가 갈리는 구조라야 눈을 사로잡을 수 있다.

프로야구도 그렇다. 시즌 동안 1등을 했으면 그대로 1등인 것이지 '한국시리즈'가 왜 필요한지 이해할 수 없다. 1년의 성적으로 2등 혹은 3등을 한 팀이 한국시리즈에서 1등 한 팀을 이긴다 해서 최후의 승자로 인정해 줄 수는 없는 일이다. 메이저리그의 월드시리즈처럼 내셔널리그와 아메리칸리그로 나뉘어져 있는 것도 아니고, 일본의 경우처럼 센트럴리그와 퍼시픽리그로 구분되어 있는 것도 아닌데 단일 리그에서 한국시리즈라니. 나는 양궁조차도 단 한발의 화살로 승부를 짓는 것이 좋겠다는 생각이다.

일기일회

무임승차

수업이 있는 날은 아이처럼 들뜨게 된다. 야간수업이지만 일찍부터 단장을 서둘렀다. 머리모양을 다듬고 밝은 색 셔츠에 청바지까지 챙겨 입었다. 거울에 비춰 보니 제법 학생 꼴이 나는 것 같았다.

나는 사설 경비업체의 중견사원이었다. 어느 날 경비협회에서 용인대학교 이상철 교수님의 경호학 강연을 듣게 되었는데, 그때 단 한 번의 인연으로 내 인생의 궤도가 수정되었다. 그리고 이듬해 나는 용인대학교 경호학과에 등록했다.

용인대학교의 첫인상은 교문에서 강의실까지가 1,200미터로 상당히 먼 거리라는 것이었다. 게다가 오르막이라 걸어갈 엄두를 낼 수 없었다. 대중교통을 이용하기 때문에 교문에서 강의실까지 이동하는 일이 늘 불편했다. 그나마 교문 앞에 버스 정류장이 있어 시간에 대면 학교버스를 이용할 수는 있었다. 그 정류장에서는 학교버스뿐만 아니라 5001-1번 영업용버스도 교문에서 교정까지는 학생들의 무임승차를 허용하고 있었다.

지난 금요일에도 정류장에서 학교버스가 오길 기다렸다. 그날은 5001-1번 버스가 먼저 도착했다. 학생들은 차례로 버스에 오르며 기사에게 인사를 건네고 있었다. 마지막으로 나도 버스에 올랐다.

"학생이슈?"

기사가 내게 물었다. 나는 대답을 머뭇거렸다. 스스로는 제법 학생 꼴이 난다고 생각했지만 기사가 보기에는 그렇지 않았던 모양이다. 행색으로 보아 교수는 아닌 것이 분명한데, 그렇다고 학생이라고 하기에는 지나치게 삭은 얼굴이 문제였다. 나는 기사의 물음에 답을 하지 못하고 결국 교통카드를 찍어야 했다.

서글픈 날이었다. 5001-1번 버스에 무임승차를 하지 못한 서러움도 작용했지만, 그날 동기생의 부고가 날아들었기 때문이다. 고향을 등지고 상경한 지 20년이 넘자 동기생들과는 연락이 거의 끊겼다. 그래도 부고라서 수소문을 하였는지 소식이 닿았다. 100명 남짓한 동기생 중에 벌써 다섯이나 세상을 등졌다. 병사病死한 친구도 있고, 농약을 마셨다는 친구, 그리고 사랑의 열병을 앓다가 끝내 이루지 못하자 손목의 동맥을 끊었다는 소식도 있었다.

선천성질환도 아니고 지금이 어떤 세상인데 병사라니, 대체 무슨 이유로 농약을… 그리고 여자가 무엇이기에 동맥을 끊어야 했단 말인가?

나도 사람에게 상처받고 돈에 눌려 신음할 때 자살을 생각해 본 적이 있었다. 그러나 나로 인해 더 큰 상처를 입을 피붙이를 생각하니 엄두가 나지 않았다. 그런데 동기생 중에는 이미 둘이나 자살을 결행했다. 죽음이 그토록 싱거운 일인지, 삶의 무게가 버거웠었는지, 아니면 그놈들이 무책임하거나 못난 놈들이었는지에 대한 판단은 유보한다. 자살 또한 그들의 삶이었으므로.

붕어와 입적, 그리고 흙 보탬

금년(2010년) 2월, 코미디언 배삼룡 선생이 별세했다. 3월에는 법정 스님이 입적했고, 4월에는 천안함의 병사들이 산화했다. 작년은 각계 각층의 큰 별들이 유난히 많이 떨어진 해였다. 김수환 추기경이 선종했고, 노무현, 김대중 전 대통령이 서거했다. 해외에서도 팝의 황제 마이클 잭슨이 사망했고, 필리핀 민주화의 상징인 코라손 아키노 전 대통령이 타계했다.

우리말에는 고유어에서부터 한자어까지 죽음을 가리키는 어휘들이 많았다. 고유어로는 '숨지다, 죽다, 돌아가시다' 외에도 '흙 보탬'이라는 아름다운 말도 있었다. 여러 한자어로도 대상에 따라 각기 달리 죽음을 표현해 왔다. 한자어는 사람에 따라 쓰는 말을 구별했다. 예기禮記에는 천자의 죽음은 붕崩, 제후는 훙薨, 대부大夫는 졸卒, 일반 백성은 사死로 구별했다. 죽음을 칭하는 용어도 일종의 계급어였다.

종교계에선 죽음을 가리키는 용어를 따로 사용하고 있었다. 교황 요한 바오로 2세와 김수환 추기경의 죽음을 알리는 가톨릭의 용어는 선종善終이었다. 선종은 '임종 때 성사를 받아 큰 죄가 없는 상태에서 죽는 일'로 선교사 로벨리가 처음 사용했다. 그는 '착하게 살다가 복된 죽음을 맞이할 수 있도록 올바른 길을 가야 한다'는 뜻으로 '선생복종정로善生福終正路'라는 신심서를 썼는데, 여기 나오는 선생복종의 준말이 선종이다. 그리고 개신교에선 '하늘의 부름을 받는다'하여 소천召天이라 하고, 천도교에선 환원還元이란 말을 쓴다.

1993년에는 성철스님이 열반涅槃에 들었다. 열반은 '일체의 번뇌에서 벗어나 완벽한 깨달음의 경지에 들어가 완전한 편안의 상태'를 나타내는 말로 불교에서 석가모니를 비롯한 고승의 죽음을 가리키는 말이다. 더불어 '모든 압박에서 벗어나 평온한 상태로 들어간다'는 뜻의 입적入寂도 함께 쓰인다.

나는 개신교의 모태신앙으로 불교에 관해서는 문외한이다. 아니, 불교라면 막연한 거부감이 있었다. 사찰 단층의 강렬한 색조대비를 보면 마음이 불안해졌고 탱화는 무서웠다. 범패는 지루했고 절에서 먹는 밥은 맛이 없었다. 그리고 중이 다가오면 움찔했다. 적삼, 동방, 장삼, 가사 등 중들의 복식도 거북했다. 목탁도 염불도, 불교와 관련된 것은 거북하지 않은 것이 없었다. 결정적으로 중들의 머리 모양이 흉하게 보였다.

법정스님에 대해서도 알지 못했다. 고등학교 때 '무소유'를 읽어 본 정도였다. 형편이 닿지 않아 아무것도 소유할 수 없었던 시절의 무소유는 허튼소리의 나열에 불과했었다. 입적과 함께 세간에 법정 광풍이 불자 나도 편승했다. 각종 미디어에서 앞 다투어 스님을 조명하였고, 화면에 비친 스님의 얼굴을 찬찬히 바라볼 수 있었다.

법정스님의 얼굴은 거북하게 여기던 여느 중들과는 차이가 있었다. 맑고 강렬한 눈빛이 인상적이었다. 레이저 광선이라도 나올 것 같았고 내 마음을 투시할 것 같은 눈빛이었다. 온화한 인상은 아니었지만 두렵지 않은 얼굴이었다. 그리고 시쳇말로 스님은 카리스마가 '짱'이었다. 누구라도 스님 앞에서는 굴복하고 말 것 같은 아우라가 있었다. 스님에게는 장삼, 가사뿐만 아니라 머리 모양도 패션 아이콘으로 보였다.

법정스님의 죽음은 화려했다. 화려했다는 말에는 어떤 부정적인 의미도 포함하지 않는다. 수행자의 자세와 무소유의 실천 그리고 민주화 운동에 참여했던 일생이 화려했다. 방송은 스님의 법문, 저서, 산중 암자에서의 단출했던 일상까지 화려하게 그려내고 있었다. 저술을 절판하라는 마지막 말씀도, 서점에서 스님의 책이 바람을 일으키고 '무소유'가 금세 동이 나는 현상도, 그리고 소박한 다비식이나 불자들의 슬픔마저 화려하게 보였다. 찬란한 인생이었고 화려한 마무리였다.

법정스님의 입적보다 3주 앞서 황제께서 붕어崩御하셨다.

코미디의 황제이자 요즘 말로 '국민바보'였던 배삼룡 선생이 세상을 떠난 것이다. 국민바보는 나이를 먹지 않는다. 팔순을 넘겼지만 나에겐 선생도 어른도 아닌 영원한 바보 삼룡이일 뿐이었다. 그의 모자란 듯 서글픈 표정이 좋았고, 거지분장과 바보연기를 보면 즐거웠다. 흑백 TV로 보았던 배삼룡의 기억이 아직도 몇 조각은 남아있다.

사람들은 코미디의 황제라고 나불거리더니 황제가 죽자 붕어가 아닌 별세別世라 했다. 황제라는 말은 가증스러운 립 서비스였다.

배삼룡은 이기동과 더불어 내 기억 속 최고의 코미디언이었다. 그들로 인해 유쾌하게 웃을 수 있었다. 그렇다고 옛날 코미디언들을 무조건 찬양하는 것은 아니다. 같은 시절을 풍미했던 서영춘이나 이주일의 코미디에는 나의 감각기관이 전혀 반응하지 않았다. 이제 이기동은 둥글넓적한 얼굴 윤곽 외엔 어떤 기억도 남아있지 않다. 기억을 더듬으려 해도 그에 관한 영상을 구할 수 없기 때문이다.

죽기 직전 배삼룡의 모습은 처량했다. 생활고와 밀린 병원비, 불행한 가정사, 병든 육신에 대한 삼중고를 겪고 있었다. 임종을 앞둔 병상의 그를 화면으로 볼 수 있었다. 화면 속에는 코미디의 황제는 없었고 죽음의 그림자가 드리워진 흉한 몰골의 늙은이만 누워 있었다.

결국 맥을 놓아 버리자 방송마다 잠시 호들갑을 떨었다. MBC에서는 발인에 맞추어 추모 특집을 기획했다. 그러나 생전의 배삼룡을 반추할 화면은 충분히 준비하지 못했었다. 동료와 후배들이 망자를 추억하는 인터뷰가 고작이었다. 나는 생전의 활동 모습이 그리웠다. 하지만 TV는 구봉서와 송해가 함께 나오는 같은 장면만을 되풀이 재생할 뿐이었다.

무성의한 추모 특집은 그의 죽음을 더욱 초라하게 만들었다. 이제 배삼룡을 추억할 자료도 접하기 어려울 것이다. 이기동이 그랬건 것처럼.

얼마 전에는 작곡가 박춘석 선생도 세상을 떠났다. 패티 김이나 이미자는 선생의 생전 건강했던 모습만 방송에 비춰지길 원하고 있었다. 그래서인지 박춘석 선생의 마지막 모습은 볼 수 없었다. 반면 배삼룡에 대한 가장 선명한 영상은 죽기 직전 가장 초라한 모습을 담은 순간이었다.

박춘석 선생을 추억하는 일은 어렵지 않을 것이다. 선생이 작곡한 노래들을 언제든지 들을 수 있을 테니까. 법정스님을 추억하는 일도 마찬가지다. 법문이 남아있고, 절판하라 하셨지만 출판물을 통한 재회가 가능할 것이다. 그보다 생의 단면을 담아 둔 훌륭한 영상들이 풍족하게 남아있기 때문이다.

사람은 죽어서 이름을 남긴다지만 배우에게는 이름만 남아서는 아니 될 일이었다. 배우에게는 무엇보다 많은 영상이 남아 있어야 했다. MBC는 추모특집을 다시 기획해야 할 것이다. 온 세상을 다 뒤져서라도 '웃으면 복이 와요'의 바보 삼룡이를 찾아내고, 출연했던 공연과 영화에 대한 자료를 다시 보여주길 희망한다. 그때는 바보 삼룡이를 기억하지도 못하는 개그맨이라는 무리들은 등장시키지 말아야 할 것이다.

법정스님과 배삼룡은 죽음에서 극명한 대조를 보였다. 법정스님의 입적은 화려했고 배삼룡의 흙 보탬은 초라했다. 그렇다면 나의 죽음은 어떤 모양을 원하는지 분명해진다.

일기일회

일본 다도茶道의 교조 센 리큐千利休는 다도정신을 '일기일회一期一會'라 했다. 차 모임의 주인과 손님은 일생에 단 한번 만날 수도 있으므로 진정을 다해야 한다는 것이다. 당시는 전국시대 말기로 다실에 마주 앉은 주인과 손님이 차를 마시고 나면 언제 어느 칼날에 목숨을 잃을지 모르기에 이 만남을 최후인 양 정성을 다해야 한다는 뜻이다.

그리고 일기일회는 법정스님의 법문집이기도 하다. 2003년 5월부터 2009년 4월 19일까지 길상사에서의 정기법회, 여름안거와 겨울안거의 결제 및 해제, 부처님 오신 날 법문을 실은 책이다.

솔직히 나는 이 책을 불교에 대한 무지를 위장해 볼 목적으로 읽었다. 목적에 충실하기 위해서는 책이 말하고자 하는 주제를 건져 내는 일이 먼저였다. 그런데 친절하게도 책머리에 주제가 명시되어 있어 수고를 덜 수 있었다.

"삶에서 가장 신비한 일은 지금 이 순간 우리가 살아있다는 사실이다. 왜냐하면 모든 것은 생애 단 한 번뿐인 인연이기 때문이다."

즉, 일기일회였다. 그것은 근원적인 물음에 대한 스님의 법문이었다. 우리가 순간순간 살고 있는 이 삶은 무엇인가? 무엇을 위해 우리가 살아야 하는가? 나는 진정 인간답게 살고 있는가? 하는 물음에 대한 답의 형식을 취하고 있었다.

주제 분석의 고민은 해소되었으나 법문의 전체를 소화시키는 일은 애당초 가능하지 않았다. 쉬운 언어로 씌어 있었지만 감당하기 버거운 대목도 있었다. 스님은 종교, 환경, 정치 등 세속의 사정에도 밝아 마디마디 잠언을 남겼다. 그 중에서 내가 취하고 싶었던 꼭지는 죽음과 종교에 관한 것이었다.

책을 통해 동기생들의 때 이른 죽음에 대한 답을 기대했다. 결과는 실패였다. 지금까지 죽음에 대한 설득력 있는 말을 들어보지 못했다. 죽음은 누구에게나 가장 마지막에 위치하므로 누구도 죽음을 온전히 이해할 수 없기 때문일 것이다. 그래서 종교나 문장가들은 정답이라고도 오답이라고도 할 수 없는 그 언저리의 말로 답을 흐리거나, 현재의 삶에 보다 집중하고 끊임없이 고민해야 한다는 말로 포장하고 있었다. 죽음에 대해 명쾌하지 못하기는 법정스님도 다르지 않았다.

언젠가 '죄 없는 신생아의 죽음' 같은 나로서는 이해할 수 없는 현상을 들고 교회 목사님께 시비를 한 적이 있었다. 그러나 답 대신 '하나님의 뜻'이라는 말로 내 입을 틀어막았다. 하나님의 뜻은 기독교에서는 줄기세포 같은 기능을 하고 있었으며 만병통치약에 다름 아니었다. 하나님의 뜻이라면 어떠한 물음이나 시비도 잠재울 수 있었다. 만족하지 못하는 표정이라도 지으면 '믿음이 부족한 자'라는 협박이 도사리고 있었다.

배타적인 기독교 중에서도 가장 보수적인 교파에서 훈련을 받았던 터라 기독교와 불교를 비롯한 타 종교는 서로 반대편에 서 있다고 믿고 있었다. 법정스님의 서적 한 권으로 불교를 이해할 수는 없겠지만 적어도 불교도 기독교와 같은 방향으로 향해 있다는 느낌을 얻을 수 있었다.

스님의 법문에는 기독교와 불교의 차이를 느낄 수 없었다. 구절마다 성경인지 불경인지, 설교인지 법문인지 구분하기 어려웠다. 차이는 신앙의 대상이었다. 기독교는 하나님 이외의 대상은 불허한다. 그러나 불교는 부처가 신앙의 대상이 아니라 했다. 부처님의 가르침을 듣고 자신이 부처가 되는 길이며 깨달음의 길, 자아실현의 길, 형성의 길이라 했다. 그리고 부처는 단지 먼저 이루어진 인격일 뿐이라는 설명이 있었다. 이 구절에 부처 대신 하나님이나 예수로 치환해 본다면 교회에서는 돌이킬 수 없는 사단이 일어날 것이 분명하다. 부처님이 한층 더 커 보이는 순간이었다.

5001-1번 버스의 무임승차를 거부당할 정도의 나이가 되면 한 권의 책으로 인생의 방향이 바뀐다거나 생각의 변화가 일어나는 일 따위는 생기지 않는다. 그리고 머리와 가슴의 판단이 달라질 때가 있다. 뇌세포는 무소유를 이해하지만 가슴은 강력히 거부하는 현상이 나타난다. 스님이 강조하신 나눔과 친절에 대해서도 머리와 가슴의 판단은 일치하지 않는다. 또한 나이와 자극에 대한 반응 강도는 반비례한다. 그럼에도 삶의 자세에 대한 스님의 말씀에는 묵직한 타박상을 입었다.

"졸음과 망상에서 깨어나라. 지금 앉아있는 이 자리에서 생사가 벌어지고 있다."

종교가 아니라 싸구려 번역본 처세술에도 시간을 헛되이 보내라고는 하지 않는다. 하지만 내가 스님의 말씀에 동요하는 것은 스님이 명연설가이자 명문장가이며, 일생을 통해 몸으로 보이시며 쉬운 언어로 설득하고 있었기 때문일 것이다.

동기생들의 죽음에 대한 답은 더 이상 구하지 않기로 한다. 생사가 따로 있는 것이 아니라 바로 지금 이 자리에서 생사가 벌어지고 있다는 스님의 말씀을 붙잡는 것으로 만족하고자 한다.

이제 어떤 다짐을 하고 어떤 행함을 보일 것인지는 내게 주어진 숙제가 된다. 그 중에는 5001-1번 버스의 무임승차를 다시 시도하는 일도 포함될 것이다.